박근혜
사람들

한국경제신문

새로운 시대의 첫 발걸음!

박근혜 대통령 시대는 우리의 짧은 민주주의 역사에서 특별한 의미를 갖는다. 한국 정치사에 한 획을 긋는 일대 사건이라 해도 과언이 아니다. 박근혜 당선인이 18대 대통령 선거에서 야권 단일화의 높은 벽을 뚫고 극적으로 3.6%P 차이의 승리를 거뒀기 때문만은 아니다.

무엇보다 박 당선인은 우선 우리나라 최초의 여성대통령이다. 박 당선인은 여성대통령론을 전면에 내세워 대통령에 당선됐다. 여성대통령은 국민이 생각하는 그 이상의 의미를 지닌다. 정말 대단한 일이다. 민주주의 모델이라는 미국은 200년 역사에서 아직까지 여성대통령을 만들지 못했다. 버락 오바마 대통령이 인종의 벽을 넘어 최초의 흑인 대통령이 됐지만 여성대통령은 여전히 미국인들에겐 꿈이다.

박 당선인은 단순히 여성대통령에 머물지 않는다. 박 당선인은 여성대통령이자 부녀(父女) 대통령이다. 적어도 앞으로 100년간은 깨기 어려운 새로운 역사를 쓴 것이다. 주지하는 것처럼 박 당선인은 박정희 대통령의 딸이다. 박 대통령은 박 당선인에겐 대권을 향한 귀중한 유산이었던 동시에 반드시 극복해야 할 어두운 그림자였다.

박정희 대통령은 우리 민주주의 역사에서 극명하게 대비되는 두 얼굴을 갖고 있다. 굶주린 국민을 보릿고개에서 해방시킨 경제 대통령이자 민주주의를 탄압한 독재자의 이미지를 동시에 갖고 있는 것이다. 박 당선인은 이 같은 역사적 평가를 극복하고 당당하게 당선돼 아버지의 그림자를 극복한 것이다. 사실 정치인 박근혜는 이 시대의 유일한 대중정치인이다. 김영삼, 김대중 대통령의 반열에 오른 정치인은 박 당선인이 유일하다는 얘기다. 박 당선인은 YS와 DJ처럼 흔들리지 않는 15% 이상의 고정팬을 갖고 있다. 중요한 정치 고비 때마다 박 당선인을 넘어지지 않게 지탱해준 힘의 원천이다. 이러한 대중성이 대선 승리의 결정적 요인이 됐음은 두 말할 필요가 없지만 그것이 전부는 아니었다. 박 당선인의 주변에서 몸을 던져 돕는 사람들이 없었다면 대통령 박근혜는 불가능했다.

박근혜 시대를 주도할 박근혜 브레인은 각계에 망라돼 있다. 무엇보다 인수위원회 위원들은 박근혜 시대의 핵심 브레인들이다. 이들은 앞으로 정부와 청와대 곳곳에 포진해 박근혜 시대를 이끌어갈 사람들이다. 위원장을 맡은 김용준 전 헌법재판소장은 소아마비라는 장애를 딛고 정상에 오른 인간승리의 모델이다. 진영 인수위 부위원장은 사실상 인수위를 끌어가는 핵심 실세다. 한때 박 당선인의 비서실장을 지내 박 당선인의 복심으로 통했지만 친박 인사들의 극심한 견제에 실망해 탈박(脫朴)을 선언했던 중도파 인사임에도 인수위 부위원장에 선임된 것은 박 당선인의 신뢰가 그만큼 두텁다는 방증이다.

친박이 아니면서도 박 당선인을 지근거리에서 보좌하는 박선규, 조윤선, 대변인 등도 새로운 주류로 부상했다. 국민대통합위원장에 임명된 한광옥 국민대통합위원회 수석부위원장과 부위원장에 선임된 김경재 국민대통합위 기획담당특보 등은 민주통합당에서 건너온 DJ의 측근들이다. 색깔이 다른 박 당선인을 적극 지원하면서 중책을 맡았다. 이들을 포함한 인수위원 다수가 앞으로 5년간 정부의 요직에서 활약할 것은 자명하다.

박 당선인이 정치인으로 활동해온 15년 동안 쌓아온 정치권 인맥도 소중한 자산이다. 그중에서도 박 당선인을 지근거리에서 보좌해온 친박 인사들은 대선 승리의 일등공신이다. 황우여, 김무성, 최경환, 권영세, 이한구, 진영, 윤상현, 이정현, 유정복, 홍문종, 이주영, 이상일 등 전·현직 의원이 바로 그들이다. 이들은 박 당선인을 지탱하는 뿌리다. 비박계지만 캠프에 합류한 인물들도 있다. 조해진, 안형환, 박선규, 정옥임 대변인 등이 대표적이다. 정몽준, 이재오 의원과 원희룡, 나경원 전 의원도 선거전에서 박 당선인을 적극 도왔다.

보좌진 중에는 박 당선인을 15년간 수행한 이재만 전 보좌관, 정호성, 안봉근 전 비서관이 핵심 인물이다. 이들은 박 당선인을 지근거리에서 보좌해왔다는 점에서 웬만한 현역의원보다 더 힘이 실리고 있다는 데 이의를 제기할 사람은 없다.

싱크탱크 그룹도 있다. 경제학과 교수 출신으로 19대 국회에 입성한 안종범, 강석훈 의원은 박 당선인의 주요 경제정책을 만들었다. 박 당선인이 내놓은 가계부채 해결 공약, 복지정책 등이 두 사람의 손을 거쳤다. 일자리 공약을 총괄한 이종훈 의원도 경영학과 교수 출신의 정책 브레인이다. 김광두 힘찬경제추진단장(서강대 명예교수)은 박 당선인의 싱크탱크 역할을 해온 국가미래연구원 원장이다. 신세돈 숙명여대 경제학부 교수, 김영세 연세대 경제학과 교수 등은 김 단장, 안 의원, 최외출 전 기획조정 특보와 함께 2007년부터 박 당선자 정책 개발을 도운 '5인 공부모임' 멤버다. 두 교수는 이번에도 박 당선인 정책 개발에 힘을 보탰다.

윤병세 외교통일추진단장, 김장수 전 국방장관, 길정우 의원 등은 박 당선인의 외교·안보 정책을 개발했다. 외부 영입 인사 그룹의 활약도 예상된다. 김종인 국민행복추진위원장은 18대 대선에서 정책 개발 컨트롤타워 역할을 했다. 박 당선인은 1987년 개헌 때 경제민주화 조항을 입안한 김 위원장을 영입함으로써 야당과의 경제민주화 정책 대결에서 주도권을 장악했다. 김 위원장은 "앞으로 정치에서 손을 뗄 것"이라 했으나 차기 정부에서 일정 역할을 할 가능성을 배제할 수 없다. 안대희 정치쇄신특별위원회 위원장의 기용 가능성도 제기된다. 물론 이들이 전부는 아니다. 너무 많은 각계 인사들이 박 당선인 주변에 포진해 있다.

이 책은 인수위원회 인선이 마무리된 시점에서 썼다. 초대 내각과 청와대 인선이 이뤄지기 전에 쓰여진 책인 만큼 미흡한 부분이 많을 것이라 생각한다. 이 책에 소개된 브레인들이 앞으로 5년 동안 박근혜 시대를 이끌어갈 인재풀의 전부라고 보는 것은 무리라는 뜻이다.

한국경제신문 정치부 기자들이 갖고 있는 정보를 최대한 담으려 했지만 어느 정도 한계가 있을 수밖에 없다. 말 그대로 '최선을 다했다'는 것으로 미흡한 부분에 대한 독자 여러분의 양해를 구한다. 이 책은 한국경제신문의 이재창 정치부장을 비롯해 홍영식, 차병석, 정종태, 김형호 차장, 김재후, 김정은, 이태훈, 이호기, 조수영, 도병욱, 허란, 이현진 기자 등 정치부원들이 바쁜 취재 일정에도 불구하고 2012년 12월 대선 과정을 전후해 한 달여 동안 모든 휴일을 반납하고 취재한 노력의 산물이다. 밤샘 작업을 독려해준 한경BP 김경태 사장과 관계자들에게 고마움을 표한다.

2013년 1월
한국경제신문 편집국장
고광철

제1장

박근혜와 박근혜의 사람들

박근혜의 용인술

우리나라 대통령의 권한은 막강하다. 특히 인사권이 그렇다. 장·차관 등 행정부 고위직은 물론 대통령이 인사 영향력을 미칠 수 있는 자리는 무려 7,000여 개에 달한다.

이명박정부 기준으로 대통령은 행정부 고위직 1,527명에 대해 인사권을 갖는다. 장관 27명과 차관 90명 등 정무직 공무원 117명에 실국장 등 고위공무원 1,410명도 대통령의 임면권 대상이다. 사법부에서는 헌법기관인 대법원장을 비롯한 대법관 14명, 헌법재판소장과 헌법재판관 등 9명, 선관위원 3명 등 고위직 26명과 한국전력공사 등 280여 개 정부 산하 공공기관에 대해서도 직·간접으로 대통령에게 인사권이 부여된다. 이 밖에 검찰과 경찰, 외무 공무원, 국립대 총장 등 특정직 고위 공무원 4,000여 명의 자리도 대통령이 인사권을 쥐고 있다. 검찰은 검사 이상, 경찰은 경정 이상, 외무 공무원은 참사관 이상이 해당된다. 국립대 총장 44명도 대통령이 임명한다.

이처럼 막강한 인사권을 가지고 있는 만큼 대통령의 용인술은 관심이 아닐 수 없다. 박근혜 대통령 당선인은 지난 15년간 정치를 해오면서 그만의 사람 쓰는 스타일이 굳어졌다. 대선 과정에서는 물론 대선 이후 대통령직인수위를 꾸리는 과정에서도 그런 인사 스타일은 그대로 표출되었다. 박 당선인의 용인술은 크게 4가지로 요약된다.

한번 신뢰하면 끝까지 간다

첫 번째 용인술은 '한번 믿고 쓰면 무한 신뢰를 보낸다'는 것이다. 대표적인 케이스가 박 당선인을 보좌해온 측근 '3인방'이다. 이재만·정호성·안봉근 보좌관이 그들로, 박 당선인이 정치를 시작한 1988년부터 인연을 맺은 이후 지금까지 줄곧 한식구처럼 지내왔다. 이들에 대한 당선인의 신뢰는 절대적이다. 최근에는 당내 측근들조차 모르는 주요 인선 작업까지 이들의 도움을 얻어 진행하고 있다는 후문이다.

모든 일을 측근 보좌진 중심으로 하다보니 '문고리 권력'이니 '불통' 논란이 있긴 하지만 이들에 대한 당선인의 신뢰가 두터운 만큼 집권 후반기까지 같이 갈 것이란 시각이 지배적이다. 당선인의 메시지나 연설문을 보좌하는 조인근 정책메시지팀장을 2004년 당 대표 시절부터 한번도 교체하지 않고 쓰는 것도 비슷한 케이스다.

박 당선인은 또 오랫동안 특정인을 지켜보고 믿음이 가면 언젠가는 꼭 부르는 스타일이다. 당선인 비서실장으로 임명한 유일호 의원이 그런 케이스다. 당선인은 과거 국회 보건복지위, 기획재정위에서 4년 가까이 바로 옆자리에서 유 의원의 질의 내용을 유심히 듣고, 궁금한 것도 물으면서 꽤 좋은 인상을 갖고 있었다 한다. 당시 기재위에서 함께 활동했던 한 의원은 "당선인이 바로 옆에 앉은 유 의원에게 고개를 돌려 대화를 나누는 모습이 자주 보였다"며 "그때 유 의원의 전문적인 식견과 품성을 높이 산 것 같다"고 말했다.

한번 쓴 사람을 다시 기용하는 스타일은 인수위 구성에서도 엿볼 수 있다. 인수위 부위원장에 임명한 진영 정책위의장은 당선인이 당 대표를 지내던 2004~2005년 두 번째 비서실장으로 일했다. 당선인의 '입' 역할을 맡게 된 박선규·조윤선 대변인 역시 대선 기간 대변인으로 당선인을 도왔다.

2인자는 키우지 않는다

2인자를 키우지 않는 것도 박 당선인의 인사 원칙이다. 측근들에 따르면 당선인은 '2인자' 나 '좌장' 이란 단어가 돌아다니는 것에 대해 불편한 심기를 갖는다 한다. 실제 2010년 2월 세종시 수정안을 놓고 당내 논쟁이 벌어졌을 때 당선인 스스로가 "친박에는 좌장이 없다"는 말을 직접 했다. 이는 세종시 수정안을 놓고 사이가 소원해졌던 친박계 김무성 전 의원을 겨냥한 말이었다는 게 측근들의 설명이다.

한 친박 의원은 "당선인이 언젠가 '좌장, 이런 거 좋아하시면 안 됩니다. 권력이란 다가설수록 칼이 됩니다' 고 말한 적이 있는데, 결코 잊혀지지 않는다"고 했다. 일각에선 2인자를 키우지 않는 당선인의 스타일이 1970년대 퍼스트레이디 시절, 박정희 대통령의 2인자로 자처했던 사람들이 나중에 일제히 등을 돌렸던 '배신의 트라우마' 에서 비롯된다는 해석도 있다.

철통 보안

박 당선인의 인사가 발표 전 밖으로 새나가는 일은 거의 없다. 소수 측근 보좌진하고만 작업을 하는 데다, 인사에 직간접적으로 관여하는 측근들도 '철통 보안' 을 강조하는 박 당선인의 특성을 잘 알기 때문에 입이 자물통이다.

간혹 중간에 새나가기라도 하면 경위 파악이 이뤄진다. 보안을 어긴

데 따른 책임 추궁도 무섭다. 2012년 초 새누리당 비상대책위원장 시절, 비대위원 인사 명단 일부가 사전에 언론에 유출된 것을 놓고, 나중에 기자회견 자리에서 "어떤 촉새가 나불거려가지고…"라고 했다. 당시 박 대표는 측근들에게 '촉새'를 색출하도록 지시까지 한 것으로 알려졌다.

당선인의 보안 원칙이 이 정도이니 인수위 인선을 앞두고서도 측근들은 바짝 엎드렸다. 기자들이 전화를 걸기라도 하면 받지도 않은 채 나중에 "저, 아무것도 몰라요. 묻지 마세요"라고 문자 답장으로 대신하기도 했다.

지나친 보안에 따른 부작용도 있다. 일부 측근에만 제한된 조언ㆍ자문 속에서 폐쇄적으로 결정하는 '자기 기준'이 사고를 유발한다는 지적도 나온다. 2012년 4.11 총선을 앞두고 당 공천위원으로 선정됐다가 학력과 정당 활동에 관한 허위 사실이 밝혀져 사퇴했던 진영아 씨 사례가 대표적이다. 평범한 주부로서 학교폭력 예방 활동을 했다는 경력 때문에 발탁한 그가 정치 활동 경력과 학력에 대한 말 바꾸기 논란으로 발표 하루 만에 그만뒀다.

깜짝 인사

인사가 '철통 보안' 속에서 소수 측근과 폐쇄적으로 결정되다 보니, 뚜껑을 열어보면 예상과 전혀 다른 '깜짝 인사'가 나오는 경우가 많다. 2012년 10월 중앙선대위원회 인사 때도 그랬다. 당시 박 후보는 중앙선대위원장에 언론에 한번도 오르내리지 않았던 인사를 점찍어 임명했다. 김용준 전 헌법재판소장과 김성주 성주그룹 회장이 그런 케이스다.

인수위원장 인선 때도 마찬가지였다. 언론들은 물론 당내에서도 '대통합ㆍ대탕평'을 강조해온 당선인의 원칙을 감안해 非영남 인물들 중에 인선이 이뤄질 것이란 예측이 나왔으나 결과는 전혀 뜻밖에도 김용준 전 선대위원장을 다시 임명한 것이다. 일각에선 주변의 목소리를 덜 듣는 것은 그만큼 인사에 잡음을 없애는 효과도 있다는 평가도 나온다. 실제 당선인은 사람을 쓰면서 주변에 어떤 사람인지를 묻기보다는 본인이 오랫동안 관찰해온 것을 더 중시한다.

이밖에 겉으로 근사하게 보이는 사람보다는 내용을 갖춘 사람을 선호하는 것도 당선인의 스타일이다. 반대로 맡기지 않은 일까지 오버해서 하는 사람은 싫어한다.

박근혜 사람들은 어떤 모습인가?

평균 나이 56세, 서울 출신의 경기고 · 서울대를 나온 전문가그룹

박근혜 대통령 당선인의 주변에서 그의 당선을 도운 이른바 '박근혜 사람들' 168명의 평균 모습이다. 이들 중 상당수는 2013년 1월 초에 출범한 대통령직 인수위원회는 물론 차기 정부의 요직으로 이동할 것으로 보인다. 때문에 차기 정부의 파워엘리트 집단의 평균 모습이라 해도 크게 틀리지 않다.

4050 전문가그룹이 주축

한국경제신문이 박 당선인의 선거캠프에서 주요 직책을 맡았거나 외곽에서 자문했던 인사 168명의 인적 사항을 조사한 결과 평균 나이는 56세였다. 50대가 75명으로 가장 많았고, 다음이 40대 38명으로 40~50대가 전체의 67.2%를 차지했다.

　캠프에서 핵심 역할을 맡았던 강석훈 의원, 이학재 비서실장, 이종훈 의원, 이혜훈 당 최고위원, 안형환 대변인 등이 40대 후반 대표주자이

며, 안종범 의원, 권영세 캠프 상황실장, 윤상현 수행단장, 유기준 당 최
고위원, 이상일 · 박선규 대변인, 정옥임 · 민병주 의원, 신동철 여의도
연구소 부소장, 장훈 정치쇄신위원(중앙대 교수) 등이 50대 초반 선두주
자다.

4050에 이어 60대 37명, 70대 14명 순이었다. 20대는 2명(이준석 전 비
대위원, 손수조 캠프 청년본부 위원)이었다.

출신 직업별로는 정치인이 55명으로 가장 많았지만, 전체적으로는 대
학교수, 법조인, 언론인, 기업인 등 전문가그룹이 다수를 점했다. 대학교
수 · 연구원(전 · 현직) 출신은 35명으로 두 번째로 많았고 전직 법조인 23
명, 전 · 현직 기업인과 관료 출신이 각각 16명이었다. 전직 언론인도 12
명이었다. 이들 전문가그룹은 주로 40대 후반~50대 중반에 집중됐다.

PK 출신이 최다, 서울>TK>충청 순

출신 지역으로는 부산 · 경남(PK)이 39명으로 가장 높은 비중을 차지했
다. 김무성 캠프총괄본부장을 비롯해 안대희 정치쇄신특위 위원장, 이
주영 · 여상규 · 나성린 의원, 이상돈 정치쇄신위원 등이 이 지역 출신
이다.

다음으로 서울이 38명이었다. 권영세 실장, 강석훈 의원 등을 비롯해
캠프에서 활약한 윤병세 외교안보추진단장, 이상민 정치쇄신위원, 민현
주 여성특보, 남기춘 정치쇄신특위 부위원장, 최성재 행복추진위 단장,
조윤선 대변인, 백기승 공보위원 등 주로 실무급 인사들이 서울 출신이
다. 경기와 인천은 각각 9명, 6명이었다.

대구 · 경북(TK)은 29명으로 최경환 · 안종범 · 유승민 의원, 최외출 기
획조정단장, 권영진 상황실 부실장, 서장은 상황실 부실장 등이 이 지역
출신이다. 이밖에 충청은 19명, 인천 · 경기, 호남은 각각 15명이었다. 김

용환 새누리당 상임고문을 비롯해 윤창중 인수위 대변인, 윤주경 대통합위원회 위원, 윤상현·김태흠 의원 등이 충청 출신이고, 호남 출신으로는 김종인 전 행복추진위원장, 김광두 국가미래연구원장, 이정현 전 공보단장, 안형환 전 대변인, 조인근 메시지팀장 등이 대표주자다.

강원과 제주 출신은 각각 5명, 3명이었다.

경기고·서울대(KS)가 주류

출신 고교로는 경기고가 13명으로 가장 많았다. 대선 캠프에서 정치쇄신을 주도했던 안대희 전 대법관과 정우택 당 최고위원, 이상돈 전 정치쇄신위원, 박 당선인의 정책을 보좌했던 윤병세 단장 등이 이 학교 출신이다. 다음이 경북고로 9명이었다. 이한구 원내대표를 비롯해 장윤석·유승민 의원, 박 당선인의 정책 보좌그룹이었던 신세돈·최성재 교수 등이다.

경남고는 6명, 부산고와 대전고는 각각 5명이다. 서병수 당 사무총장, 여상규 의원, 구상찬 전 의원 등이 경남고 출신이고, 나성린 의원, 김정훈 의원, 대선 캠프에서 정부개혁 분야 공약을 맡았던 옥동석 인천대 교수 등이 부산고를 나왔다. 경동고, 광주일고, 대전고, 서울고 출신이 각각 4명, 수성고(대구), 중동고, 중앙고 출신이 각각 3명으로 뒤를 이었다.

출신 대학으로는 서울대가 61명으로 전체의 38.6%를 차지했다. 연세대와 고려대가 각각 20명(11.9%), 12명(7.1%)이었고 박 당선인의 동문인 서강대 출신은 10명이었다. 성균관대 9명, 경북대, 동국대, 이화여대, 중앙대, 한양대 각각 4명씩이었다.

전공은 법학이 33명으로 가장 많았다. 다음으로 경제 29명, 정치외교 26명, 행정 12명, 경영·교육·사회·전자공학 각각 4명 순이었다.

| 박근혜 사람들 평균 모습 (총 168명) |

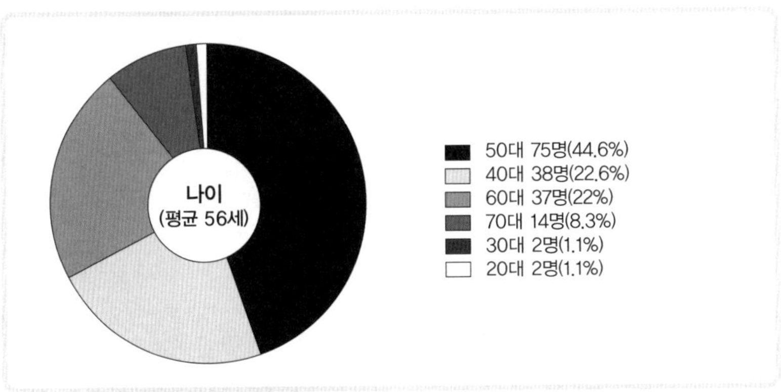

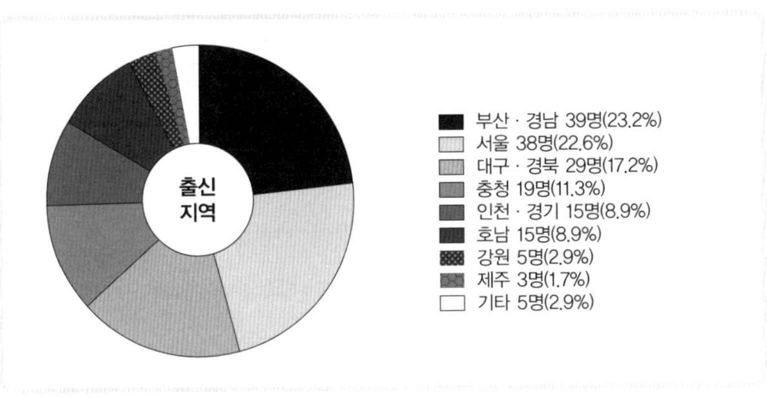

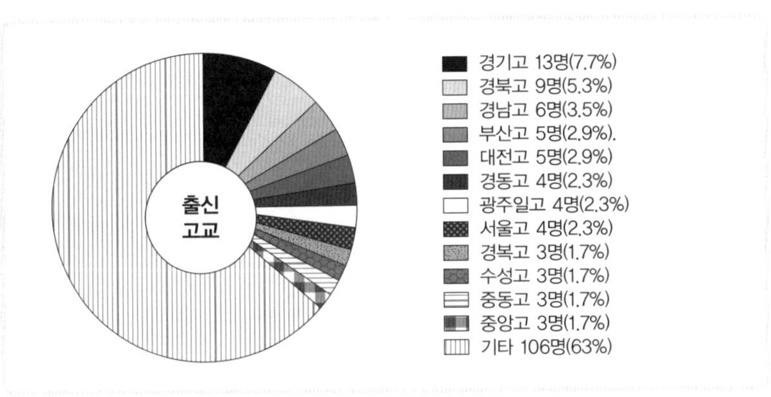

출신
대학
서울대 65명(38.6%)
연세대 20명(11.9%)
고려대 12명(7.1%)
서강대 10명(5.9%)
성균관대 10명(5.9%)
경북대 4명(2.3%)
동국대 4명(2.3%)
이화여대 4명(2.3%)
중앙대 4명(2.3%)
한양대 4명(2.3%)
건국대 3명(1.7%)
한국외대 3명(1.7%)
기타 26명(15.4%)
전공
법학 33명(19.6%)
경제학 29명(17.2%)
정치외교 26명(15.4%)
행정 12명(6.12%)
경영 4명(2.3%)
교육 4명(2.3%)
사회 4명(2.3%)
전자공학 4명(2.3%)
기타 51명(30.3%)
출신
직업
정치인 55명(32.7%)
교수 및 연구원 35명(20.8%)
법조인 23명(13.6%)
관료 16명(9.5%)
기업인 16명(9.5%)
언론인 12명(7.1%)
기타 11명(6.5%)

제2장

대통령직 인수위원회

김용준

대통령직 인수위원회 위원장

▶ 출생 _ 1938년 서울
▶ 학력 _ 서울고, 서울대 법대
▶ 경력 _ 고등고시 9회, 서울가정법원장, 대법관, 헌법재판소 소장,
    법무법인 넥서스 고문, 새누리당 중앙선대위 공동위원장
▶ e주소 _ yjkim@yulchon.com

朴의 대통합 의지 상징
장애 딛고 헌법재판소장까지 올라간 '감동 스토리'

박근혜 당선인의 대통령직 인수위원회 위원장으로 임명된 김용준 전 헌법재판소장은 입지전적인 인물이다. 3세 때 찾아온 소아마비로 다리가 불편해 지체장애 2급 판정을 받았고, 어머니 등에 업혀 학교에 다녔다. 역경을 딛고 서울고 2학년 때 검정고시로 서울대 법대에 진학해 3학년(만 19세)에 고등고시(9회·현 사법시험)에 수석 합격했다. 1960년 최연소 판사로 법조계에 입문해 판사 생활을 하다가 1988년 대법관에 임명됐고, 1994년에 헌법재판소 소장에 올랐다.

박정희 대통령과의 인연도 있다. 1961년 5.16 직후 군사정부의 '병역 미필 공직자 추방' 방침에 따라 지체장애로 군대를 안 갔다는 이유로 쫓겨날 위기에 처했으나 법조 출입기자들이 문제를 제기해 판사직을 유지했다. 2년 뒤인 1963년에 박정희 대통령권한대행의 대선 출마를 반대하는 글을 썼다는 이유로 구속된 송요찬 전 육참총장을 구속적부심에서 석방한 것을 비롯해 적지 않은 '소신 판결'로 후배 법관들의 사표(師表)로 인정받았다.

헌법재판소장 재임 중 과외금지 사건, 군제대자 가산점제, 택시소유 상한제, 동성동본 금혼 조항에 대한 위헌 결정을 내리는 등 국민 기본권 침해에 대한 각종 제한을 철폐했다는 평을 받고 있다. 김 위원장은 당시 한 언론과의 인터뷰에서 "헌법에도 '능력에 따라 균등하게 교육받을 권리를 가진다' 고 규정돼 있다"며 "그 규정을 만든 전두환정부 시절에는 금지가 맞을지는 모르지만, 20년이 지났고 시대에 따라 국민의 법의식도 변한다. 법은 그 의식에 맞춰야 한다"고 강조했다. 헌법재판소장에서 물러난 이후에도 법무법인 율촌 상임고문, 대검찰청 공안자문위원장, 사회복지공동모금회장 등을 지내는 등 왕성한 사회활동을 해왔으나 정치권과는 거리를 둬왔다.

18대 대선에서 새누리당 중앙선대위 공동선대위원장을 맡았다. 박 당선인은 인선 배경에 대해 "제가 존경하는 분"이라며 "새누리당이 지향하는 소중한 가치인 법치와 원칙, 헌법의 가치를 잘 구현해나갈 것"이라고 말했다. 당 안팎에서는 김 위원장을 선대위원장으로 영입한 것은 장애를 딛고 성취를 이룬 감동 스토리 외에도 헌법 가치인 인권에 대한 관심과 장애인 등 사회 소수자들을 아우르는 국민통합에 대한 의지를 보여주기 위한 선택이라는 분석이 나왔다.

김 위원장은 공동선대위원장으로 있으면서 "대통령의 자격과 능력을 충분히 갖춘 후보가 박근혜이기 때문에 이 분이 반드시 대통령에 당선돼야 한다"고 힘을 실은 것은 물론 네거티브 자제를 촉구했다. 신체장애에도 불구하고 한강을 헤엄쳐 건널 정도로 건강을 유지해오고 있다. 40세 때부터 성경을 읽기 시작한 기독교인이며, 법무법인 넥서스의 고문으로 활동하고 있다.

진영
대통령직 인수위원회 부위원장

▶ 출생 _ 1950년 서울
▶ 학력 _ 경기고, 서울대 법학과
▶ 경력 _ 1975년 사법시험 17회, 서울지법 남부지원 판사, LG그룹 상임법률고문, 회명합동법률사무소 대표변호사, 한나라당 이회창 대통령후보 정책특별보좌역, 17 · 18 · 19대 국회의원
▶ e주소 _ http://blog.naver.com/ychin21

젠틀맨, 한때 탈박 다시 朴 곁으로

진영 부위원장은 18대 대선에서 국민행복추진위원회(행추위) 부위원장으로 박 당선인의 대선 공약 개발을 실무적으로 책임졌다. 합리적이고 온화한 성품을 지녀 '신사', '젠틀맨' 등의 별명이 붙었다.

박근혜 당선인이 한나라당 대표를 지냈던 2004년 약 10개월간 비서실장을 맡으면서 친박계 핵심으로 분류됐다. 입이 무겁고 일처리가 꼼꼼해 박 당선인의 신뢰를 한몸에 받았으며 박 당선인의 '복심'으로 불리기도 했다. 그러나 2007년 한나라당 대선후보 경선 시에 현역의원이 경선 캠프에 참여하는 것은 적절하지 않다는 이유를 들어 중립을 지키면서 당내 친박계 의원들과 소원해졌다. 친박계 의원들의 비판이 이어지자 언론 인터뷰를 통해 "이제 친박이라는 울타리에서 자유로워지고 싶다. 앞으로 친박이 아닌 중립으로 불러달라"며 공개적으로 '탈박(脫朴)'을 선언했다. 이후 친이명박계 의원들과도 가깝게 지내면서 때로는 친이계로 분류되었다.

박 당선인과 다시 가까워진 것은 2013년 4.11 총선 직후 친박계 핵심인 이한구 의원의 러닝메이트로 정책위의장 선거에 나서면서부터다. 당 비상대책위원장이던 박 당선인이 원내대표 선거 전날 진 의원의 지역구인 서울 용산을 찾았고, 이는 진 의원을 지지한다는 뜻으로 해석됐다. 정책위의장에 당선된 이후에는 박 당선인의 총선공약 입법화와 예산 반영 작업을 주도했다. 2012년 7월 정두언 의원 체포동의안이 국회 본회의에서 부결되면서 이한구 원내대표와 함께 사퇴했지만 행추위 부위원장으로 임명되면서 자연스럽게 정책위의장으로 복귀했다. 18대 대선을 앞두고 공약 개발을 총괄했을 뿐만 아니라 TV토론회 전략 수립과 실무 준비도 맡았다.

당 관계자는 "진 의원이 김종인 행추위원장과 후보 비서실 소속인 실무 정책그룹 강석훈, 안종범 의원 사이에서 조율 업무를 잘 마무리했다"며 "성품과 일처리 능력, 대인관계 등 박 당선인이 신뢰하는 요소를 두루 갖춘 인물"이라고 평가했다.

진 부위원장은 사법시험 17회 출신으로 판사와 변호사로 활동했으며 1997년 이회창 한나라당 대선후보 정책특보로 선출되면서 정치권에 입문했다. 2004년 17대 국회부터 19대까지 서울 용산에서 내리 3선에 성공했다. 당에서는 서울시당위원장과 기획위원장 등을 역임했다. 부인 정미영 씨와 1남 1녀를 두고 있다. 인수위 부위원장으로 임명된 직후 기자들과 만나 "민생과 관련된 약속을 철저하고 빠르게 실천하는 박근혜정부를 준비하도록 하겠다"며 "박 당선인은 당선 후에도 어려운 분들과 함께하는 대통령이 되겠다고 약속한 만큼, 인수위도 어려운 분들과의 약속을 더 챙길 수 있도록 노력하겠다"고 말했다.

김진선

대통령취임준비위원회 위원장

▶ 출생 _ 1946년 강원 동해
▶ 학력 _ 북평고, 동국대 행정학과
▶ 경력 _ 행정고시(15회), 강릉 시장, 부천 시장, 강원도 행정부지사,
  강원도지사 3선, 2018평창동계올림픽조직위원장, 새누리당 최고
  위원, 새누리당 18대 대선 중앙선대위 부위원장
▶ e주소 _ jskim3274@naver.com

강원지사 3선 지낸 행정통 … 평창 꿈 이루고 강원 승리 공신

박근혜 당선인이 강원 선거 승리를 위해 꺼내든 '비장의 카드' 였다. 강원지사 3선을 지낸 김 위원장은 대선캠프에서는 중앙선거대책위원회 부위원장을 맡아 강원 지역에서 박 당선인 바람몰이에 큰 공을 세웠다. 김 위원장은 2018 평창동계올림픽조직위원장이기도 하다.

강원 동해에서 태어나 동국대학교를 졸업하고 관동대에서 행정학 명예박사, 강원대에서 정치학 명예박사를 받았다. 1974년 행정고시(15회)에 합격해 홍천군 수습행정관으로 공직을 시작했다. 이후 강원 기획담당관, 강원 영월 군수에 이어 1991년에는 강릉 시장을 지냈다. 1998년 민선 2기 도지사에 당선된 뒤 내리 3선에 성공했으며 '평창의 꿈'을 실현한 주역 중 한 사람이다.

박 당선인과는 2007년 17대 대선 때부터 인연을 맺은 친박 인사다. 새누리당은 2012년 4.11 총선에서 9석을 모두 새누리당에 몰아준 강원도를 배려해 그해 6월 김 위원장을 지명직 최고위원으로 임명했다. 당시 김영우 대변인은 인선 배경에 대해 "김 전 지사는 평창동계올림픽 성공개최에 대한 우리 당의 확고한 의지의 표현"이라며 "동시에 총선 때 강원도민들이 보여준 성원과 지역 간 균형적인 안배를 감안했다"고 설명했다.

그는 선대위 부위원장으로 활약을 펼쳤다. 한기호 새누리당 강원도당 위원장 등 9명의 국회의원들과 강원도 전역을 누볐다. 김 위원장은 대선이 끝나고 "지난 4월 총선에 이어 18대 대선에서 새누리당이 승리하는 데 강원도민들의 힘이 아주 컸다"면서 "영호남 대결이 재연된 18대 대선에서 강원권과 충청권이 박근혜 대통령 탄생에 양대 주역으로 큰 역할을 해냈다"고 평가했다 그는 "우리는 내부적으로 강원도에서 65% 득표를 목표로 뛰었다"면서 "목표에 근접하는 62% 득표로 박 당선인이 안정적으로 상대 후보를 이기는 데 큰 힘을 보탰다"고 전했다.

그러나 12월 24일 대선이 끝나고 처음 열린 최고위원회의에서 최고위원직에서 물러나겠다는 뜻을 밝혔다. 이날 "제가 당의 부름을 받고…"라고 사의를 표하려 했지만 황우여 대표가 만류했다. 비공개회의에서도 황 대표는 김 위원장의 사퇴를 말렸다.

김 위원장은 평소 주변에 "새정부가 출범하려는 시기에 맞춰 정치권과 정치로부터 선을 긋겠다"며 "새정부가 잘 되도록 도우려면 주변 사람들이 백의종군하는 마음으로 한 발 비켜서 줘야 한다"는 생각을 밝혀온 것으로 알려졌다. 특히 "박 당선인이 널리 인재를 구하고 대탕평하는 등 운신의 폭을 넓게 가져갈 수 있도록 주변에서 부담을 주지 않아야 한다"는 소신을 피력해왔다. 그가 박근혜정부에서 중책을 맡을 것이라는 관측이 많다.

한광옥
국민대통합위원회 위원장

▶ 출생 _ 1942년 전북 전주
▶ 학력 _ 중동고, 서울대 영문과
▶ 경력 _ 11·13·14·15대 국회의원, 민주화추진협의회 대변인, 김대중 평화민주당 총재 비서실장, 민주당 사무총장·최고위원·부총재, 새정치국민회의 사무총장·부총재, 제1기 노사정위원회 위원장, 김대중 대통령 비서실장, 민주통합당 상임고문, 정통민주당 대표, 새누리당 대통합위원회 수석부위원장
▶ e주소 _ www.hangwangok.com

정통 DJ맨, 이번엔 박 당선인 국민통합 지원

김대중 대통령의 비서실장을 역임한 4선 의원 출신이다. 범(凡) 동교동계 가신그룹의 핵심 인사 중 한 사람이다. 18대 대선에서 민주화운동을 같이해온 동료들의 반발에도 불구하고 박근혜 캠프에 합류했다. 국민대통합을 내건 박근혜 당선인은 "시대적 요구를 이루기 위해 기여하고 헌신하겠다는 큰 결단을 내린 것"이라고 고마움을 표시하면서 대선 기구인 '100% 대한민국대통합위원회' 수석부위원장으로 임명했다. 대선 과정에서는 유신 시절 피해자, 민주화운동 출신 인사들, 동교동계 인사들을 새누리당으로 합류시켰고 호남 선거를 도와 박 당선인이 호남에서 두 자릿수 지지율을 올리는 데 기여했다.

1942년생으로 전북 전주에서 태어나 중동고등학교와 서울대 영어영문학과를 졸업했다. 1980년 신민당 최고위원의 보좌진을 맡아 정치권에 입문했으며 11·13·14·15대 의원을 거쳤다. 5공 초기에 국회 대정부질문에서 내란음모죄로 구속돼 있던 '김대중 석방'과 '대통령 직선제 도입'을 처음 주장하면서 김대중(DJ) 전 대통령과 인연을 맺었다.

1985년 YS·DJ가 만든 민주화추진협의회 대변인을 지내며 범동교동계로 분류돼왔다.

1997년 15대 대선에서 새정치국민회의 범야권 대통령후보 단일화협상 추진위원장을 맡아 DJ와 김종필(JP) 전 국무총리 간 'DJP 후보단일화' 협상의 주역으로 활약해 'DJP 공동정부' 수립의 기틀을 마련했다는 평을 듣는다. 김대중정부 출범 이후 1998년 초대 노사정 위원장을 맡아 노사정 대타협을 이끌어냈고, 민족화해협력범국민협의회(민화협) 초대 대표 상임의장직도 역임했다. 노사정 대타협을 성공시킨 후 1998년 서울시장 선거에 출마했다가 중도 하차했다. 1999년 서울 구로을 재선거를 통해 원내에 복귀한 뒤 그해 11월 김대중 대통령의 비서실장에 임명됐다. 1999년 2월 터진 '옷로비 사건' 파문 속에서 대통령 비서실장으로서 1년 10개월 동안 보좌했다.

2001년에는 새천년민주당의 최고위원을 지냈고, 2009년에는 민주당 상임고문을 맡았다. 그러나 2012년 4.11 총선을 앞두고 민주당 공천을 받지 못하자 "친노 세력이 패권주의에 빠졌다"고 비판하면서 민주당을 탈당해 정통민주당을 창당해 서울 관악갑에 출마했지만 낙선했다.

새누리당에 합류하자 2003년 불거진 '나라종금 퇴출저지 청탁' 등 과거를 둘러싸고 새누리당 내에서 갑론을박이 벌어졌다. 한 위원장은 나라종금 퇴출저지 로비사건에 연루돼 3천만 원을 받은 혐의로 유죄 판결을 받았으나 2012년 2월 "나라종금 사건에 대한 허위 증언이 드러났다"고 주장하며 재심을 청구한 상태다. 입이 무거워 '이중 지퍼'라는 별명을 갖고 있다. 정치권에서 격의가 없어 따르는 사람이 많은 화합형 인사로 통한다.

유민봉
국정기획조정분과위원회 간사

▶ 출생_ 1958년 대전
▶ 학력_ 대전고, 성균관대 행정학과, 미국 오하이오주립대 행정학 박사
▶ 경력_ 성균관대 사회과학부 행정학전공 교수(현), 기획조정처장, 국정관리대학원장 겸 행정대학원장, 同 사회과학부장(현)
▶ e주소_ bmby@skku.edu

행정학 교수 출신 인수위 총괄 간사 … 리더십 분야 전문가

18대 대통령직 인수위원회의 '컨트롤타워' 역할을 할 기획조정분과 간사로 임명됐다. 당초 학계에만 몸담은 인사로 정치권과는 거리가 멀다. 친박 핵심 내부에서도 1월 4일 인수위원 인사 발표를 보고 알았을 정도로 깜짝 인사다.

1958년 대전에서 태어나 대전고를 졸업할 때까지 대전에서 성장했다. 성균관대 행정학과를 나와 미국 오하이오주립대에서 리더십을 전공해 행정학 박사학위를 받았다. 2000년 성균관대 교수로 임용돼 기획조정처장과 국정관리대학원장 겸 행정대학원장을 거쳐 2009년부터 사회과학부학부장을 맡았다. 친박모임이나 스터디모임 등 대외활동은 하지 않았다.

행정학과 리더십 분야에서 전문성을 인정받고 있다. 그가 집필한 《한국행정학》과 《새행정학》, 《인사행정론》 등은 행정고시 합격 수기에 필독서로 자주 등장하는 책으로 꼽힌다. 최근 언론과의 인터뷰에서 공공기관 낙하산 문제에 대해 "정부가 공기업을 정책 수단으로 이용하지 않는다면 기관장 낙하산 논란도 없을 것"이라며 "기관장은 대통령이 정치적으로 임명하더라도 기관장을 감시·견제해야 하는 사외이사와 감사까지 정치적으로 임명해선 곤란하다"고 말했다. 박 당선인의 생각과 같다. 이번 발탁에 이 부분이 작용했을 거라는 얘기도 나온다.

유 간사는 기자에게 "정당 활동을 한 적은 없다. 특별한 정치 성향을 가졌다기보다는 그동안 학자로서 객관적으로 모든 것을 보려 노력해왔다"고 말했다. 그러면서 박 당선인에 대해 "선거운동은 지켜봤다. 일반 유권자로서 공약 중에서는 일자리 부분과 국민대통합에서 공감하는 부분이 있었다"고 밝혔다. 그의 철학을 알 수 있는 대목이다.

공무원노조 설립과 관련해 '국가공무원법'의 테두리 안에서 단체교섭권과 부분적 협약체결권을 허용하는 것이 타당하고, 이공계 출신의 인위적인 공직 진출 확대는 부작용이 심하다는 내용의 언론 기고문을 쓸 정도로 유연한 사고를 갖고 있다.

인수위 간사로 임명된 직후 기자와의 통화에서 "어려운 시기에 중요한 일을 맡게 돼 무거운 책임감을 느낀다"며 "인수위 컨트롤타워가 아니라 코디네이터 역할을 해야 한다고 생각하며 이를 바탕으로 박 당선인의 국정철학과 가치, 국정 아젠다가 각 분과위에 스며들도록 조정하겠다"고 말했다.

박효종
정무분과위원회 간사

▶ 출생 _ 1947년 서울
▶ 학력 _ 경북 순심고, 가톨릭대 신학부(학 · 석사), 서울대 국민윤리교육과 석사, 미국 인디애나대 정치학 박사
▶ 경력 _ 경상대 국민윤리교육과 부교수, 경상대 국제관계학과 교수, 서울대 국민윤리교육과 교수, 바른사회를위한시민회의 공동대표, 한국국민윤리학회장, 교과서포럼 상임대표
▶ e주소 _ parkp@snu.ac.kr

뉴라이트 핵심 인사로 자유 시장경제 옹호

보수진영의 대표적 논객이자 뉴라이트운동의 핵심 인사다. 엘리트 통치의 효율성을 인정하는 공화주의자로서 지금의 현실을 무질서로 인식해 법치와 원칙의 확립으로 풀어가야 한다고 역설한다. 아울러 현행 중 · 고교 역사교과서가 근 · 현대사를 독재와 억압, 자본주의의 참담함이라는 주홍글씨로 낙인찍었다며 피와 땀, 노력이라는 긍지의 자화상을 부각시키겠다는 입장을 갖고 있다.

1947년 서울에서 태어나 가톨릭대학교 신학부에서 학사, 석사(신학)를 받았다. 서울대 국민윤리교육과에서 다시 교육학 석사를 취득했다. 1986년 미국으로 건너가 인디애나대서 〈제3공화국의 국가 자율성〉에 관한 논문으로 정치학 박사학위를 받았다. 곧바로 귀국해 경남 진주에 있는 경상대에서 국민윤리교육과 교수로 재직하다 1999년에 서울대로 옮겼다. 서울대 교수에 부임하면서 뉴라이트 활동에 참여했으며 2년 6개월에 걸친 작업 끝에 학술서 〈국가와 권위〉를 출간해 42회 한국백상출판문화상 저작상을 수상했다.

2003년에는 조동근 명지대 교수와 함께 자유 시장경제를 옹호하는 '바른 사회를 위한 시민회의'의 공동대표를 맡아 활동했으며 2005년에는 뉴라이트 계열 운동단체인 '교과서포럼'의 회장직을 수행했다. 이때 좌편향된 것으로 자체 평가한 한국 근·현대사를 바로잡은 대안 교과서를 출간했다. 이 교과서 출간을 놓고 진보 진영으로부터 일본의 우익단체가 조직한 '새로운 역사 교과서를 만드는 모임'과 다를 게 뭐냐는 반발이 쏟아졌다. 2008년에는 조선·중앙·동아일보 등과 함께 '건국 60주년 기념운동'을 벌였으며 8월 15일을 광복절이 아닌 건국절로 개칭하려는 노력을 펼쳤다.

박 간사는 박근혜 당선인의 대선 경선캠프 단계에서부터 일찌감치 합류했다. 정치발전위원으로 기용된 데 이어 대선캠프에서는 정치쇄신특별위원을 맡았다. 뉴라이트 핵심 인사다 보니 역사관과 관련된 논란이 끊이지 않았다. 각종 언론 인터뷰에서 "5.16은 쿠데타이면서도 혁명"이라고 말해 진보 진영으로부터 날선 공격을 받았다.

그는 이에 대해 "아시아와 아프리카의 여러 나라에서 수많은 쿠데타는 권력을 위한 쿠데타로 끝나고 말았지만 5.16은 세계적으로 봤을 때 대한민국의 놀라운 변화를 가져왔다"며 "그런 차원에서 혁명이라고 말하는 것은 조금도 과장됐다고 생각하지 않는다"고 말했다. 또 '5.16과 유신이 민주주의를 후퇴시켰다'는 지적에 대해서도 "5.16을 통해 경제발전을 이루면서 두터운 중산층이 출현했고, 이들이 민주주의의 등뼈와 같은 존재가 됐다"며 "따라서 5.16을 단순한 민주주의의 역행만으로 봐서는 안 된다"고 강조했다. 또한 "5.16은 불가피한 최선의 선택"이라고 말한 박 당선인의 발언에 대해서도 "그 표현이야말로 역사 앞에 겸손하고 정직한 표현"이라고 옹호했다.

김장수

외교국방통일분과위원회 간사

▶ 출생 _ 1948년 광주
▶ 학력 _ 광주제일고, 육군사관학교 27기
▶ 경력 _ 육군참모총장, 국방부 장관, 18대 국회의원, 안보분야 정책
위 부의장, 새누리당 최고위원,
▶ e주소 _ uprgtgenkim@gmail.com

김정일에 고개 안 숙인 꼿꼿장수 … 국방 공약 주도

노무현정부의 마지막 국방부 장관을 지냈으며 박근혜 당선인의 국방 분야 핵심 인사다. 선거대책위원회 산하 국민행복추진위원회에서 국방안보 추진단장을 맡아 정책 수립을 총괄했다. 노무현정부에서 육군 참모총장을 거쳐 마지막 국방 장관을 지내며 '국방개혁 2020' 추진을 주도했다. 당시 '꼿꼿 장수'라는 이름을 얻으며 유명세를 탔던 그는 18대 총선에서 한나라당의 비례대표 제안을 수락, 국회에 입성했다. 이 때문에 진보개혁 진영 일각에서는 따가운 눈총을 보냈다.

한나라당 외교·안보·국방 분야 정책위 부의장을 지냈으며, 2011년 8월 홍준표 대표 체제에서는 지명직 최고위원에 선임됐다. 박 당선인과는 2005년 육군 참모총장 시절 인연을 맺었다. 박 당선인은 당시 국회 국방위원이었다. 18대 국회에 들어와 천안함 폭침, 연평도 포격, 국방개혁안 등 현안에 대해 의견을 나누면서 신뢰를 쌓았다. "박 당선인과는 국방 태세에 대한 확고한 신념이 서로 비슷했다"며 "연평도 포격에 대해 응징하지 못한 것을 아쉬워했던 게 서로 통했다"고 말했다. 이밖에 전시작전

통제권 전환을 앞두고 철저히 준비하고 한미동맹을 강화해야 한다는 점에서도 의견이 일치했다고 덧붙였다.

친박 인사로 분류되는 것에 대해 "국방 분야 전문성 때문에 선대위에 참여하게 된 것이다. 나 같은 사람이 무슨…"이라며 선을 그었다. 그러면서도 "다른 공약은 박 당선인이 직접 발표하는데 국방정책은 내가 직접 발표하도록 했다"며 "그만큼 믿고 맡긴 것"이라고 강조했다. 대선 과정에서 노무현 대통령의 NLL(서해북방한계선) 발언과 관련해 새누리당이 공세를 펼칠 때도 핵심 역할을 했다. 새누리당은 그가 국방 장관 시절 "내 이름을 걸고 NLL을 지키겠다"고 발언한 것을 빗대 '대통령은 NLL 포기, 국방장관은 NLL 사수'라는 캐치프레이즈를 내걸며 민주통합당을 압박했다. 김 간사는 새누리당의 '민주당 정부의 영토주권 포기 등 대북게이트 진상조사특위' 위원을 맡았다.

박 당선인이 내놓은 국방분야 공약은 △병사 군복무 기간 18개월로 단축 및 월급 인상 △예비군 수당 인상 △국가안보실 설치 △부사관 학군단 창설 △여군 확대 △전역병 희망준비금 신설 △군복무 중 학점 취득 등이다. 그는 박 당선인의 안보 공약을 한 마디로 '군사 대비태세 강화'라고 요약했다. "NLL을 지키고 국지도발은 절대 용납하지 않는다는 것이 박 당선인의 생각"이라고 했다. 전시작전통제권 환수에 대비해서는 한미연합 전투참모단을 양국 협의 하에 편성하기로 했다.

류성걸
경제1분과위원회 간사

▸ 출생 _ 1957년 경북 안동
▸ 학력 _ 경북고, 경북대 경제학과, 미국 시라큐스대 경제학 석·박사
▸ 경력 _ 행정고시 23회, 기획예산처 과학환경예산과장, 기획예산처 균형발전재정기획관, 공공정책관 기획재정부·예산총괄심의관·예산실장·제2차관, 19대 국회의원
▸ e주소 _ www.usk21.co.kr

예산 전문가로 박 당선인의 정부 개편 관련 공약 다듬어

정부 예산 관련 부처에만 30여 년을 근무한 당내 최고의 예산 전문가로 손꼽힌다. 이명박정부 출범 이후 기획재정부 예산총괄심의관·예산실장·2차관 등을 역임했다. 이명박정부 4년 동안 예산 편성을 사실상 책임졌다고 볼 수 있다.

1957년 경북 안동에서 태어나 경북고와 경북대 경제학과를 졸업한 뒤 행정고시 23회로 공직에 입문했다. 기획예산처 정부개혁실 공공1팀장, 예산실 법사행정예산과장, 과학환경예산과장, 예산관리국 관리총괄과장, 균형발전재정기획관, 공공정책관 등 재정·예산·경제정책 관련 부서를 거쳤다. 공직을 수행하면서 각종 연수기회 등을 활용해 미국 시라큐스대에서 경제학 박사학위를 받았다.

재정부 근무 시절 후배 공무원들에게 '워커홀릭'으로 통했다. 특히 기억력이 뛰어나 한번 외운 수치는 좀처럼 잊지 않는 것으로 유명했다. 국회 예산심의 과정에서 예산 항목에 잡혀 있는 숫자를 정확히 기억해내 예산을 타내려 몰아치는 의원들의 공세에 그때그때 적절히 맞받아쳤다.

19대 총선 출마를 위해 2012년 1월 퇴임했으며 이임식에서 "각자가 나라 곳간의 문지기라는 사명감을 갖고 과거 우리 선배들이 그러했듯 무분별한 재정 확대 요구에 원칙과 기준에 따라 대응해야 할 것"이라고 주문했다. 새누리당의 텃밭인 대구 동갑 지역에서 공천을 받아 60.8%의 높은 득표율로 당선됐다. 국회에 첫 입성한 후 자신의 전문성을 살려 기획재정위원회와 예산결산특별위원회에서 활약 중이다.

재정부 후배들은 그의 당선을 반기면서도 국회 예산심의 과정에서 고된 시어머니를 만나게 됐다는 반응도 내놓았다. 실제 첫 재정부 국감에서 "통합재정이라는 용어가 통상 재정지출 규모를 나타내는 것으로 '총지출'과 혼용해 사용하고 있다"며 "또 공기업과 국가채무는 국제기준과 맞지 않아 혼란을 초래하고 있다"고 질타했다. 이에 대해 이석준 예산실장은 "류 의원이 지적한 국가재정법과 관련한 문제점은 굉장히 전문적인 내용으로 기존 의원들은 언급하지 않았던 부분"이라며 "개선하려면 상당한 시간이 걸릴 것"이라고 답변했다.

국세청 국감에서는 2009년에 폐지된 '접대비 실명제'를 재도입해야 한다는 주장을 펼쳐 주목을 받았다. 접대비 실명제가 폐지된 이후 기업의 업무와 관련 없는 접대비 지출이 크게 증가해 기업의 체질과 경쟁력이 약화되고 있다는 지적을 한 것이다. 2003년 5조 1000억 원이었던 접대비 지출액은 2011년에는 8조 3000억 원으로 늘었다. 이 가운데 호화 유흥업소 등에서 사용된 액수가 약 30%에 달한 것으로 집계됐다.

대선캠프에서는 중앙선대위 국민행복추진위원회 산하 정부개혁추진단에서 활동하며 박 당선인의 정부 개편 관련 공약을 다듬는 작업을 수행했다.

이현재
경제2분과위원회 간사

▶ 출생 _ 1949년 충북 보은
▶ 학력 _ 청주고, 연세대 전자공학과, 서울대 행정대학원 석사
▶ 경력 _ 통상산업부 공보관, 산업자원부 기획관리실장, 중소기업청장, 한나라당 하남시 당협위원장, 19대 국회의원
▶ e주소 _ www.lhj21.com

중소기업청장 출신의 경제관료 …
풍부한 행정경험과 노하우 돋보여

중소기업청장을 지낸 경제관료 출신으로 경제민주화를 강조하는 박근혜 당선인의 중기·소상공인 정책에 깊숙이 관여한 것으로 알려졌다. 풍부한 행정경험과 노하우를 살려 박 당선인 대선캠프의 직능총괄본부 내 중소기업본부장을 맡아 이른바 개미군단이라 할 수 있는 중소 상공인단체 등을 규합해 지지선언을 이끌어내는 데 적잖은 공을 세웠다.

1949년 충북 보은에서 태어나 청주고와 연세대 전자공학과를 나왔다. 이후 서울대 행정대학원을 졸업한 뒤 6급 특채로 국무총리실에서 공직에 첫 발을 내디뎠다. 이어 산업자원부 조선과장, 전력심의관, 주일 상무관, 산업기술국장, 기획관리실장 등 산자부의 주요 보직을 두루 거쳤다.

노무현정부 시절인 2004년에는 청와대 산업정책비서관으로 재직하며 벤처기업 활성화 대책, 중소기업 정책정보 전달시스템 구축 등 전략적 산업정책 의제 발굴을 주도해온 것으로 알려졌다. 이 같은 공로를 인정받아 2006년 9대 중소기업청장에 임명됐다. 중기청장 재임기간 동안 수요자 중심의 정책 홍보를 위한 'SPi-1357' 도입과 정부기관 최초로 싱글 PPM 품질인증 획득, 중기 업계의 숙원이었던 가업승계 상속세 감면 및 지원 근거를 마련하는 계기를 만드는 등의 성과를 낸 것으로 평가받는다.

그러다 이명박정부의 임기가 시작되기 직전인 2008년 2월 총선 출마를 위해 32년의 공직생활을 마치고 퇴임했다. 비록 노무현정부에서 승승장구했지만 이명박정부에서도 한나라당 공천을 따낼 만큼 경제관료로서 업무 추진력과 조정 능력을 인정받았다. 그러나 첫 도전에서 충청도 출신으로 '낙하산 공천'이라는 멍에를 쓰고 경기 하남에 출마했지만 낙선의 고배를 들었다. 특히 같은 당 출신의 전임 시장이 이곳에 광역화장장 유치를 추진하면서 이에 반대하는 성난 시민의 분노가 그대로 반영된 결과였다.

낙선 후 곧바로 떠날 것이라던 예상을 뒤엎고 당협위원장을 맡아 지역에 남았다. 특히 2009년 6월 국토해양부에 지하철 연장을 요청한 것을 시작으로 하남지하철 5호선 연장 사업에 돌입했다. 토론회 개최와 서명운동 등을 주도해 2010년 3월 기획재정부가 예비타당성 용역을 확정했고, 지하철 노선도 3개 역사를 추가한 미사~풍산~덕풍~시청~검단산역으로 노선 변경을 관철시켰다. 2011년 4월에는 마침내 하남지하철 연장이 검단산까지 확정됐다.

이밖에도 대형마트와 재래시장 협력을 위해 시장 상인과 함께 중소기업청을 방문해 조정 합의를 이끌었고 2010년 태풍 곤파스 피해를 입은 수해 농가를 위해 소방방재청의 지원 약속을 받아냈다. 이 같은 노력을 인정받아 19대 총선에서는 3선 도전에 나선 문학진 민주통합당 후보를 누르고 첫 번째 국회 입성에 성공했다. 부인 김태숙 씨와의 사이에 1남 2녀를 두고 있다.

이혜진

법질서 · 사회안전분과위원회 간사

▶ 출생 _ 1962년 부산
▶ 학력 _ 데레사여고, 부산대 법학과
▶ 경력 _ 사법시험(28회) 합격, 이혜진법률사무소 변호사, 동아대 법과대 교수, 동아대 법학전문대학원 교무부원장
▶ e주소 _ ihj001@dau.ac.kr

'법질서위원회' 깜짝 발탁된 부산 변호사 …
박 당선인이 직접 낙점

대통령직 인수위원회에서 법질서 · 사회안전분과위원회 간사를 맡았다. 줄곧 부산 지역에서 변호사와 교수로 활동해온 법조인이자 교육자다. 1986년 28회 사법시험에 합격해 이듬해부터 2년간 사법연수원(18기)을 수료한 뒤 판사나 검사로 임용되지 않고 1989년 부산에서 여성으로는 처음으로 변호사 사무실을 개업했다. 개업 초기에는 이혼 등 가족 관련 사건을 주로 다뤄왔다.

줄곧 부산 지역에서만 변호사로 활동해왔으며 그동안 언론에 노출될 정도로 눈에 띄는 사회활동은 없었다. 박근혜 당선인과는 특별한 인연이 없는 것으로 알려졌다. 인수위 인선 발표 시 이 간사에 대해 '깜짝 발탁'이라는 평가가 나왔던 이유다. 인수위원 발표 전날인 1월 3일 저녁 박 당선인이 김용준 인수위원장에게 직접 전화를 걸어 이 간사에 대해 의견을 구한 것으로 알려졌다. 김 위원장은 4일 오전 이 간사의 평판을 확인하고 인수위원에 적합하다고 판단한 것으로 전해졌다.

이 간사는 언론과의 인터뷰에서 "인수위원 발표 이후 법질서·사회안전 분과 간사로 선임됐다는 문자메시지 한 통 받은 게 전부"라며 "조용하게 살던 사람인데 너무 정신이 없다"며 당황스러워했다. 이 간사는 2006년 3월 동아대 법학전문대학원 부교수로 임용됐으며 현재 민사법을 가르치고 있다. 남편은 사법연수원 동기인 구남수 부산지법 수석부장판사로 법조인 부부다.

구 수석부장판사는 "새누리당이나 박 당선인과 전혀 인연이 없어 왜 발탁됐는지 저도 모르겠다"고 전했다. 그만큼 이번 인선이 예상을 깬 깜짝 인선이었다는 얘기다.

곽병선

교육분과위원회 간사

▶ 출생 _ 1942년, 중국 흑룡강성 목단강. 충북에서 성장
▶ 학력 _ 청주사범학교, 서울대 교육학과
▶ 경력 _ 한국교육개발원장, 대통령자문 교육인적자원정책위원회 위원, 경인여대 학장, 민주평화통일자문위원회 자문위원, 교육인적자원부 교육과정심의회 운영위원회 운영위원
▶ e주소 _ kwak@kedi.re.kr

국가직무능력표준 구축 ⋯ 朴 교육정책 브레인

박근혜 당선인의 교육정책 핵심 브레인이다. 곽 간사는 선거대책위원회 국민행복추진위원회 산하 행복교육 추진단장을 맡아 교육 공약을 주도했다. 청주사범학교와 서울대 사범대 · 대학원을 졸업하고 미국 마퀘트대 대학원에서 교육학 전공 철학 박사학위를 받았다. 1999년부터 4년간 한국교육개발원장을 맡았고 대통령자문 교육개혁위원회 위원(1994~1996년)과 대통령자문 교육인적자원위원회 위원(2000~2003년)을 역임했다. 2005년 4월~2009년 2월까지 경인여대 총장을 지냈으며 2009~2010년에는 한국교육학회장을 맡았다.

2007년 한나라당 대선 후보 경선 때부터 박 당선인에게 교육정책을 조언했다. 18대 대선캠프에 참여한 것도 박 당선인의 직접 요청이 있어서다. 두 사람의 인연의 시작은 의례적이고 공식적인 것이었다. 첫 인연은 한국교육개발원장 재임 시 박 당선인이 개발원을 방문했던 시절로 올라간다. 이후 2002년 고 이영덕 국무총리를 대신해 5.16 민족상 수여식에 참석한 자리에서 박 당선인을 두 번째로 만났다.

그는 "박 당선인은 교육 문제에 상당히 많이 또한 깊이 알고 있다"고 평가했다. 교육공약개발팀이 박 당선인에게 정책안을 보고하고 의견을 나눈 자리에서 박 당선인이 평소 교육 문제에 대한 공부를 많이 하고, 교육 현안에 깊은 고민을 해왔다는 느낌을 받았다고 전했다.

박 당선인의 교육공약은 '소질과 끼를 이끌어내는 행복교육 만들기'로 함축된다. 곽 간사는 김재춘 영남대 교수, 나승일 서울대 교수 등과 함께 공교육 내실화와 사교육비 경감이라는 큰 틀에 △2017년까지 고교 무상교육 단계적 확대 △초등학교 온종일 돌봄학교 운영 △소득연계 맞춤형 반값 등록금 지원 △국가직무능력표준 구축 등 구체적 전략을 만들어 냈다. 중학교 1학기 동안 중간·기말고사 등 필기시험을 치르지 않고 진로를 탐색하는 '자유학기제 운영'과 학교 시험 및 고교·대학 입시에서 교육과정을 넘어서는 문제 출제를 금지하는 '공교육 정상화촉진 특별법안'도 그의 작품이다. "중학교 자유학기제는 조급하게 성과를 찾지 말고 학생들에게 자기주도적 학습과 진로 적성을 찾아주는 교육 체질을 갖출 수 있도록 중장기적으로 추진해야 할 정책"이라고 말했다.

그가 가장 의미 있는 공약으로 꼽은 것은 '국가직무능력표준 구축'이다. 교육과 일자리를 연계하기 위해 모든 직종에 요구되는 직무능력표준을 국가 차원에서 체계화해 교육과 직업훈련의 근간으로 삼아 학벌주의 사회를 능력 중심 사회로 전환하는 기틀을 마련한다는 게 핵심이다.

최 성 재

고용복지분과위원회 간사

▶ 출생 _ 1946년 서울
▶ 학력 _ 경북고, 서울대 사회사업학과
▶ 경력 _ 서울대 사회복지학과 교수, 한국사회복지학회장, 보건복지
　　　　가족부 지역사회서비스 혁신위원장, 한국노년학회장
▶ e주소 _ sjchoi@snu.ac.kr

정영사(서울대 기숙사)에서 맺은 인연 …
복지정책 핵심 브레인

박근혜 당선인의 복지정책을 만든 핵심 브레인이다. 선거대책위원회 국민행복추진위원회에서 '편안한 삶' 추진 단장을 맡았다. 최 간사와 박 당선인의 인연은 1968년 대학 4학년 때로 거슬러 올라간다. 최 간사가 육영수 여사가 세운 서울대 기숙사(정영사)에서 지내는 동안 기숙사를 일반인에게 개방하는 오픈하우스를 할 때면 박 당선인이 여사를 따라 방문했다. 이후 기숙사 동문들이 만든 '정영회' 회장을 지냈으며 봉사활동을 하면서 퍼스트레이디였던 박 당선인을 몇 차례 만났다.

2007년 한나라당 대선 후보 경선 즈음에 정영회 정예 멤버들이 박 당선인과 저녁식사 자리를 만들면서 정책자문을 시작했다. 2010년 12월 박 당선인이 '사회복지기본법' 전면 개정을 위한 공청회를 할 때 발제자로 나섰다. 이후 안상훈 서울대 사회복지학과 교수 등 제자 3~4명과 박 당선인을 따로 만나 복지발전 모델에 대한 연구결과를 보고하고 의견을 교환해왔으며 2012년 9월 선대위 행복추진위 출범과 함께 캠프에 본격 합류했다.

그는 생애 과정을 7~8단계의 생애주기별로 나눠 이에 맞춘 사회안전 망을 촘촘하게 만들어 시기별로 모든 문제를 해결할 수 있도록 한다는 이른바 '생애주기별 맞춤형 복지'의 틀을 잡았다. 특히 빈곤, 노인, 장애인 문제 등을 중심으로 기초생활보장제도 개편, 기초노령연금 2배 인상 및 기초연금제와의 통합, 부양의무제도 개선, 장애인 등급제 폐지 및 장애인연금의 기초연금화, 4대 중증질환 국가 보장, 의료비 상한제 10단계 세분화 등의 정책 공약을 내놨다.

연간 27조 원씩 5년간 135조 원에 달하는 복지재정 확보에 대해서는 13개 부처에 흩어져 있는 292개 프로그램의 복지행정을 조정해 예산을 절감한다는 해결책을 내놓았다. 최 간사가 특히 공들인 복지공약은 100세 시대 일자리 정책이다. 50대 중반에 퇴임해 노동시장에서 이탈하고 있는 베이비부머 세대를 안정적으로 지원하기 위한 제도적 장치를 마련했다. '노-노케어(노인이 노인을 돌보는 사업)', '보육관련 도우미' 등 사회복지 분야 일자리 증대가 주된 내용이다. 은퇴 전후의 경영·기술 인력들에게 창업을 적극 지원하겠다는 내용의 '실버창업보육센터'도 그의 작품이다.

박 당선인의 공약집에도 △집권 5년 내에 일자리 5만 개 창출을 통한 노인 일자리 확대 △지역사회 맞춤형 일자리 집중 개발 및 보급 △공공형 일자리 임금 단계적 2배 인상, 현 7개월→12개월로 확대 등의 노인 일자리 공약이 담겼다.

최 간사는 박 당선인이 한국형 복지체계에 깊은 관심을 보인 점을 높이 평가했다. "최근 2~3년 사이 박 당선인이 복지제도의 틀을 다시 짜야겠다고 생각한 것을 보고 굉장히 놀랐다"며 "한나라당의 복지정책은 보수적이었기 때문에 그런 틀 속에 있지 않겠나 생각했는데 박 당선인은 굉장히 전향적인 생각을 하고 있었다"고 말했다. 정부에서 중요한 역할을 맡을 것으로 관측된다.

모 철 민

여성문화분과위원회 간사

▶ 출생 _ 1958년 서울
▶ 학력 _ 경복고, 성균관대 경영학과
▶ 경력 _ 행정고시 25회, 문화체육관광부 제1차관, 국립중앙도서관
  장, 예술의전당 사장
▶ e주소 _ cmmo@korea.kr

문화 · 관광 분야에 정통한 관료

지난 30년 동안 문화 및 관광 분야에 몸담아온 정통 관료다. 성품이 온화
하면서도 업무 추진력이 뛰어나다는 평가를 받는다. 서울에서 태어나 경
복고를 졸업한 뒤 성균관대 경영학과, 서울대 행정대학원을 거쳐 미국 오
리건대학에서 관광여가학 박사학위를 받았다.

1981년 행정고시에 합격하면서 공직에 입문했다. 1982년부터 교통부
에서 관광업무를 맡아 업무를 수행했고, 1994년 문화체육부로 자리를 옮
겨 종무관, 관광산업본부장 등을 거치며 제1차관까지 올랐다. 김대중 대
통령 시절에는 청와대 문화관광비서실 행정관을 역임했고, 이명박정부
초기에는 청와대 관광체육비서관을 지냈다. 이후 문화체육관광부 예술
국장과 문화콘텐츠산업실장을 거쳤다. 관광 분야의 업무를 오래 맡아
'관광통'으로 통한다. 경제협력개발기구(OECD) 사무국 프로젝트 매니저
로 근무하는 등 국제무대의 경험도 있다.

외국어에 능통한 것도 장점이다. 프랑스어가 유창하다. 주프랑스 문화
원장으로 재직하던 2006년엔 한 · 불 수교 120주년 행사를 주도적으로

이끌었다. 2007년에는 한국과 프랑스 간 문화교류 증진에 기여한 공로로 프랑스 정부로부터 예술문화훈장을 받았다.

2009년 국립중앙도서관장으로 부임해 단기간 동안 디지털도서관의 콘텐츠 확충과 내실화, 국가 서지표준화 강화를 위한 조직개편 등 중요 혁신을 단행한 공로를 인정받았다. 2011년 11월 문화부 차관 퇴임 후 동아대 석좌교수로 임명돼 후학을 가르치던 중 2012년 4월 새누리당 비례대표로 당선된 김장실 전 예술의전당 사장 후임으로 임기 3년의 예술의전당 사장에 임명됐다.

박 당선인은 2018년 강원도 평창 동계올림픽 개최 준비에 신경써온 만큼 담당 차관으로 관련 업무를 해온 모 간사를 눈여겨봐 왔던 것으로 알려졌다. 모 간사는 대선 직후 박 당선인에게 공개적으로 "재임 기간 동안 문화예산 비중을 2% 이상 늘리겠다고 한 공약을 지키기 바란다"고 촉구했다. 그는 "정책 우선순위에서 문화는 항상 경제에 비해 부수적으로 생각되는 경우가 많다"며 "경제가 어려울수록 문화의 역할이 중요함을 인식하고, 문화예술의 역할과 가치를 잘 이해했으면 한다"고 말했다.

모 간사는 2012년 언론과의 인터뷰에서 차기 정부에 바라는 문화정책에 대해 "문화 다양성을 비롯해, 특히 다문화사회에서의 문화 역할을 강조해야 한다"며 "아시아 문화의 교두보를 만드는 것이 중요한 과제"라고 밝혔다. 박 당선인에게는 "경제가 어려울 때 문화예술을 통해 사회통합의 길을 도모할 수 있고, 경제를 이끌 수 있는 바탕도 마련할 수 있다"며 문화예술에 대한 지원과 관심을 촉구해 눈길을 끌었다. 부인 김기영 씨와의 사이에 1녀를 두었다.

옥동석
국정기획조정분과위원회 위원

▶ 출생 _ 1957년 경남 거제.
▶ 학력 _ 부산고, 서울대 경제학과
▶ 경력 _ 인천대 대학발전본부장, 인천대 무역학과 교수, 기획재정부
  정부회계기준 위원, 기획예산처 정부회계기준 위원
▶ e주소 _ dsock@incheon.ac.kr

정부개혁 3.0 입안자 …
복지 포퓰리즘 비판한 '미스터 쓴소리'

박근혜정부 내각 조직의 개혁 및 개편은 옥동석 국정기획조정분과 위원이 관여하고 있다. 그는 선거대책위원회 국민행복추진위원회 산하 정부개혁추진단장을 맡아 정부개혁 부분을 주도했다. 옥 위원은 국가재정, 예산개혁 문제를 다루는 조세 · 재정 분야 전문가다. 그런 그에게 정부개혁을 맡긴 것은 박근혜 당선인의 정부개혁이 재정개혁과 맞닿아 있다는 것을 방증한다.

옥 위원은 "정부개혁을 잘한 국가를 살펴보면 재정개혁에서 시작한다"고 말했다. 역대 정부의 정부개혁에 대해 "김대중정부는 주로 조직개편과 민영화를 추진했고, 노무현정부는 재정개혁에 초점을 맞췄으나 조직 변화가 수반되지 않아 효과가 미흡했다"며 "이명박정부는 재정개혁보다는 조직개편에 초점을 맞췄다"고 평가했다. 그는 특히 이명박정부의 민영화와 관련해 "재정개혁을 하는 과정에서 부수적으로 생기는 조직개편을 채택해야 하는데 이게 너무 부각된 게 아닌가 생각한다"고 지적했다.

옥 위원은 박 당선인이 첫 대선 공약으로 발표한 '정부개혁 3.0' 입안자이기도 하다. 그는 이 개혁안에 미래창조과학부 신설을 비롯해 정보통신부·해양수산부 부활 등의 정부조직 개편 공약을 담았다. "정권 초기에 꼭 대대적인 정부 조직개편을 해야 한다는 도그마적 사고부터 벗어야 할 때"라며 속도 조절을 예고했다.

보수적인 경제학자인 옥 위원은 각종 토론회에 패널로 참석해 정치권의 복지 포퓰리즘을 겨냥해 쓴소리를 하는 것으로 유명하다. 2012년 9월 역대 경제부처 장·차관 및 보수 경제학자들이 참여한 '건전재정포럼' 발족식에 발제자로 나서 "재정 건전성이 높은 북유럽 국가들은 남유럽과 달리 공공부문 내에서 구조조정을 지속적으로 추진했다"며 "우리도 중장기적 재정개혁을 꾸준히 추진해 재정지출과 정부채무를 감소시키는 노력을 해야 한다"고 강조했다.

그는 또 한국경제신문이 발족한 포퓰리즘대책연구회 '아큐파이(Ocupy) 포퓰리즘' 토론회에서는 "복지문제를 재정 투입으로 쉽게 해결할 수 있다는 생각은 잘못된 것"이라며 "재정을 마련하기 위한 조세 확보 과정에서 시장 기능이 위축되고 자원 배분의 비효율성이 나타날 것"이라고 지적했다. 민간 부문의 자율 선택에 의한 해결을 우선적으로 추구해야 한다는 것이다.

박 당선인과의 인연도 2004년 무렵 국회 공청회와 토론회에서 발표자로 참석하면서 시작됐다. 2010년 박 당선인의 싱크탱크인 국가미래연구원 출범 직전 박 당선인과 공부모임을 하면서 신뢰를 쌓았고, 연구원 출범 이후에는 재정·세제 분야를 담당했다. 그는 선대위 참여 배경에 대해 "박 당선인이 두루두루 인재를 찾는 중에 국가미래연구원 보고서나 토론회 내용을 보고 결정한 게 아닌가 생각한다"며 "개인적인 인연은 별로 없다"고 말했다.

강석훈
국정기획조정분과위원회 위원

▶ 출생 _ 1964년 경북 봉화
▶ 학력 _ 서라벌고, 서울대 경제학과
▶ 경력 _ 대우경제연구소 금융팀장, 한국은행 객원연구원, 정보통신부 산하기관 경영평가위원, 성신여대 경제학과 교수, 한국재정학회 이사, 산은자산운용 사외이사, 19대 국회의원, 새누리당 18대 대선 후보 비서실
▶ e주소 _ hoonster21@gmail.com

대선공약 주도한 박근혜 경제정책 핵심 브레인

박근혜 당선인의 대표적 경제정책 브레인이다. 경북 봉화에서 태어난 뒤 서울로 일찍 옮겨 사실상 서울에서 자랐다. 유교적인 집안 분위기에도 불구하고 격식을 따지기보다는 합리적 성품으로 누구와도 잘 어울리는 성격이다.

서라벌고 출신으로 정병국, 전하진 의원 등과 동기동창이다. 서울대 경제학과를 졸업한 뒤 위스콘신주립대에서 경제학 박사를 받았다. 위스콘신주립대 출신으로는 이한구 원내대표, 유승민 의원, 안종범 의원 등이 있다. 이들은 모두 MB 정권에서 실세로 통해 이들을 묶어 '위스콘신파' 라는 신조어도 만들어졌다.

유학을 마치고 대우경제연구소에서 연구원으로 사회의 첫발을 내디뎠다. 이때 연구소 소장으로 있던 이한구 의원과 인연을 맺었다. 연구원으로 활동하던 시기와 성신여대 경제학과 교수가 된 뒤 왕성한 사회활동을 했다. 언론사 객원 편집위원과 기획예산처, 한국은행, 정보통신부, 통계청, 보건복지부 등의 자문위원을 역임했다. 한국재정학회 이사 등도 맡으며 학계에서도 두각을 나타냈고 각종 방송에서도 경제 관련 해설자로 각광을 받았다.

2012년 19대 총선에서 서울 서초을에 당선되면서 정계에 입문했지만 워밍업을 한 건 5년 전부터였다. 2007년 한나라당 대선 후보 경선에서 박근혜 후보를 적극 도운 '유승민 의원의 외곽 사단'에 속했다. 강 위원 외에도 이종훈 의원, 안종범 의원 등 모두 경제학 전공의 정책通 교수들이 모여 박 후보의 경제 공약을 만들어낸 것이다.

그때 만들어진 것이 이명박정부의 모토가 된 '줄푸세'(세금은 줄이고, 규제는 풀고, 법원칙은 세우고)다. 박 후보가 이명박 후보에 패하면서 이 공약을 차용했다. 2012년 초 당 비상대책위원장을 맡았던 박 당선인의 부름으로 총선 공천을 받아 서초을에서 당선됐다. 박 당선인이 대선 후보가 된 뒤 비서실장에서 사퇴한 최경환 의원과 함께 비서실에서 박 후보의 경제 공약 등을 세밀하게 다듬는 역할을 맡았다.

합리적인 성품이며, 어려운 경제 관련 용어나 현상을 일반 경제통 의원들과 달리 쉬운 말로 풀어내는 능력을 인정받는다. 잘 나서지 않고, 조용히 정책을 만들어내는 역할을 맡고 있다. 야권 지지 성향으로 알려진 영화배우 박중훈 씨가 외사촌이다. 19대 국회에서 금융기관과 금융 관련 정책을 담당하는 정무위원회 소속이다.

장훈
정무분과위원회 위원

▶ 출생 _ 1962년 서울
▶ 학력 _ 서울대 정치학과
▶ 경력 _ 새누리당 정치쇄신위원, 한국정당학회장, 중앙대 정외과 교수
▶ e주소 _ hjaung@cau.ac.kr

박 당선인 주요 연설문 작성 … 정치쇄신 주도 학자

박근혜 당선인의 '학계 그룹'에 속하는 전문가로 대표적인 보수주의 정치학자다. 정당정치에 대해 꾸준하고 깊이 있게 논평해왔다. 박 당선인과의 인연은 깊다. 몇 년 전부터 알던 사이로 박 당선인의 주요 연설문 작성에도 참여하는 등 박 당선인의 신망이 두텁다. 2007년 치열했던 경선 때도 박근혜 후보의 캠프에서 활동했다.

18대 대선에서는 박 당선인의 최대 슬로건이었던 정치쇄신에 혁혁한 공을 세웠다. 새누리당 정치쇄신특별위원회 위원을 지내면서 정치쇄신 공약의 큰 틀을 짰고 미시적인 내용까지 채워넣었다. 특히 공천 및 정치부패 분야를 담당했다. 정치쇄신특위 위원장을 지낸 안대희 전 대법관과 이상돈 전 비대위원, 박효종 서울대 교수, 남기춘 전 서울서부지검장, 이상민 전 춘천지법 원주지원장, 박종준 전 경찰청 차장, 박민식 의원 등과 손발을 맞췄다.

그는 대선 주자들 사이에 개헌론이 이슈가 될 때 박 당선인의 '과외교사' 역할을 했다. 장 위원은 "국민들과 대선 후보 사이에 최소한의 개헌

합의를 이루기 어렵기 때문에 개헌이 대선의 폭발적인 이슈가 되기 힘들다"는 논리로 박 당선인을 설득한 것으로 알려졌다. 개헌 카드가 마이너 주자들에게는 변화를 주도한다는 인상을 보여주고 지지세력 확장을 위한 승부수이지만 선두 주자인 박 후보에게는 해당 사항이 없다는 주장을 펼친 것으로 전해진다.

《한국 정당정치 연구방법론》, 《세계화 제2막》 등의 저서를 냈으며 한국정당학회장을 맡고 있다. 박 당선인에게 직언을 할 수 있는 전문가 그룹으로, 청와대 합류 가능성이 점쳐진다.

윤병세
외교통일국방분과위원회 위원

▶ 출생 _ 1953년 서울
▶ 학력 _ 경기고, 서울대 법대, 존스홉킨스대학교대학원 석사
▶ 경력 _ 외교통상부 북미국장 · 차관보(외시 10기), 청와대 외교통일
　　　 안보수석, 서강대 국제대학원 겸임교수
▶ e주소 _ bsyun77@naver.com

'신뢰외교' 큰그림 그린 외교안보 좌장

정통 외교관 출신이다. 박근혜 당선인의 싱크탱크인 국가미래연구원 소
속으로, 대선캠프에서 외교안보정책의 큰 그림을 그렸다. 외무고시 10기
출신으로, 김성환 외교통상부 장관과 동기다. 외교부에서 북미국장, 주
미공사, 차관보 등 핵심 보직을 맡으며 대표적인 '미국통' 으로 꼽힌다.

　꼼꼼한 일처리와 보고 능력이 탁월하다는 평가를 받는다. 하지만 윤
위원은 30년 넘게 외교부에 몸담고도 '외교관의 꽃' 으로 불리는 재외공
관장(대사 · 총영사)을 한번도 하지 못하고 은퇴한 '불운한 외교관' 이기도
하다. 이는 외교부 사상 전무후무한 기록이다. 노무현정부 말기에 청와
대 통일외교안보수석으로 일했던 전력 때문에 이명박정부의 '블랙 리스
트' 에 올랐기 때문이라는 게 외교가 안팎의 분석이다. 뚜렷한 정치색을
갖고 있지 않았음에도 불구하고 통일외교안보수석으로 일하면서 2007년
남북 정상회담에 깊숙이 관여한 경력 때문에 정권 교체 이후 보직을 받지
못했다는 것이다.

　이후 서강대 국제대학원 교수, 김앤장법률사무소 고문으로 지내면서

2010년 국가미래연구원 발기 멤버로 참여했다. 윤 위원은 언론과의 인터뷰에서 노무현정부의 청와대 수석 출신임에도 문재인, 안철수 등 야권 후보가 아닌 박 당선인을 도운 것에 대해 "외교관은 정치적 이념이 아니라 국가안보를 위해 일한다"며 "박 당선인이 우리가 처한 현실과 이상을 균형있게 조화시킬 수 있는 지도자라고 판단했다"고 밝혔다.

윤 위원은 박 당선인의 외교안보 정책 그룹의 좌장을 맡아 신뢰와 균형을 두 축으로 하면서 개성공단 사업을 비롯한 남북경협 사업을 확대·발전시키고 국제사회와 협력하면서 남북관계, 북방경제를 진전시켜 나간다는 '한반도 신뢰 프로세스' 정책을 짰다. 박 당선인이 자신의 '신뢰 외교' 비전을 제시했던 2011년 〈포린어페어〉 기고문 '새로운 한반도를 향해'를 집필할 때 조언했던 전문가 중 하나이기도 하다.

관료 출신답게 정치색이 강한 인물은 아니라는 것이 캠프 안팎의 평가다. 박 당선인의 대선캠프 외교안보팀에는 북한과의 협력 필요성을 강조하는 '유화파' 류길재 북한대학원대 교수부터 '강경파' 이정민 연세대 교수까지 전문가들의 이념 스펙트럼이 넓다는 평가를 받았다. 그럼에도 불협화음 없이 외교안보 비전을 이끌어낸 것은 윤 위원의 성향이 큰 역할을 한 것으로 보인다.

그에 대한 박 당선인의 신뢰도 상당한 것으로 알려졌다. 당초 외교통일추진단의 좌장은 오랜 기간 박 당선인을 도와온 최대석 이화여대 교수가 유력했다. 그러나 "남북문제를 국제관계 차원에서 풀어야 한다"는 박 당선인의 주문에 따라 외교관 출신인 윤 위원이 맡게 됐다.

최대석
전 외교통일국방분과위원회 위원

▶ 출생 _ 1956년 서울
▶ 학력 _ 연세대 정치외교학과, 시라큐스대학교 대학원 국제관계 석사, 클레어몬트대학교대학원 정치학 박사
▶ 경력 _ 동국대 북한학과 교수, 이화여대 통일학연구원 원장
▶ e주소 _ choi56@ewha.ac.kr

대북정책 틀 짠 '합리적 보수' … 인수위원 사퇴

박근혜 당선인의 대북정책을 이해하기 위해서는 최대석 이화여대 교수를 주목해야 한다. 최 교수는 박 당선인의 싱크탱크인 국가미래연구원의 외교안보분과 좌장과 국민행복추진위원회 외교안보팀 부단장을 맡았다. 박 당선인의 대선캠프에서 남북관계 전문가 풀을 구성하는 데 중요한 역할을 했다. 이정민 연세대 교수, 홍용표 한양대 교수 등이 최 위원을 통해 박 당선인 캠프에 참가했다. 박 당선인이 자신의 '신뢰외교' 비전을 밝힌 〈포린어페어〉 기고문 '새로운 한반도를 향해'의 집필을 이정민 교수, 윤병세 전 청와대 통일외교안보정책수석과 함께 도운 인물이기도 하다.

　최 위원과 박 당선인의 인연은 2004년으로 거슬러 올라간다. 당내 경선을 앞두고 정책자문단을 꾸리던 박 당선인으로부터 외교안보정책을 도와달라는 요청을 받은 것이 시작이다. 최 위원은 박 당선인의 첫 인상에 대해 "약속의 중요성을 아시는 분이어서 신뢰가 갔다"며 "생각보다 남북문제 등에서 꽉 막힌 보수가 아니라는 점이 인상적이었다"고 말했다.

그는 2002년 박 당선인이 평양을 방문해 김정일 국방위원장과 면담했던 사실을 들며 "당시 보수의 입장으로선 정치생명을 걸어야 하는 쉽지 않은 결정이었는데 추진하는 과단성이 있고 통일문제에 대한 식견이 높음을 보여주는 일"이라고 평가했다. 최 위원의 아버지는 최재구 전 공화당 의원(8·9·10·12대)으로 박정희 대통령과 가까웠다는 점에서 박 당선인과 특별한 인연이 있다.

최 위원은 북한 전문가들 사이에서 합리적 보수라는 평가를 받는다. 북한의 잘못된 행동에 대해서는 단호하게 대응하면서도 남북관계를 전향적으로 풀기 위한 노력을 해야 한다는 입장을 견지해왔다. 박 당선인이 이명박정부의 강경 일변도 대북정책과의 결별을 분명히 하고 북한에 대한 인도적 지원은 정치 상황과 무관하게 이어가겠다는 공약을 제시한 것은 최 위원의 기여가 컸다. 그는 박 당선인에 대해 "튼튼한 안보를 바탕으로 하면서 남북관계를 전향적으로 풀겠다는 의지가 있는 분"이라며 "북한뿐 아니라 우리의 대북정책도 진화하고 발전해야 한다는 인식을 확고하게 갖고 있다"고 말했다.

대선 기간 동안 각 후보 진영 간 대북정책 비교 토론회가 있으면 박 당선인 측 대표로 참여해 '한반도 신뢰 프로세스'를 적극적으로 설명했다. 박 당선인의 외교안보 분야 대외창구였던 셈이다. 그렇지만 그는 인수위원으로 활동하던 중 일신상의 이유로 중도사퇴했다. 취미는 등산과 공연 감상이다.

박흥석

경제1분과위원회 위원

▶ 출생 _ 1945년 전남 해남
▶ 학력 _ 목포 문태고, 전남대 행정대학원 수료
▶ 경력 _ 흥극상사 대표이사, 럭키산업 대표이사, 장백산업 설립, 광주방송 대표이사 사장, 광주상공회의소 회장
▶ e주소 _ gwangju@korcham.net

호남 마당발로 대표적 경제인 · 기부왕 … 대통합 힘 보태겠다

호남 지역의 대표적 경제인이다. 전남 해남 출신으로 전남 사회복지공동모금 회장, 광주국제영화제조직위원장 등 40여 모임의 대표를 맡았을 정도로 지역 내 마당발 인사로 꼽힌다. 1월 4일 대통령직 인수위원회에서는 경제1분과 위원으로 임명됐다. 박 위원 자신도 인수위 인선 발표 이틀 전에 당선인측으로부터 연락을 받고 알았을 정도로 '깜짝 발탁' 된 인사다.

박 위원은 입지전적인 기업인이다. 전남지방병무청 공무원으로 시작해 유통업체인 흥극상사를 거쳐 1985년 럭키산업을 설립했다. 국내 최대 규모의 칫솔 제조업체인 럭키산업은 여성과 장애인을 다수 고용해 사회적 약자의 고용창출은 물론 지역 경제발전에 이바지했다는 평가를 받는다. 또 2001년 KBC 광주방송 대표이사로 취임해 전국민영방송협의회 회장, 지역방송협의회 공동의장 등을 역임했다.

흥극상사 시절부터 소외계층을 위해 매해 1~2억 원씩 기부해 약 30년간 기부한 총금액이 70억 원에 이른다. 박 위원은 "지역에서 '바르게 살기'라는 단체의 회장을 맡으면서 나 자신도 바르게 살지 못하는데 이런 단체의 회장을 맡는 것이 맞는 일인지 고민했다"며 "우선 나 자신부터 정직하고 바르게 살고 주변을 도와야겠다는 생각에 기부를 시작했다"고 말했다. 또 1993년부터 대구, 부산, 광주 지역의 사람들로 구성된 '광주 장원산악회'를 운영하고 있다. 700여 명의 회원이 매해 2~3회 정도 함께 산에 오르며 영호남의 화합을 다지고 있다.

2009년부터 광주상공회의소 회장직을 맡으며 지역 경제발전을 위한 목소리를 끊임없이 내왔다. 광주은행 분리 매각과 광산업 4단계 사업(기반 고도화) 지원, 연구·생산 복합형 광주연구개발 특구 조기 활성화, 지방건설산업 활성화를 위한 SOC 투자 확대 등을 지속적으로 요구해왔다. 2013년 광주상의 신년사에서는 박 당선인의 공약인 자동차 100만 대 생산기지 건설, 광주 외곽순환고속도로 건설, 광주—완도 고속도로 건설 등 14가지 공약의 실현을 위한 노력을 약속했다.

인수위원 임명 전 박 당선인과의 인연은 없었다. 다만 박 당선인의 최측근인 최경환 새누리당 의원, 정의화 의원, 이정현 전 의원과 가까운 사이여서 이들의 추천이 작용한 것으로 알려졌다. 2012년 4.11 총선 때는 비례대표직을 제안받았으나 고사한 적도 있다. 호남 출신이면서 평소 지역 경제발전과 나눔활동에 앞장서온 인물인 만큼 박 당선인이 강조해온 '대통합'에 적합한 인물이기 때문이다.

박 위원은 인수위원에 임명된 것에 대해 "정치인, 학자들과 달리 40년간 현장에서 일해온 경제인으로서 현장 경험을 살려 일자리 만들기에 나서달라는 뜻이라 생각한다"며 "영·호남 대통합, 소통 등을 실현하는 데 힘을 보태겠다"고 말했다.

홍기택

경제1분과위원회 위원

▶ 출생 _ 1952년 서울
▶ 학력 _ 경기고, 서강대 경제학과
▶ 경력 _ 한국은행 조사2부, 중앙대 교수, 한국경제학회 사무국장, 중앙대 정경대학장, 대통령직속 규제개혁위원회 위원, 국가미래연구원 거시금융 분야 발기인
▶ e주소 _ hongecon@cau.ac.kr

'거시금융 파트' 공부모임 멤버 … 대선 공약에 참여

박근혜 당선인의 싱크탱크 역할을 해온 국가미래연구원 설립 멤버로 '서강 인맥'에 속한다. 특히 연구원 내에서도 박 당선인과 함께 거시금융 파트에 소속돼 정기적으로 공부를 해왔다. 이 파트에는 김광두 전 서강대 교수, 김인기 중앙대 교수, 조명현 고려대 교수 등도 참여했다. 박근혜식 경제민주화의 슬로건인 '원칙이 바로 선 자본주의'라는 표현도 홍 위원과 신세돈 숙명여대 교수의 작품으로 알려져 있다.

18대 대선에서는 박 당선인의 공약을 총괄하는 국민행복추진위원회에서 성장 분야 공약을 만든 힘찬경제추진단(단장 김광두) 위원으로 활동했다. 홍 위원은 언론 인터뷰에서 박 당선인의 경제철학에 대해 "거시적인 측면은 시장경제에 기반을 두고 그 다음에 경제적 약자를 끌어안는 쌍끌이 정책이 거시 정책의 기본이라고 보면 된다"고 말했다.

홍 위원은 기본적으로 시장주의자다. 정부의 지나친 시장 간섭은 시장 왜곡을 일으킨다는 원칙을 수많은 칼럼을 통해 일관되게 밝혀왔다. 다만 대기업의 시장지배력 남용에 따른 불공정거래처럼 시장 자체에 문제가 발생할 경우 정부가 제도나 시스템을 손보는 식으로 개입해야 한다는 생각을 갖고 있다. 박 당선인의 경제관(근혜노믹스)과 맥을 같이 한다.

예컨대 순환출자 문제에 대해서도 입장은 확고하다. "장기적으로 순환출자는 해소돼야 한다. 그러나 현재 상황에서 비용이 상당히 많이 드는데 이러한 비용을 들여가면서 인위적으로 순환출자를 해소하고자 하면 기업 경쟁력이 약화되는 것은 필연적이다. 그렇다면 답은 어디에 있느냐? 공정거래법을 강화해 대기업 집단의 불공정거래 행위를 막고 대주주의 사익 창출을 못하게 하면 되는 것"이라는 게 그의 생각이다.

이명박정부가 한때 추진하려다 논란을 일으켰던 연기금의 대기업 의결권 행사 강화에 대해 "기업의 의사결정이 지연되고, 신사업 추진이 어려워지고, 경영권 안정을 위한 추가 지분 확보 비용이 증가하는 등 엄청난 사회비용이 유발될 가능성이 크다"며 반대 의사를 밝혔다. 그는 국가미래연구원을 이끌고 있는 김광두 원장과 함께 박 당선인의 경제철학의 근간이었던 '줄푸세'를 처음 고안하는 데 참여한 것으로 알려졌다.

홍 위원은 대학 졸업 후 한국은행 조사부에서 일하다 미국 스탠퍼드대로 유학을 떠났다. 경제학 박사학위를 받은 뒤 귀국해 중앙대에서 줄곧 강의를 해왔다. 전공 분야는 금융경제학, 그 가운데서도 화폐금융론이다. 이명박정부에서는 대통령직속 규제개혁위원회 위원을 지냈다. 그의 부인은 은행권 최초 여성 이사회 의장을 지낸 전성빈 서강대 경영학 교수로 같은 대학 영문학과 출신이다.

서승환

경제2분과위원회 위원

▶ 출생 _ 1956년 서울
▶ 학력 _ 서울고, 연세대 경제학과
▶ 경력 _ 통계청 전문직 공무원, 연세대 경제학과 교수, 한국응용경제
학회장, 한국지역학회장, 연세대 국제캠퍼스 부총장(현)
▶ e주소 _ shsuh@yonsei.ac.kr

朴의 정책 브레인 … 부동산 정책 주도

부동산 전문가로 박근혜 당선인의 대선캠프에서 주택·부동산 태스크
포스(TF) 단장을 맡았다. 박 당선인의 부동산 정책 브레인으로 불렸으며
새정부에서 부동산 정책을 개발하는 데 일정 부분 역할을 할 것이란 예
상이다.

2010년 박 당선인의 싱크탱크인 국가미래연구원 출범 시 회원으로 참
가하면서 인연을 맺었다. 전통적인 시장론자로 너무 많은 규제는 오히려
시장질서를 무너뜨린다는 생각을 갖고 있는 것으로 알려졌다. 평소 언론
기고 등을 통해 경제민주화에 대해 "어느 정도 필요하지만 재벌 때리기
로 일관해서는 곤란하다"는 지론을 폈다. 다만 "달도 차면 기울고 무엇이
든 지나치면 필연적으로 반작용이 있다는 것이 역사의 교훈"이라며 "지
나치게 효율만 추구하는 과정이 너무 오래 지속되면 형평에 대한 욕구가
비등점에 다다르게 마련"이라고 설명했다. "일정한 성장 단계 이후에는
형평을 강조하는 것이 오히려 효율을 더 높이는 요인이 될 수 있는 것도
사실이다. 우리나라의 현재 상황이 바로 이럴 가능성이 매우 높다"며 경

제민주화에 대해 긍정적 시각을 내비쳤다.

서 위원은 "재벌규제가 경제민주화를 이루는 한 가지 유효한 방법이라는 것은 틀림없는 사실이지만 경제민주화를 이루는 유일하고도 가장 효과적인 방법이라는 증거가 미약하다는 것이 문제"라고 지적했다. 앞으로 부동산 정책의 효과가 점점 떨어질 것이라는 예상을 내놓고 있다. 그는 "2007년 서브프라임 모기지 사태 이후 전 세계적으로 부동산 가격이 비슷하게 움직이는 경향이 훨씬 더 강해졌다"며 "부동산 가격의 시장 기본 가치를 결정하는 요인들의 국제적 공조성이 증가했기 때문"이라고 설명했다.

그는 "부동산 가격의 국제적 공조성이 증가한 상황에서 우리나라가 추세를 만드는 것이 아니라 추세에 따라가는 국가라는 사실은 부동산 정책의 효과에 대한 전망을 비관적으로 만든다"며 "우리만의 독특한 임대차 제도인 전세제도 하에서 매매가격과 임대가격의 변화 방향이 부딪치는 경우 문제가 더 복잡해질 수 있다"고 했다. "향후 부동산 정책의 환경은 과거와 전혀 다를 수 있다"고 덧붙였다.

노무현정부 시절 도입된 종합부동산세에 대해서는 기본적으로 잘못 만들어진 법으로 이를 폐지해 재산세의 일부로 편입해야 한다는 입장이다. 박 당선인의 공약인 철도 위에 부지를 조성해 임대주택과 기숙사 20만 호를 공급하는 행복주택 프로젝트에 대해서는 "사업성과 쾌적성에 대한 우려가 있기는 하지만 반드시 철도 시설 위가 아니라 인접한 부지도 포함된 계획"이라며 "선진국에는 성공 사례가 굉장히 많다"고 설명했다. 그는 "부동산 거래 활성화를 위해 공약에 명시된 부동산·주택정책들은 집권 초기부터 착실하고 분명하게 추진될 것"이라고 강조했다.

이승종

법질서 · 사회안전분과위원회 위원

▶ 출생 _ 1955년 서울
▶ 학력 _ 용산고, 서울대 사회교육학과, 미국 노스웨스턴대 정치학 박사
▶ 경력 _ 행정고시(22회) 합격, 행정사무관 시보, 한국지방행정연구원
　지방행정연구실장, 고려대 경상대학 행정학과 교수, 서울대 사범
　대 사회교육과 교수, 성균관대 행정학과 교수, 서울대 행정대학원
　교수, 한국행정학회장
▶ e주소 _ slee@snu.ac.kr

행정학회장 지낸 행정전문가 … 책임총리제 제안

행정고시 출신이지만 학계에 오래 몸담은 행정개편 관련 전문가다. 서울대 사범대 사회교육학과를 다니던 중 22회 행정고시에 합격했고, 행정사무관 시보와 지방행정사무관을 지냈다. 군 복무 뒤 미국 노스웨스턴대로 유학을 떠나 정치학 박사학위를 땄다. 1989년 한국으로 돌아와 한국지방행정연구원에서 지방행정연구실장을 지냈다.

1994년부터는 고려대 행정학과, 서울대 사회교육과, 성균관대 행정학과 등에서 교수를 했고, 미국 시카고대 초빙교수를 다녀오기도 했다. 2004년부터 서울대 행정대학원 교수로 재직하고 있다. 학회활동을 왕성하게 해서 서울행정학회 학술상위원장, 한국지방정부학회 부회장, 한국정치학회 지방정치연구위원장, 한국지방자치학회 편집위원장, 한국정책학회 편집위원장 등을 역임했다. 2012년에는 한국행정학회장을 지냈다. 저서로 《지방자치론: 정치와 정책》 등이 있다. 이명박정부에서 지방행정개편추진위원회 민간위원으로 활동했다.

이 위원은 행정부처 개편에 대해 "대통령비서실과 총리실의 정책조정

기능이 중복돼 정부 업무의 효율적 수행을 방해하고 국정 통합의 혼선을 초래하고 있다”며 “새정부는 책임총리제를 정착시켜 총리실을 중심으로 정책조정 체계를 단일화해 효율성을 높이고 대통령의 부담을 낮춰야 한다”고 제안했다. 이는 박 당선인이 주장한 책임총리제와 맥을 같이 한다. 이 위원은 “이명박정부는 대(大) 부처주의에 입각해 관련 기능을 통합했지만, 시너지 효과를 창출하는 데 한계를 보였다”며 “새정부는 각 부처가 전문성에 기초해 소관 기능 범위를 적정하게 정하는 전문 부처주의를 추진해야 한다”고 주장했다. 이와 관련해 부총리 또는 선임장관제를 도입하는 방안도 제시했다.

지방행정체제 개편과 관련해서는 “시·군 통합 및 도 폐지 방안은 지방의 경쟁력과 효율성을 약화시키고 자율권의 근간을 흔든다”며 “광역시와 도를 통합하고, 광역시가 없는 도와 충북–충남, 전북–전남 등 인접 도끼리의 자율적 통합을 유도해야 한다”고 주장한 적도 있다.

장순흥

교육과학분과위원회 위원

▶ 출생 _ 1954년 서울
▶ 학력 _ 경복고, 서울대 핵공학과, 미국 MIT 핵공학과 석·박사
▶ 경력 _ 한국과학기술원 원자력 및 양자공학과 교수, 원자력안전기
술원 자문위원, 국가과학기술자문회의 자문위원, 한동대 이사장,
한국원자력학회 회장
▶ e주소 _ shchang@kaist.ac.kr

국내 원자력학계 최고 권위자 … 미래 창조과학 설계

국내 원자력 분야의 권위자다. 한국과학기술원(KAIST)의 부총장을 지내
고 현재 원자력 및 양자공학과 교수로 있는 장 위원은 박 당선인이 공약
한 미래창조과학부 신설을 설계하는 중책을 맡을 것으로 보인다.

장 위원은 서울대 핵공학과를 졸업하고 미국 MIT에서 핵 공학박사를
취득했다. 1982년부터 KAIST 교수로 재직하면서 기획처장·대외부총
장·교학부총장 등을 지냈다. 2006년부터 미국원자력학회 석학회원으로
활동하며 한국원자력학회장 등을 역임했다. 현재는 한국원자력안전기술
원 이사회 의장을 맡고 있다.

장 위원은 기회 있을 때마다 과학의 중요성을 강조한다. 미래창조과학
부에 대해 "미국 스탠포드대 졸업생들이 세운 회사 매출액이 약 3000조
원에 달한다"며 "과학을 확산시켜 산업화를 통한 일자리 창출을 모색해
야 한다"고 말했다. 미래창조과학부를 통해 과학기술이 상용화되고, 국
가 성장동력과 일자리가 창출되도록 해야 한다는 것이다. 따라서 장 위원
이 미래창조과학부 정책에 크게 관여할 경우 부처의 성격이 '과학' 쪽으

로 맞춰질 가능성이 높다. 그간 과학계는 미래창조과학부가 지나치게 미래기획에 맞춰질 경우 과학이 뒤로 밀릴 수 있다고 우려해왔다.

박 당선인의 원자력 및 원전 정책에도 장 위원이 영향을 미칠 것으로 보인다. 박 당선인은 대선 기간 동안 기존 원전의 안전관리를 최우선시하고 강화하겠다고 말했다. 시한이 지난 원전에 대해서는 안전이 보장될 경우에만 가동할 것이라고 약속했다. 이를 위해 원전관리 시스템을 재정비하고 관련 법령을 개정키로 했다. 또 다른 에너지원이 확보된다는 전제하에서 추가 설치하기로 한 원전을 재검토키로 약속했다.

장 위원은 이런 박 당선인의 공약을 구체화하고 실행하는 데 적합한 인물이라는 평이다. 그는 UAE 원전 수주 때 양국을 오가며 한국 원전의 안전성을 설득하는 역할을 했다. 또 국내에 건설 중인 원전을 포함해 총 28기의 원전 중 울산 고리원전 1, 2호기를 제외한 26기의 원전 건설의 인허가와 설계 등에도 관여했다. UAE 원전(APR-1400)의 설계 인증도 정부의 원자력안전위원장이었던 그가 내준 것이다

장 위원은 한국원자력학회장을 지낼 때 "원자력에 대한 국민의 신뢰와 지속적 발전을 위한 선결과제는 지역주민과의 소통"이라고 말했다.

안종범
고용복지분과위원회 위원

▶ 출생 _ 1959년 대구
▶ 학력 _ 대구 계성고, 성균관대 경제학과
▶ 경력 _ 한국조세연구원 연구위원, 서울시립대 경제학부 조교수, 성균관대 경제학과 교수, 한나라당 이회창 대선 후보 정책특보, 한국재정학회장, 새누리당 비대위 정책쇄신분과 자문위원, 19대 국회의원, 새누리당 18대 대선 후보 비서실
▶ e주소 _ cban0513@naver.com

거시경제 조력자 … 朴의 대선 공약 주도한 핵심 실세

박근혜 당선인의 공약을 다듬은 핵심 측근 경제통이다. 대구에서 태어나 대구에서 고등학교(계성고)를 졸업한 전형적인 TK 핵심 라인으로 꼽힌다. 대구 사투리도 심한 편이다. 정치 성향은 TK보다 서울·수도권 출신에 가깝다는 평가를 받는다.

성균관대 경제학과를 졸업하고 미국 위스콘신대에서 경제학 박사학위를 받았다. 새누리당 내에서 잘나가는 '위스콘신 학파' 멤버 중 한 사람이다. 위스콘신 학파는 당내 실세로 통한다. 이한구, 유승민, 안종범, 강석훈 의원 등이 해당된다. 위스콘신대학원에서 경제학 박사학위를 받은 뒤 미국 빈곤문제연구소 연구위원으로 3년간(1990~1992년) 근무하며 복지와 조세 제도를 다듬었다. 한국조세연구원 연구위원을 거쳐 서울시립대 경제학부 조교수로 학계에 진출했다. 김대중정부 시절 감사원 국책사업감시단 자문위원과 노사관계개혁위원회 책임전문위원 등을 역임했고, 1998년 성균관대 경제학과 교수로 발령받았다.

2002년에 이회창 한나라당 대선 후보 정책특보(민생·복지)를 맡으며 정치권과 연을 맺었다. 이 후보가 대선에서 패하자 다시 학계로 돌아가 성균관대 경제연구소장을 맡았다. 노무현정부에서 국세청 세정혁신기획단 위원과 서울시정개발연구원 서울경제연구센터 자문위원, 기획예산처 기금운용평가단, 사각지대해소대책전문위원회 위원 등 전문지식을 한껏 발휘했다. 2008~2010년에 한국재정학회 회장을 역임했고, 이명박정부인 2010년에는 국민경제자문회의 민간위원으로 위촉됐다.

박 당선인의 외곽 싱크탱크인 국가미래연구원의 발기인으로 참여했다. 국가미래연구원은 박 당선인의 대권 꿈을 위해 김광두 서강대 교수 등이 주도해 설립한 단체로 안 위원은 재정과 복지 분야를 맡았다. 2012년 박 당선인이 비상대책위원장으로 당을 이끌 때 비례대표로 국회에 입성했다. 박근혜 후보 시절 경선과 본선에서 강석훈 의원과 함께 박 후보의 공약 전반을 조율했다. 최경환 의원이 이끌던 후보 비서실에 소속돼 있었다. 2007년 박 당선인의 당내 경선에서 유승민, 강석훈, 이종훈 의원과 함께 외곽에서 박 후보의 공약을 지원했다.

박 당선인의 핵심 정책통으로 투톱인 강 의원과는 호형호제하는 사이로, 강 의원보다 5살이 많다. 강 의원이 사석에서는 '형'이라고 부른다. 안 위원 역시 강 의원과 마찬가지로 나서지 않는 성격이며, 조용히 맡은 일에 집중하고 꼼꼼하게 일처리를 하는 것으로 잘 알려져 있다. "누구에게나 친절하지만 속내를 잘 비치지 않아 신중하다"는 평가를 받는다. 19대 국회에서 복지예산을 담당하는 기획재정위원회 소속이다. 박 당선인의 측근으로 청와대나 정부에서 중요한 역할을 맡을 것으로 예상된다.

안상훈
고용복지분과위원회 위원

▶ 출생 _ 1969년 서울
▶ 학력 _ 압구정고, 서울대 사회복지학과
▶ 경력 _ 서울대 사회과학대학 기획부학장, 서울대 사회복지연구소
장, 대통령자문 정책기획위원, 보건복지부 주요정책과제 평가위원,
스웨덴 웁살라대 사회학과 전임연구원
▶ e주소 _ hoonco@snu.ac.kr

박근혜의 복지 브레인 … '한국형 복지국가 전략' 주도

박근혜 당선인의 고용복지분과 인수위원으로 발탁된 안상훈 서울대 사회복지학과 교수는 복지국가 전략 비교 전문가다. 인수위 고용복지분과 총괄간사에 선임된 최성재 서울대 명예교수의 제자로 최 교수와 함께 박 당선인의 싱크탱크인 국가미래연구원에서 '복지 브레인'으로 활약했다. 안 위원은 2010년 말 최 교수와 함께 박 당선인의 사회보장기본법 전부 개정안 발의 과정을 도왔다. 대선 과정에서는 중앙선거대책위원회 국민 행복추진위원회 산하의 '편안한 삶 추진단'에서 위원을 맡아 복지 공약을 주도했다. 박 당선인이 제시한 '생애주기별 맞춤형 복지'가 바로 이들의 작품이다.

안 위원은 박 당선인에 대한 인상을 묻자 "2010년 오세훈 서울시장 등 한나라당 주류 세력은 야권이 주장하는 무상급식에 반대하며 복지정책에 반기를 들 때 박 당선인은 한국형 복지국가를 만들기로 결정했다"며 "시대흐름을 읽는 능력이 좋고, 아닌 것 같다 싶으면 빨리 판단하는 모습에 놀랐다"고 회고했다.

안 위원의 전공 분야는 복지국가 비교 연구다. 스웨덴 웁살라대에서 연구원으로 일한 경력이 있어 북유럽 복지모델에 대한 이해도 깊다. 2001년부터 서울대 사회복지학과 교수로 재직하면서 2005~2007년까지 참여정부 보건복지부 정책자문위원과 주요정책과제 평가위원을 지냈고, 2006~2008년에는 대통령자문 정책기획위원으로 활약했다.

박 당선인이 '줄푸세'(세금은 줄이고, 규제는 풀고, 법질서는 세우고) 경제원칙 이후 새로운 자본주의 전략의 필요성을 느끼면서 한국형 복지국가 전략을 세우는 임무를 안 위원에게 맡긴 것도 그의 이런 학문적·실무적 성과 때문이다. 안 위원은 완전한 보편적 복지는 불가능하다고 생각하는 사람이다. "한국은 그동안 성장중심의 자본주의를 견지했는데 이제 바꾸면 안 되는 시점"이라며 "수정자본주의가 바로 복지국가"라고 말했다. 그러면서도 "성장과 복지가 함께 가려면 고용중심의 사회서비스를 만들어야 한다"며 "완전한 복지 보편주의는 말이 안 되며 생애주기 맞춤형으로 가되 어려운 계층부터 복지지원을 해야 한다"고 강조했다.

그가 제시하는 한국형 복지전략은 '활발한 공동체 참여'와 '기본생계 보장'을 전제로 한다. 이를 바탕으로 3가지 우선순위를 내세웠다. 첫째, 취약계층의 기본생활 보장이다. 어려운 사람부터 지원하는 분별 있는 전략을 써야 한다는 것이다. 둘째, 근로 동기를 약하게 하는 현금 복지는 최소화하고 고용창출을 담보하는 사회서비스 복지를 강화하는 것이다. 안 위원은 "사회서비스 복지에 돈을 쓰면 사회적 가치가 있는 일자리가 자동으로 증가하고 이러한 일자리는 저학력 저숙련 계층에 적합한 기회의 터전이 될 것"이라고 강조했다. 셋째, 사회적 기업이나 생활협동조합을 통해 민간복지를 활성화하는 방안을 제시했다. 정부가 재정은 책임지되 민간에게 사회서비스 전달을 맡겨 민관이 역할 분담을 하는 것이 핵심이다.

김현숙
여성문화분과위원회 위원

▶ 출생 _ 1966년 충북 청주
▶ 학력 _ 청주 일신여고, 서울대 경제학과
▶ 경력 _ 숭실대 경제학과 교수, 한국조세연구원 연구위원, 19대 국회의원, 국회 보건복지위 위원, 여성가족위원회 위원
▶ e주소 _ annakim@na.go.kr

근혜노믹스의 숨은 실세…
조세전문가, 셋째 아이 등록금 면제는 그의 작품

새누리당의 민현주 의원과 함께 박 당선인의 '여성 정책통' 으로 꼽힌다. 행복추진위원회에서 행복한 여성 추진단장을 맡으면서 민 의원과 함께 아빠의 달 도입, 셋째 아이 대학등록금 면제 등 맞춤형 보육정책을 만들어냈다. 특히 그가 주도한 '셋째 아이 대학등록금 면제' 공약은 수혜자가 명확해 표결집력이 뛰어나 당내에서도 우수 공약으로 평가됐다.

19대 국회에 들어와 박 당선인과 처음 만났다. 개인적 인연은 없지만 보육 전문성과 조세 전문가로서의 능력을 인정받으면서 '근혜노믹스' 의 새로운 실세로 부상하고 있다. 경제 관련 양대 국책연구기관인 한국개발연구원과 한국조세연구원을 거쳐 숭실대 경제학과 교수로 강단에 섰다. 조세연구원 연구위원으로 5년간 일하면서 복지정책의 재원조달 규모 및 방법을 주로 연구했다.

행추위에서도 저출산·고령화·보육·복지 공약 전반에 관여하며 부문별 공약 간 연계성을 살리는 데 기여했다. 행추위 활동 기간에 보좌관

들은 살인적인 업무 부담으로 고생할 만큼 일에 대한 집중력이 남달랐다
는 평가다. 그는 입법 활동을 통해 박 당선인을 측면 지원했다. 박 당선인
의 '여성이 마음놓고 일할 수 있는 나라 만들기' 공약을 제도적으로 뒷받
침하기 위해 아이돌봄지원법·영유아보육법·조세특례제한법 개정안
등 3개 법안을 대표 발의한 것.

아이돌봄지원법은 서비스를 다양화하고 맞벌이 가정에 대한 서비스를
우선 제공하게 하는 내용의 개정안이다. 영유아보육법은 '일시 보육서비
스 제도'를 도입해 일시적으로 어린이집을 이용하고 싶은 가정들이 서비
스를 받을 수 있게 하는 내용이다. 조세특례제한법 개정안은 연소득
4000만 원 미만인 가정을 대상으로 자녀 1인당 최대 50만 원의 세제 혜
택을 주는 내용을 담았다.

비정치인 출신이지만 대선 과정에서 상대 후보의 공약에 대해 확실하
게 각을 세웠다. 안철수 무소속 후보의 보육공약에 대해 "고민없는 아마
추어 카피 공약일 뿐"이라고 비판했다. 안 후보 보육공약의 문제점으로
소득 하위 70%까지만 양육수당을 지급하는 공약은 현 정책과 동일하고,
국·공립 어린이집 확충은 무리수라고 지적했다. 문재인 민주통합당 후
보의 '의료비 100만 원 상한제'에 대해서는 "의료 수요를 폭발적으로 증
가시켜 재원도 민주당이 얘기하는 8조5000억 원이 아니라, 14조2000억
~21조5000억 원으로 크게 늘어날 것"이라고 반박했다.

윤창중

대통령직 인수위원회 수석대변인

▶ 출생 _ 1956년 충남 논산
▶ 학력 _ 경동고, 고려대 화학과, 고려대 대학원 정치학과
▶ 경력 _ 세계일보 정치부장, 문화일보 논설실장, 불교방송 객원논평
　위원, 한국신문방송편집인협회 부회장, 통일연구원 고문, 중앙선거
　관리위원회 선거자문위원
▶ e주소 _ blog.naver.com/cjyoon1305

보수진영 대표 논객 '독설가' 朴의 입되다

언론인 출신의 보수진영 논객이다. 박 당선인이 대선 승리 후 첫 인사에서 수석대변인으로 임명했다. 한국일보와 KBS를 거쳐 세계일보에서 정치부장을 지냈고 1999년 문화일보로 옮겨 정치분야 논설위원 및 논설실장으로 활동해왔다. 17년간 정치부 기자를 거쳐 13년간 정치담당 논설위원을 지내는 등 30년간 언론인으로서 정치권을 가까이에서 지켜봤다. 1997년에는 신한국당 이회창 대표의 언론담당 보좌역으로 활동했다. 2011년 말 문화일보 논설위원을 끝으로 현직에서 물러난 뒤에는 '윤창중 칼럼세상' 이라는 블로그를 만들어 정치분야의 칼럼을 써왔다.

　수석대변인으로 임명된 직후 블로그에 "지독한 고민 속에서 결심했다. 저는 거절하려 했다. 입에서 침이 마르게 주저했지만, 박 당선인의 첫 번째 인사(人事)인데 이를 거절하는 것은 참으로 힘들었다"고 소감을 밝혔다. 이어 "올해 신문사에서 나올 때 어떤 경우든 정치권에 들어가지 않겠다고 굳게 결심했다"면서 "그러나 이번에야말로 박근혜정부를 잘 만들어 성공한 대통령을 만들어야 한다는 걱정에서 결코 거절할 수 없었다. 무겁게 결정했다"고 덧붙였다. 그러면서 "지켜봐달라. 결코 실망시켜 드리지 않겠다"고 다짐했다.

18대 대선 과정에서 안철수 후보와 문재인 후보를 강하게 비판하는 칼럼을 다수 올려 보수진영의 찬사를 받은 반면 진보진영으로부터는 강한 반발을 샀다. 대선 전날 '투표장에서 선거혁명을' 이란 글에서는 문 후보를 지지한 정운찬 전 총리, 윤여준 전 환경부 장관, 김덕룡 민족화해협력범국민협의회 상임의장, 김영삼 대통령의 차남 김현철 전 여의도연구소 부소장 등을 싸잡아 비난하며 "권력만 주면 신발 벗겨진 것도 모르고 냅다 뛰어가는 '정치 창녀'"라고 표현했다.

안 후보가 사퇴를 선언했을 때는 "간교한 인간"이라며 "더러운 장사치보다 더 흉악하게 주판알 튕기면서 노골적으로 여론조사를 통한 지능적인 승부조작으로 단일 후보 티켓을 따내려 했다"고 비난했다. 이 때문에 민주당은 "윤 수석대변인이 쏟아낸 말과 글을 통해 볼 때 무섭다는 느낌이 들 정도로 대단히 잘못된 인선"이라며 임명 철회를 요구했다. 인선이 논란을 빚자 윤 수석대변인은 첫 기자회견에서 "제 글과 방송으로 상처입은 분께 깊이깊이 송구스러운 마음을 갖고 있다", "송구스러운 마음으로 국민대통합을 위해 혼신의 노력을 다하겠다"고 거듭 사과와 다짐의 뜻을 밝혔다. 취재진의 따가운 질문에도 그간 칼럼과 방송 출연에서 쏟아냈던 거친 발언을 자제하면서 "언론인 윤창중에서 벗어나 박 당선인의 국정철학과 국가 청사진을 제시하는 위치에서 달라질 것"이라고 강조했다.

오랜 정치부 기자의 경험을 바탕으로 《김영삼 대통령과 청와대 사람들》, 《윤창중 칼럼 노무현의 비정규군 시대》, 《만취한 권력》 등 다양한 정치 분야 저서를 냈다.

김경재
국민대통합위원회 수석부위원장

▶ **출생** _ 1942년 전남 순천
▶ **학력** _ 서울대 정치학과
▶ **경력** _ 1968년 월간 〈사상계〉 정치담당 편집자, 미주 한민신보 주필, 김대중 총재 특보, 새정치국민회의 홍보위원장, 15 · 16대 국회의원, 민주당 중앙위원 · 최고위원, 새누리당 중앙선대위 국민대통합위원회 기획담당특보
▶ **e주소** _ www.peacebike.or.kr

박정희 반대해 망명했던 DJ맨, 이번엔 딸 도와

민주당 최고위원을 지낸 정치권 홍보 전문가이자 전략 기획통이다. 정통 동교동계로 꼽히지만 18대 대선에서 새누리당에 입당해 국민대통합을 내걸고 박근혜 당선인을 도왔다. 대선캠프에서는 국민대통합위원회 기획조정특보를 맡아 활동했다.

전남 순천 출신으로 순천고와 서울대 정치학과를 졸업했다. 1971년 김대중 신민당 대선 후보의 선전기획위원으로 활동하며 정계에 입문했다. 그러나 1972년 박정희 대통령의 유신체제가 시작되면서 미국으로 건너갔고, 이후 여권이 취소돼 15년 간 미국에 머물며 사실상 망명생활을 했다. 이후 미국에서 〈독립신문〉을 창간하는 등 민주화운동에 나섰고, '박사월'이란 필명으로 〈김형욱 회고록〉을 집필해 화제를 모았다.

1987년 6.29선언 직후 귀국한 뒤 '김대중 대통령 만들기'에 헌신했으며 전남 순천에서 15 · 16대 국회의원을 지냈다. 특히 2000년 6월 김대중 대통령과 김정일 국방위원장 간의 제1차 남북정상회담을 7개월여 앞둔 1999년 11월에 대통령 특사 자격으로 현역 국회의원으로는 최초로 북한을 방문했다.

30년간 'DJ맨'으로 불린 김 수석부위원장은 몇 년 전 언론과의 인터뷰에서 "DJ 근처에 있는 어떤 사람 못지않게 DJ와 인연이 질기고 길지만, 나는 DJ가 번쩍번쩍 잘나갈 때보단 어려움과 고난에 빠졌을 때 필요한 참모였다는 생각이 든다"고 말했다. "나는 항상 다른 문제를 자꾸 지적했기 때문에 '우아한 왕따'라고 할까, 스스로 자초한 점이 많았고, 왕조사로 비교하면 승정원의 (말없이 묵묵히 따르는) '승지' 스타일이 아닌 사간원의 (직언하는) 언관 같은 타입이었기 때문"이라고 말했다.

2002년 16대 대선 시기에는 노무현 민주당 후보의 홍보본부장으로서 선거를 도왔다. 그러나 2003년 노무현정부 출범 이후 민주당 분당 과정에서 열린우리당에 참여하지 않고 민주당에 남아 '노무현 저격수'로 태도를 바꿨다. 2004년 총선을 앞두고 노무현 대통령의 탄핵에 참여했으며 이후 탄핵 역풍으로 총선에서 낙마했다.

다변(多辯)으로 화려한 말솜씨가 강점이지만 말실수도 잦은 편이다. 실제 새누리당 국민대통합위 기획특보로서 박 당선인을 도운 18대 대선에서도 '지역감정 조장 발언'으로 논란을 일으켰다. 전남 여수에서 열린 박 후보 지원유세에서 "노 아무개라는 사람이 국정을 농단하고 호남을 차별해 자기를 (2002년 대선에서) 90% 찍어준 우리에게 '그 사람들이 뭐 나 좋아서 찍었습니까? 이회창 미워서 찍었지'라고 싸가지 없는 발언을 했다"며 "그런 식으로 호남 사람들에게 한을 맺히게 하고 우리 가슴에 대못을 박았다"고 노무현 대통령을 힐난했다.

인요한
국민대통합위원회 부위원장

▶ **출생**_1959년 전남 순천
▶ **학력**_연세대 의대
▶ **경력**_연세대 의대 교수, 항공우주의학협회 이사, 연세대 세브란스 병원 국제진료센터 소장, 한국국제협력단 자문위원, 새누리당 대 한민국대통합위원회 부위원장

대통합위원회 부위원장 … 파란 눈의 호남 사람

박 당선인이 선거유세에 한창이던 2012년 말, 호남을 방문해 유세 청중 앞에 설 때마다 뒤에는 노란 눈의 중년 남자가 서 있었다. 청중들의 눈에 는 낯선 인물이지만 박근혜 당선인의 선거캠프에서 대통합위원회 부위 원장을 맡아 박근혜 대통령 만들기에 나섰던 인요한(미국명 존 린튼) 연세 대 세브란스병원 국제진료센터 소장이다.

노란 머리와 파란 눈을 가졌으나 찜질방을 좋아하고 구수한 전라도 사투리 억양으로 "당신 고향이 어디요?"라고 묻는 그는 영락없는 대한 민국 사람이다. 2012년 3월에는 한국 국적도 취득했다. 1959년 전남 순 천에서 출생했다. 외조부가 1895년 선교 활동을 위해 이주하면서 한국 과 인연을 맺었으며 현재 5대째 한국에서 생활하고 있다. 1980년 광주 민주화운동 때 통역을 한 이력을 갖고 있으며 한국형 앰뷸런스를 개발 해 5,000대를 보급했다. 1987년에는 서양인 최초로 의사국가고시에 합 격했다.

1997년에는 외증조 할아버지인 유진 벨 선교사의 이름을 딴 유진벨재단을 형과 함께 설립했다. 이후 북한 결핵퇴치사업을 시작해 6년 동안 350억 원을 모금해 지원했다. 그의 선친들은 병원, 학교, 교회를 많이 세웠으며, 대전에 있는 한남대도 할아버지가 설립했다.

인 부위원장이 박 당선인을 처음 만난 것은 12년 전이다. 북한 김정일을 만나고 온 박 당선인에게 "어머니가 그렇게 (북한에 의해) 희생됐는데 어떻게 만나고 왔냐?"고 물었다. 박 당선인의 대답은 "국가 일은 국가 일이고, 가족 일은 가족 일"이었다. 그 후로 박 당선인에 대한 부정적 시각은 바뀌기 시작했고, 당선인을 돕는 계기가 됐다. 항상 옳다고 생각한 일을 실행으로 옮겼던 인 부위원장은 2012년 10월 새누리당 선대위가 꾸려질 때 합류했다.

인터뷰에서 "박근혜 후보가 최측근을 보냈다. 정치에 개입하고 싶지 않다고 했지만 측근이 우리 집에 와서 세 가지를 도와달라고 간곡히 부탁했다. 남북관계, 동서화합, 다문화가정이었다. 그 말을 듣고 생각해보니 그걸 할 수 있는 사람이 나였다"고 말했다. 하지만 그는 새누리당에 합류한 후 오해를 많이 받았다. 이에 대해 "난 누구보다 김대중 대통령을 사랑하고 위대한 분이라 생각한다. 또 노무현 대통령이 당선됐을 때도 얼마나 기뻐했는지 모른다. 참여정부 때는 대북정책 자문도 했다. 문제는 그 밑에 있는 사람들이다. 소외된 사람들을 위해 살겠다고 했지만 우리에게 큰 실망을 안겨줬다. 이번에는 새누리당을 개혁하려 한다. 누구보다 나라를 생각하는 박 후보를 보아왔기 때문"이라고 설명했다.

그는 선거가 끝난 뒤에도 인수위와 함께 설치된 국민대통합위원회 부위원장을 맡아 박 당선인을 돕기로 했다. 하지만 언젠가는 다시 본업으로 돌아가 의료 한류화에 앞장설 생각이다. 의사로서, 교수로서 살다가 말년에 순천으로 내려가 사는 게 소박한 꿈이다.

박칼린
대통령직 인수위원회 청년특위 위원

▶ 출생 _ 1967년 미국
▶ 학력 _ 경남여고, 미국 캘리포니아예술대학 첼로학과
▶ 경력 _ 동아방송대 공연예술계열 뮤지컬전공 교수, 호원대 방송연
　　예학부 뮤지컬전공 주임교수, 킥뮤지컬스튜디오 예술감독(현),
　　KBS '남자의 자격 하모니 합창단' 음악감독
▶ e주소 _ http://blog.naver.com/justkolleen

20~40대 끌어안기 위해 영입한 '남격 합창단' 지휘자

유명한 뮤지컬 감독이다. 박근혜 당선인은 박 위원이 20~40대에서 인지도가 높다는 점도 감안했다는 후문이다. 세대 대결 양상을 보인 18대 대선에서 박 당선인은 20~40대 지지도에서 문재인 후보에 비해 열세를 보였다. 뮤지컬계에서 강력한 티켓 파워를 가진 그를 청년특위 위원에 임명함으로써 정권 출범 전에 젊은층의 지지도를 끌어안는 효과를 기대하고 있다.

박 당선인이 그를 특위위원으로 선임한 것은 다문화가정에 대한 배려라는 평가도 있다. 박 위원은 미국 유학생이던 아버지와 리투아니아계 미국인 어머니 사이에서 태어났다. 2010년 KBS 예능프로그램 '남자의 자격'에서 '하모니 합창단' 지휘를 맡으면서 큰 인기를 누렸다. 카리스마 넘치는 지휘를 선보이며 각계각층으로 구성된 합창단으로부터 아름다운 화음을 이끌어내면서 '신뢰의 리더십'을 대표하는 롤모델로 떠올랐다.

이 때문에 2012년 초 한나라당 비상대책위원회의 4.11 총선 공천심사위원회 구성 과정에서 본인의 의사와 상관없이 외부 공심위원 후보로 거론됐다.

어린 시절을 한국과 미국을 오가며 보냈다. 부산 초량초등학교에서 3학년까지 다니며 한국무용과 피아노를 배웠다. 9살에 미국으로 가 첼로를 배우다가 다시 한국으로 돌아와 경남여고를 2학년부터 다녔다. 이후 캘리포니아예술대학 첼로학과에 입학했으나 1991년 국악을 배우기 위해 돌연 귀국해 서울대 국악대학원에 들어갔다. 대학원 재학 시 명창 박동진에게 발탁돼 판소리를 사사했다.

부산 시립극단에서 연극배우로 활동하다가 1995년 창작뮤지컬 '명성황후'로 대한민국 음악감독 1호가 됐다. 2002년 '오페라의 유령', 2004년 '노트르담의 곱추', 2006년 '아이다', 2009~2010년 '시카고' 등 70편이 넘는 작품을 선보였다. 2005년 동아방송대 공연예술계열 뮤지컬전공 교수로 재직했고, 2010년에는 호원대 방송연예학부 뮤지컬전공 교수를 지냈다. 현재는 킴뮤지컬스튜디오의 예술감독과 KAC한국예술원 뮤지컬학부장을 맡고 있다. 2010년에는 2018 평창동계올림픽 유치위원회 홍보대사를 역임했고 2011년에는 전주소리축제 집행위원장을 거쳤다. 케이블채널 tvN의 코리아갓탤런트 심사위원도 지냈다.

음악감독으로서 다수의 상을 수상했다. 1990년 연극 '불의 가면'으로 작곡상을, 2006년 기독교문화대상 뮤지컬부문을 각각 받았다. 2007년에는 제13회 뮤지컬대상 음악상을, 2010년에는 올해의 여성문화인상을 수상했다.

윤주경
국민대통합위원회 부위원장

▶ 출생 _ 1959년 충남 예산
▶ 학력 _ 이화여자대학 화학과
▶ 경력 _ 독립기념관 이사, 매헌 윤봉길 월진회 이사, 새누리당 중앙
선대위 국민대통합위원회 부위원장
▶ e주소 _ www.yunbonggil.or.kr

박근혜의 품에 안긴 '윤봉길의 손녀'

독립운동가인 매헌 윤봉길 의사의 큰 손녀다. 대선 때부터 박근혜 당선인의 중앙선대위 대통합위원회 부위원장을 맡았다. 대표적인 독립운동가 가족이라는 점에서 박 당선인의 '100% 대한민국' 슬로건의 상징적 인물이다.

2006~2012년 초까지 '매헌 윤봉길 의사 기념사업회' 이사를 맡았다. 이 기념사업회에서 함께 일하던 지인의 소개로 2012년 10월부터 박 당선인을 도왔다. 충남 예산 출신으로, 이 지역에서 박 당선인의 뜻을 알리는 데 주력했다. 인수위 활동에 앞서 "모두가 꿈꾸는 살기 좋은 대한민국을 만드는 일에 헌신하겠다"고 각오를 밝혔다. 또 "이를 위해서는 대통합이 필요하며 선거 기간 중에 나온 여러 이야기를 구체화해 국민들에게 피부로 닿게 하겠다"고 말했다.

18대 대선에 참여하기 전까지 할아버지인 윤봉길 의사를 알리는 일에 전념해왔다. 박 당선인을 돕는 이유를 "대한민국이 이렇게 살도록 만든 것은 묵묵히 땀흘려 일하신 분들 덕분"이라며 "그들의 땀과 눈물을 헛되지 않게 할 분이 박 당선인이라 생각했다"고 설명했다.

윤 부위원장은 인선 소식을 뉴스를 통해 들었다. 그러나 인수위 참여에 일말의 고민도 하지 않았다. 자기가 가진 힘을 조금이라도 보태고 싶었기 때문이다. 대통합위원회에서 자신이 할 수 있는 일은 어떤 것이라도 마다하지 않겠다고 말했다. 그는 박 당선인이 우리 사회 갈등을 해소할 적임자라고 생각했다. 과거 대한민국 임시정부가 있던 중국의 한 지역을 여행한 적이 있었는데 독립운동을 하던 분들이 가장 원한 것은 '광복 대한민국, 번영 대한민국'이라는 사실을 깨달았다. "결국 그분들의 염원을 이뤘고 이룰 수 있는 사람은 박 당선인"이란 것이다.

박 당선인과 윤봉길 의사의 시대정신의 공통점으로 '믿음'과 '세계평화'를 꼽았다. "할아버지(윤봉길 의사)는 광복 대한민국을 이룰 것이라는 믿음이 있었고, 박 당선인도 약속을 꼭 지키고 신뢰를 중요하게 생각한다"고 말했다. 또 "박 당선인이 가려는 길도 세계평화에 앞장서는 대한민국"이라며 "이 부분도 할아버지와 맞닿아 있다"고 강조했다.

김중태

국민대통합위원회 부위원장

▶ 출생 _ 1940년 경북 의성
▶ 학력 _ 경북고, 서울대 정치학과
▶ 경력 _ 서울대 민족주의 비교연구회 회장, 경북지역 환경연합 녹색
  물결 대표, 새누리당 중앙선대위 국민대통합위 부위원장

1차 인혁당 사건의 피해자 … 통합 행보 주도

서울대 '민족주의 비교연구회' 회장을 지냈으며 박정희 대통령 시절 민주화 투쟁을 하다 고초를 겪은 경력을 갖고 있다. 1964년 제1차 인혁당 사건에 연루돼 투옥됐을 뿐 아니라 중앙정보부에 의해 미국으로 강제 추방당한 유신정권의 피해자다.

18대 대선 기간에 '과거사 논란'에 휘말렸던 박근혜 당선인이 산업화와 민주화 세력 간의 대통합 의지를 보여주기 위해 김 부위원장을 영입해 중앙선대위에서 100% 대한민국 대통합위원회 부위원장직을 맡겼다.

박 당선인으로부터 "도와달라"는 요청을 받자 "박정희 시절 내가 다섯 번이나 투옥됐지만 지금은 그 구원(舊怨)을 다 털었다"며 중앙선대위 요직을 흔쾌히 수락했다. 그러면서 "국운을 새로이 열고 미래를 개척할 지도자는 박근혜 후보 단 한 사람이다. 박정희 DNA를 물려받은 사람이기 때문"이라며 선거운동을 도왔다.

국민대통합위에서 이념통합 본부장으로 일하며 새누리당이 '부마항쟁특별법'을 발의하고 박 당선인이 서명하는 아이디어를 구상했다. 선

거운동 기간에는 전국 곳곳을 누비거나 방송에 출연해 박 당선인에 대
한 지지를 호소했다. 유세 대결이 치열할 무렵에는 "낙선한 문재인 후보
가 봉하마을 부엉이 바위에 찾아가 '산산이 부서진 이름이여'를 외치며
부엉이 귀신을 따라 저 세상으로 갈까 걱정된다"고 말했다가 논란을 빚
었다.

김상민
대통령직 인수위원회 청년특위 위원장

▶ **출생** _ 1973년 경기 수원
▶ **학력** _ 수성고, 아주대 사학과
▶ **경력** _ 아주대 18대 총학생회장, 한국소비자브랜드위원회 기획위원, 대학생자원봉사단 V원정대 대표, 19대 국회의원(비례), 새누리당 18대 대선 청년본부장, 인수위 청년특위 위원장
▶ **e주소** _ ksm2000@hanmail.net

청년세대 담당 신친박 ··· 인수위 청년특위 주도

청년 신(新) 친박으로 꼽히는 대표적 인물이다. 경기도 수원에서 태어나 수원 수성고를 졸업하고 대학도 수원 소재의 아주대를 나왔다. 재학 시절 총학생회장을 지냈고, 이를 바탕으로 각종 봉사단체에서 활동을 해왔다. 보건복지부 희망나눔정책네트워크 위원, 대통령 국민소통비서관실 정책자문위원, 한국소비자브랜드위원회 기획위원 등의 경력을 쌓았고 대학생자원봉사단 V원정대를 설립해 주목을 받았다.

2012년 4.11 총선에서 청년 몫으로 비례대표 의원을 받은 것도 이런 봉사활동 경력이 가장 크게 작용한 것으로 알려졌다. 박근혜 당선인은 새누리당 비상대책위원장이던 시기에 4월 총선을 앞두고 '감동 인물 찾기 프로젝트'를 통해 김 청년특위 위원장을 발굴해 비례대표 순번 22번에 배정했다. 당선 가능권에 포진시킨 것이다. V원정대는 기독교 동아리인 한국대학생리더십센터(KUL)의 자발적 사회봉사프로그램으로 출범했다.

김 위원장은 비례대표 의원이 된 뒤 잠재적 대선 후보였던 박 당선인을 지근거리에서 보좌했다. 특히 박 당선인이 당 대선 후보로 확정되자 캠프 청년특보, 대선 중앙선거대책위 청년본부장을 맡았다. 대선 과정에서 박 당선인과 그의 취약 계층인 20~40대 젊은층 유권자들과의 '가교' 역할을 해왔다.

특히 '반값 등록금'과 청년 실업, 대학생 주거 문제 등 청년층 및 대학생을 위한 공약 개발에 적극 참여했다. 대선 기간에는 20~30대로 구성된 '빨간 운동화'라는 선거유세단을 이끌며 현장 유세에 나섰다. 당내에서는 남경필 의원이 이끄는 '경제민주화실천모임'에 참여해 금산분리 강화 관련 법안 발의를 주도하는 등 청년 초선 의원으로서 다양한 활동으로 두각을 나타냈다.

당내에서 비슷한 역할을 하는 이준석 전 비대위원이나 손수조 씨와 새로운 정치문화를 만들기 위한 청년들의 자발적 모임인 '빨간 파티'를 함께 하면서 친해진 것으로 전해진다.

임종훈
대통령직 인수위원회 행정실장

▶ **출생** _ 1953년 경기 수원
▶ **학력** _ 성남고, 서울대 법대
▶ **경력** _ 입법고시 2회, 국회 사무처 의사국장 · 법제실장 · 법제사법위 수석전문위원, 국회 입법조사처장, 홍익대 법대 교수
▶ **e주소** _ blog.naver.com/cooljhlim

국회 사무처에서 잔뼈 굵은 '걸어다니는 국회법'

국회 사무처에서 잔뼈가 굵은 대표적 '법무통' 으로 꼽힌다. 서울대 법대 졸업과 함께 1977년 입법고시에 합격(2회)해 30년 가까이 국회 사무처에 몸담았다. 국회의정연수원 교수를 거쳐 국회사무처 법제예산실 법제심의관, 법제사법위원회 입법심의관 등 국회 사무처 내 요직을 두루 지냈다.

영국 런던정경대, 미국 위스콘신대 대학원을 졸업하고 미국 조지타운대에서 법학박사를 취득한 학구파이기도 하다. 이 때문에 국회 의사국장, 법제실장, 통일외교통상위 · 법제사법위 수석 전문위원 등 요직을 두루 거쳤으며, 국회 내에서 '걸어다니는 국회법' 으로 불릴 정도로 법 이론에도 해박하다. 《선거법 바로 알기》, 《한국입법과정론》 등 다수의 저서를 집필했다.

법사위 수석전문위원을 끝으로 2005년 홍익대 법학과 교수로 자리를 옮겼다. 2009년에는 국회 입법조사처장으로 발탁됐다. 합리적이고 책임감이 강하다는 게 지인들의 평가다. 2012년 4.11 총선 때 새누리당

공천을 받아 경기 수원정(丁)에 출마해 민주통합당 김진표 의원과 승부
를 벌였으나 낙선의 고배를 마셨다. 부인 손희정 씨와의 사이에 2녀를
두었다.

제3장

전·현직 의원 그룹

강길부

새누리당 의원

▶ 출생 _ 1942년 울산 언양
▶ 학력 _ 언양농고, 성균관대 행정학과, 서울대 환경대학원 석사, 경원대 도시공학 박사
▶ 경력 _ 행정고시, 대통령 건설교통비서관, 한국감정원 원장, 건설교통부 차관, 17 · 18 · 19대 국회의원.
▶ e주소 _ www.ysm21.com

발로 뛴 대선 ··· 재정위원장으로서 경제정책 뒷받침

국회 기획재정위원장을 맡고 있는 강길부 새누리당 의원은 박근혜 당선인과 국회 상임위에서 호흡을 맞췄다. 강 의원은 친박은 아니지만 차기 정부의 주요 과제인 세법 개정과 각종 재정정책 등 당선인의 경제정책을 뒷받침하는 상임위 수장으로서 주어진 책임이 막중하다.

18대 대선에서 지역구인 울산 울주군은 일반적으로 보수층이 두텁다고 여기는 울산 중구보다 높은 득표율을 기록했다. 친박계 지역위원장을 제치고 울산 지역구 중 최고 득표율을 보였다. 강 의원 측은 "이번 선거에서 강 의원을 중심으로 철저히 발로 뛰는 선거운동을 했다"며 "박 후보의 당선을 위해 지역 어느 선거구보다 열심히 했다"고 전했다.

강 의원은 재정위원장으로서 "침체된 경제에 활력을 불어넣으면서 서민경제를 활성화하는 데 지혜를 모아야 한다"며 미래 성장동력과 일자리 창출을 차기 정부의 주요 과제로 제시했다. 그는 "경제는 심리인데 지표도 심리도 얼어붙고 있다. 경기 활성화, 서민경제 살리기를 위해 대책을 마련해야 한다"고 강조했다. 경제민주화와 관련해서는 "이 시대에 맞게 어떻게 제대로 실천할지를 고민해야 한다"며 절충형 입장을 제시했다. 박 당선인의 경제 인식과 궤를 같이하는 대목이다.

그는 전형적 행정관료 출신과는 다른 길을 걸어왔다. 울산 언양 출신으로 9살에 부친이 작고하는 바람에 지독한 가난 속에서 자랐다. 어려서부터 아버지 자리를 대신해 농사를 지었으며 어머니와 어린 동생들을 돌보기 위해 농고에 진학했다. 고교 졸업 후 서울 청량리 우체국 행정주사보로 사회생활을 시작했다. 밤에는 성균관대 행정학과 학생, 낮에는 주사보 생활을 하며 늦깎이에 주경야독을 실천했다. 졸업과 동시에 행정고시에 합격했다. 한순간 우체국 주사보에서 5급 사무관으로 변신한 것이다.

밑바닥에서부터 다져온 삶은 건설교통부 관료 시절에 더욱 빛을 발했다. 건교부 요르단 대사관 건설관으로 파견돼 건설공사를 성공적으로 지휘한 것을 시작으로 건교부 도시국장, 주택국장을 거쳐 차관까지 승진가도를 달리며 '농고 출신' 관료의 신화를 써갔다.

건교부 차관을 마친 뒤 2004년 열린우리당에 입당해 17대 총선에서 울산에서 출마했다. 당시 열린우리당 경북 출마자 가운데 유일한 당선자였다. 2007년 11월 열린우리당 후신인 대통합민주신당을 탈당한 뒤 18대 총선에서는 무소속으로 출마해 재선에 성공했다. 이후 한나라당에 입당한 뒤 4월 총선에서 3선 고지를 밟는 데 성공했다.

강은희

새누리당 의원

▶ 출생 _ 1964년 경북 달성
▶ 학력 _ 효성여고, 경북대 물리교육학과
▶ 경력 _ 소현중고 교사, 경북대 전자계산소 전산교육센터 교육팀장, 위니텍 대표이사, IT여성기업인협회장, 대통령 직속 국가경쟁력강화위원회 위원, 19대 국회의원
▶ e주소 _ blog.naver.com/kangkorea119

교사 → 여성 벤처기업가 → 국회의원으로 3단 변신

교사를 천직으로 알던 여성이 벤처사업가로 변신했다가 이제 국회의원이 됐다. 19대 총선에서 새누리당 비례대표로 당선된 강은희 의원은 1964년 대구에서 태어나 초중고는 물론 대학(경북대 물리교육과)까지 이곳에서 다닌 순수 토종 TK 사람이다.

대학을 졸업한 뒤 5년 동안 중고교 교사를 하다 1990년대 초반 남편 추교관(현 위니텍 영업총괄 사장) 씨가 하던 사업에 합류했다. 사업 초반에는 성공적이지 못했지만 1997년 자신의 이름으로 소방방재시스템을 개발하는 벤처회사인 위니텍을 설립하면서부터 성공가도를 달리기 시작했다. 위니텍의 주력 분야는 지리정보시스템(GIS)과 위성항법장치(GPS)를 기반으로 위치추적시스템을 개발해 119 긴급구조시스템에 접목시키는 것이다. 또 유무선 통신, 네트워크, 데이터베이스, 타 기종 통합 등 IT분야 기술이 집약된 패키지 시스템이기도 하다. 대구 소방본부에서부터 서울, 울산 등 국내 자치단체들이 잇달아 도입했으며 현재 말레이시아 등 해외시장을 개척하고 있다.

15년간 회사를 키우는 일에 전력해온 강 의원은 사실 정치에는 문외한이나 다름없었다. 2008년 서상기 의원의 권유로 1년간 새누리당 대구시당 디지털위원장을 맡은 게 정치 이력의 전부다. 이후 대통령 직속 국민경제자문위원회와 국가정보화전략위원회의 자문위원을 지냈으나 정치와는 상당한 거리를 뒀다.

정치 입문과 동시에 '금배지'를 단 그는 자신의 표현대로 그야말로 '얼떨결에' 정치인이 됐다. 여성, IT기업인, 중소기업인이라는 3박자가 맞아떨어지면서 2012년 초 비대위를 꾸려 참신한 인재 영입에 사활을 건 새누리당이 러브콜을 보냈고 이를 수락한 것. 그럼에도 강 의원은 비례대표 후보 5번으로 발표됐을 때의 첫 느낌을 "당황스러웠다"고 했다. "사실 IT분야 몫 비례대표로 권은희 의원(대구 북갑)을 추천했는데 지역구 후보가 되면서 할 수 없이 그 자리에 대신 간 셈"이라고 설명했다.

총선 당시 새누리당의 공약이었던 '스펙 초월 청년채용 시스템'의 지킴이로 활동했다. 이 공약은 그대로 박 당선인의 대선 공약으로도 채택됐다. 강 의원은 "스펙보다는 잠재력과 역량이 있는 인재들이 대기업보다 강소기업에 취직해 글로벌 기업을 만드는 데 일조하도록 할 것"이라는 포부를 밝혔다.

매사 낙천적이고 실용적인 성품의 소유자란 평가다. 160명 직원을 거느리는 기업가답게 자질구레한 일에는 그다지 신경 쓰지 않는다. 일을 좋아해 특별한 취미는 없지만 시간이 나면 IT나 경영 관련 서적을 탐독한다. 가족은 남편 추 씨와의 사이에 2남을 두고 있다. 대학생인 큰아들은 게임 개발을 전공하고 있다. 현재 소프트웨어 개발업체에서 대체복무 중이며 고3인 둘째 아들도 소프트웨어 개발학과를 희망해 천상 'IT 가족'인 셈이다.

구상찬

전 새누리당 의원

▸ 출생 _ 1957년 부산
▸ 학력 _ 경남고, 동국대 사범대, 동국대 대학원 체육교육학과
▸ 경력 _ 이세기 체육부 장관 비서관, 이회창 한나라당 총재 공보특
보, 한나라당 부대변인, 박근혜 전 대표 공보특보, 18대 국회의원
▸ e주소 _ gusangchan@gmail.com

친박 중국통 · 공보통

박근혜 당선인 측근 중 대표적인 '중국통'이다. 공보 업무에도 능하다는 평을 받는다. 대학원 졸업 후 조교로 일할 때 이세기 한중친선협회 회장 (전 의원)을 도와 기고문을 쓰다가 비서관으로 발탁됐다. 중국통인 이 전 의원의 심부름으로 여러 차례 중국을 방문했고, 그때 알게 된 인연을 바탕으로 중국 인맥을 쌓았다.

중국 고위인사의 비서관이나 수행단과 친분을 쌓았는데, 그들이 지금 중국의 고위관료로 성장했다는 게 그의 설명이다. 중국 내 인맥을 통해 알게 된 정보를 외부에 유출하지 않는다는 원칙도 그를 중국통으로 만든 이유 중 하나다. 일부에서는 중국어를 못하는 중국통이 어딨냐고 비판하지만, 새누리당 내에서 그보다 중국 사정을 정확하게 아는 인사가 없다는 게 중론이다.

이후 이회창 전 한나라당 총재 공보특보와 부대변인 등을 거쳐 2007년 대선 경선 시기에 박 당선인의 공보특보를 역임했다. 이런 경력 때문에 그를 공보통이라 부르는 이들도 많다. 기자들이 가장 편안하게 여기는 정치인 중 한 명으로 꼽힐 만큼 언론과의 관계가 좋다.

박 당선인이 당 대표를 맡았던 2004년 수석부대변인으로 일하면서 자연스럽게 친박계로 분류됐다. 2005년 박 당선인과 후진타오 중국 국가주석의 면담을 성사시키기 위해 베이징을 수차례 드나들면서 박 당선인에게 깊은 인상을 심어준 것으로 알려졌다. 2008년 초 친박 학살이라 불렸던 공천이 이뤄지는 동안에도 공개적으로 "가장 좋아하는 정치인은 박근혜 대표"라고 말하는 등 박 당선인에 대한 남다른 충성심을 보였다. 선거운동 기간 동안 이명박 대통령이 아닌 박 당선인과 찍은 사진을 현수막으로 사용한 일화는 유명하다.

새누리당 열세 지역인 서울 강서을에 공천 받아 당선되면서 국회에 입성했지만 재선에는 실패했다. 18대 국회에서는 외교통일통상위원회에서 활동하며 외교통으로 자리매김했다. 또 국회의원이 된 이후에도 박 당선인이 참여하는 행사에 빠짐없이 함께하는 등 변하지 않는 모습을 보였다. 2012년에는 대기업에 대한 규제 법안을 잇달아 내놓은 경제민주화실천모임 일원으로 활동하는 등 개혁 성향의 친박계로 자리매김했다. 이혜훈 최고위원과 남경필 의원 등 당내 쇄신파와 가깝다.

대선에서는 조직강화특위 위원장을 맡아 물밑에서 박 당선인을 지원했으며 수도권 표심을 잡는 데 일조했다는 평이다. 눈에 띄는 역할을 하지는 않았지만 여전히 박 당선인의 측근 중 한 명으로 꼽힌다. 청와대나 정부로 진출할 가능성도 높다. 현역의원이 아니기 때문에 오히려 운신의 폭이 넓다는 평가도 나온다. 성격과 관련해서는 화통하고 뒤끝이 없다고 알려졌다. 누구에게나 격의없이 대하는 붙임성도 장점 중 하나다.

권영세
전 새누리당 의원

▶ 출생 _ 1959년 서울
▶ 학력 _ 배재고, 서울대 법대 석사, 하버드케네디대학원 행정학 석사
▶ 경력 _ 서울지검 검사, 한나라당 법률지원단장, 사무총장, 국회정보
위원장, 16 · 17 · 18대 의원
▶ e주소 _ www.yskwon21.com

대선 종합상황실장 … 주요 요직 1순위

2012년 4월 총선에서 낙마한 후 사실상 '백수'로 지내던 권영세 종합상
황실장에게 한 통의 전화가 걸려왔다. "대선을 혼자 책임진다는 생각으
로 종합상황실장을 맡아달라"는 박근혜 당시 대선후보의 전화였다. 권
실장은 4월 총선에서 새누리당 사무총장을 맡아 공천과 선거를 진두지휘
해 153석의 승리를 일궈냈지만 정작 자신은 서울 영등포을에서 낙선했
다. 여의도 정가에서는 "사무총장을 맡으면 낙마한다"는 속설이 이번에
도 증명됐다며 권 실장을 입에 올렸다. 박 당선인의 전화를 받은 권 실장
은 "원외라서 대선에 전념할 수 있어 실장직을 맡긴 것 아닐까. 총선과
대선에 모든 것을 바치라는 운명 같았다"고 회고했다.

권 실장은 대선 후 박 당선인의 핵심 측근으로 급부상했다. 당초 그는
친박이 아니었으나 2011년 박 당선인의 유럽특사 동행 이후 가까워졌다.
8월 당내 경선 도중 5.16 군사쿠데타 논란이 불거졌을 때는 박 당선인에
게 "다시는 이 나라에 본인과 같은 불운한 군인이 없도록 하자"는 박정희
대통령의 전역사를 전해줘 신임을 얻었다.

선대위 상황실장을 맡은 권 실장은 매일 발생하는 상황을 챙기는 한편 주 단위, 월 단위 선거전략을 짰다. 박 당선인의 투트랙 전략인 경제위기 극복 리더십과 여성 대통령론을 뒷받침하는 각종 논리를 개발하는 것도 그가 지휘하는 상황실 몫이었다. 실제 대선 기간 중 민주통합당이 제기한 국정원 직원의 비방 댓글 의혹에 대해서는 "'박근혜 죽이기' 선거공작으로, 말로는 새 정치를 외치면서 실제 행동으로는 구태 정치를 하고 있다"는 프레임과 함께 이를 '제2의 김대업 사건'이라 규정하며 역공을 펼쳤다. 대선 투표일에는 민주당으로부터 투표 독려를 위한 차량 동원 문자메시지를 발송했다는 의혹 제기에 시달리는 등 선거 막판까지 선거운동의 한복판에 섰다. 대선 승리 이후 인수위 초대 비서실장 후보 물망에 오르는 등 주요 요직 1순위 후보로 거론됐다.

서울 태생으로 서울 신석초에서 대학까지 줄곧 서울에서 지냈다. 사법시험에 합격한 뒤 수원지검 검사를 시작으로 서울지검, 대검찰청을 거쳐 10년가량 검사생활을 한 뒤 2002년 한나라당 영등포을 당원협의회 운영위원장으로 정계에 입문했다. 이후 영등포을에서 16~18대까지 3선을 지냈으나 사무총장을 맡아 공천에 관여했던 19대 총선에서는 MBC 기자 출신 신경민 민주당 의원에게 패했다.

김광림
새누리당 의원

- ▶ 출생 _ 1948년 경북 안동
- ▶ 학력 _ 안동농림고, 영남대 경제학과, 서울대 행정대학원, 하버드 대학원
- ▶ 경력 _ 행시 14회, 청와대 기획조정비서관, 재정경제원 감사관·공보관, 기획예산처 재정기획국장, 특허청장, 재정경제부 차관, 18·19대 국회의원, 한나라당 부설 여의도연구소장
- ▶ e주소 _ glkim@na.go.kr

대표적 경제통, 여의도연구소장으로 朴 당선에 큰 힘

30여년 동안 경제관료를 거친 대표적 경제정책통 의원이다. 1973년 17회 행정고시에 합격해 경제기획원, 상공부, 재정경제원, 기획예산처 등을 두루 거친 경제관료 출신이다. 특히 예산 전문가로 손꼽힌다. 미국 하버드대에서 석사학위를 받았고 〈한국의 예산결정 과정에 관한 연구〉로 경희대에서 박사학위를 받은 학구파다. 업무에는 꼼꼼하지만 대인관계는 시원하다는 평가다.

서석준 전 경제부총리가 경제기획원 차관을 지낼 때 비서관으로서 뛰어난 보좌 업무를 수행해 서 부총리가 상공부 장관으로 승진하자 함께 옮겨갔다. 노무현정부에서 2002년 특허청장과 2003년 재정경제부 차관을 맡아 경제관료로 일한 후 충북 제천 세명대학교 총장으로 재직하다 2008년 18대 총선에서 경북 안동에 출마했다. 한나라당 정서가 강한 이 지역에서 무소속으로 도전해 허용범 한나라당 후보를 제치고 당선됐다. 평소 지역 밑바닥 정서를 잘 닦아놓았던 것이 큰 힘이 됐다.

2008년 7월 한나라당에 입당했으며 19대 총선에서 재선에 성공했다.

총선 승리 후 "초선 때는 중앙의 입장을 많이 이해하고 대변했는데 두 번째 의정활동은 중앙과 지방의 균형발전에 방점을 찍을 것"이라며 "재원 및 사업 배분에 있어 지방에 힘을 쏟을 것"이라는 포부를 밝혔다. 특히 19대 총선에서 전국에서 두 번째로 높은 득표율(82.49%)을 얻었다. 지키지 못할 거대 담론보다는 실사구시형 정책과 공약으로 승부를 건 것이 주효했다는 평가다.

경제통 의원답게 국회 예산결산특별위원회와 기획재정위원회에서 활약했다. 18대 국회에서 기획재정위원으로 일하며 80% 이상의 공약 실천율을 보여 시민단체로부터 '우수 국회의원상'을 받았다. 이런 활약 덕분에 초선임에도 불구하고 2011년 12월 새누리당의 싱크탱크인 여의도연구소장을 맡아 당의 총선 공약을 주도했다. 이어 여의도연구소가 18대 대선에서 효율적인 선거전략을 짜는 중심 역할을 하도록 함으로써 박 당선인의 신임을 얻었다. 특히 여의도연구소가 조사한 대선 여론조사는 실제 결과와 거의 일치했다는 평가다. 새누리당 선대위는 매일 내놓은 여의도연구소 여론조사 결과를 선거전략의 밑바탕으로 삼았다.

대선 과정에서 선거 흐름을 유리하게 끌고 가기 위해 적절한 타이밍에 맞춰 여론조사 결과를 우회적으로 공개하는 등 전략적 대처를 제대로 했다는 평가를 받았다. 그는 대선을 사흘 앞둔 12월 16일 박 당선인의 지지율이 하락세를 보이면서 문재인 민주통합당 후보와 좁혀지는 양상을 보이자 "매일 실시하는 조사에서 단 한 차례도 (지지율이) 역전되거나, (격차가) 근접된 적조차 없다"며 "여론조사 공표가 금지된 13일 이후 오히려 격차가 더 벌어졌다"고 공개적으로 밝히는 등 여론전을 주도했다. 그러면서 여론조사에서 박 당선인이 문 후보에게 뒤졌다는 풍문이 나돈 것에 대해 "선거가 종반으로 들어서며 패색이 짙어진 민주당의 흑색선전이 도를 넘어 이제는 상대 당의 여론조사까지 조작하기 시작했다"고 반박했다.

진돗개 애호·육성가로도 유명하다.

김기현
새누리당 의원

▶ 출생 _ 1959년 울산
▶ 학력 _ 부산동고, 서울대 법학과, 동대학원
▶ 경력 _ 부산지법 울산지원 판사, 한나라당 중앙연수원장, 대변인,
  새누리당 원내 수석부대표, 17 · 18 · 19대 국회의원
▶ e주소 _ http://twtkr.com/Gi_Hyeon_Kim

원내 수석부대표로 복지공약 6조원 확보

새누리당 원내 수석부대표를 맡아 박 당선인의 '복지공약 6조원 확보'의
선봉장 역할을 맡았다. 친이명박계지만 당내 주요 직책을 맡아 대선 승리
에 기여했다. 박 당선인의 6조원 예산증액 관철을 위해 민주통합당과의
협상 최일선에서 뛰며 신임을 얻었다.

특히 2013년 예산의 경우 대선 이후 촉박한 일정 때문에 예산안과 함
께 기금운용 방안, 부수 법안까지 몰리는 바쁜 일정에서도 큰 잡음 없이
예산안을 마무리했다는 평가다.

대선 직후 예산안 처리를 위해 새누리당 의원들의 해외출장을 자제시
키는 등 들뜬 분위기에서도 차분히 집안을 단속하는 모습을 보였다. 대선
기간 중에는 '선거공작 진상조사특별위원회' 부위원장을 맡아 위원장인
심재철 의원과 함께 야당의 공세에 적극 대응했다. 판사 출신으로 튀지
않는 조용한 업무 스타일이 호평을 받는다. 법조 생활을 마감하고 17대
국회에 들어온 뒤에도 이 같은 '젠틀'한 스타일로 한나라당 선정 모범의
정상, 7년 연속 국정감사 우수의원 등의 평가를 받았다.

　　울산의 멸치잡이 집안의 아들로 태어나 부유한 유년시절을 보냈으나 1960년 부친이 3대 도의원 선거에 당선됐다가 1961년 5.16 쿠데타로 정치활동이 금지되면서 가세가 기울었다. 이후 부산으로 이사해 반에서 줄곧 1등을 하는 우수한 학생으로 서울대 법대에 입학했다. 법대 졸업 후 대학원에서 사법시험에 합격한 뒤 맹호부대에서 법무관으로 군복무를 마친 후 대구지방법원 판사로 법조인의 길을 걷기 시작했다. 이후 울산지방법원에서 판사생활을 마친 뒤 지역에서 10여년 동안 변호사 활동을 하다 정치에 입문했다. 판사 시절 매일 재판기록을 들고 퇴근하던 일을 가장 기억에 남는 추억으로 꼽는다.

　　"매일 사건 기록 보따리를 들고 집으로 가져간 다음 기록을 검토하거나 판결문을 써야 했는데, 이 무거운 기록 보따리를 들고 버스 정류장까지 15분씩 걷는 일은 쉽지 않았다. 특히 비라도 오는 날에는 사건 기록이 비에 맞지 않도록 가슴에 품어야만 했다. 그 자세로 나머지 한 손으로는 우산을 들어야 하니 어려움이 여간 아니었다. 그러나 내게는 좋은 판결을 위해서라는 큰 자부심이 있었다"고 회고했다.

김무성
전 새누리당 의원

▶ **출생** _ 1951년 부산
▶ **학력** _ 중동고, 한양대 경영학과, 고려대 정책대학원 최고위정책과정, 부경대 명예정치학 박사
▶ **경력** _ 동해제강 전무이사, 삼동산업 대표, 김영삼 대통령 후보 정책보좌역, 제14대 대통령직 인수위원회 행정실장, 대통령 민정비서관·사정비서관, 내무부 차관, 15~18대 국회의원, 한나라당 사무총장·원내대표
▶ **e주소** _ http://www.facebook.com/moosung4u

'통큰 큰형님' … 위기 때 빛나는 리더십

'통큰 큰형님', '선 굵은 정치인'. 정치권에서 김무성 전 의원에게 붙여준 별칭이다. 특유의 리더십과 카리스마로 정치권 안팎에서 정평이 나 있다. 1987년 통일민주당 창당 발기인으로 정당 생활을 시작했다. 총무국장, 원내총무실 행정실장, 민자당 의사국장, 의원국장 등 당료수업을 착실히 받았다.

자신이 모신 김영삼 대통령이 대선에 이기면서 정치의 길이 열렸다. 김영삼 후보 보좌역과 당선 후 대통령직인수위원회 행정실장을 거쳐 대통령 비서관과 내무부 차관을 지낸 대표적인 '상도동계'다. 1996년 15대 총선을 통해 국회에 발을 디뎠다. 이후 부산에서만 내리 4선을 했다. 한나라당 사무총장과 원내대표 등 주요 당직을 두루 거쳤다.

2007년 한나라당 대선 경선에서 조직총괄본부장을 맡아 친박계 좌장으로 통할 정도로 박 당선인의 신임을 받았다. 굴곡도 겪었다. 2006년 1월과 같은 해 7월 원내대표 경선에 나섰지만 이재오, 김형오 의원에게 각각 패했다. 2009년 세종시 수정안을 놓고 박 당선인과 의견을 달리하면서 친박과 거리를 두었다. 2010년 박 당선인의 뜻을 거스르고 원내대표 경선에 나서면서 친박에서 더욱 멀어졌다. 이른바 脫朴을 한 것이다.

2012년 4.11총선에서 전격 백의종군을 선언했다. 이를 계기로 새누리당 공천 낙천자들의 탈당 행렬을 막았다. 당의 총선 승리에 상당한 기여를 했다는 평가다. 그는 반 년가량 야인 생활을 하다가 18대 대선을 앞둔 2012년 10월 새누리당 총괄선대본부장으로 다시 박 당선인 곁으로 왔다. 새누리당은 대선 준비를 할 컨트롤타워가 없어 상당히 흔들리고 있던 상황이었다. 그가 다시 당에 들어와 구심점 역할을 하면서 선거 분위기를 다잡았다는 게 당 안팎의 일반적 평가다.

그는 당으로 돌아오자마자 '야전 사령관' 모드로 들어갔다. 당사 사무실에 야전침대도 갖다놓았다. 내부 회의에서 "박근혜 후보의 명령을 기다리지 마라. 우리가 결정해 선(先) 집행하고 후보에게는 후(後) 보고한다. 책임은 내가 진다"고 지시했다. 캠프 관계자들은 "'무대'라면 그렇게 할 수 있다"고 했다. '무대'는 그의 별명으로 김무성 대장의 줄임말이다. 회의에 참석했던 당직자들은 "숨통이 트이는 것 같다"고 말했다. 19대 총선에서 불출마하거나 공천을 못 받은 친이계 인사들을 캠프에 합류시키는 작업도 했다.

대선이 끝나자마자 자신의 사무실 문 앞에 메모를 남겨놓고 홀연히 사라졌다. 메모에는 "이제 제 역할이 끝났으므로 당분간 연락을 끊고 서울을 떠나 좀 쉬어야겠습니다. 도와주신 여러분께 저의 마음속의 큰절을 받아주시면 감사하겠습니다"라고 적혀 있었다. 당직자들 사이에서 "역시 무대답다"는 말이 나왔다. 박근혜정부에서 중요한 역할을 맡을 것이라는 데는 의심의 여지가 없다. 부인 최양옥 씨와의 사이에 1남 2녀.

김선동
전 새누리당 의원

▶ **출생** _ 1963년, 강원 원주
▶ **학력** _ 고려대 정치외교학과, 고려대 대학원 정치학 석사
▶ **경력** _ 청와대 정무비서실 행정관, 박근혜 한나라당 대표 비서실
　　　부실장, 18대 국회의원
▶ **e주소** _ likecorea@naver.com

'비서실 라인' 친박 ··· 직능 종교조직 이끌어

18대 대선에서 직능종합상황실장과 종교특별본부장을 동시에 맡았다. 박 당선인이 한나라당 당 대표를 지내던 시절에 비서실 부실장을 지냈으며 '비서실 라인'으로 통하는 친박계 핵심인사로 분류된다. 강원도 원주 출신으로 고려대 정치외교학과를 나왔다. 고려대 정외과 박사과정 시절인 1990년 'YS 대통령 만들기'에 나서며 정치권에 입문했다. 2008년 청와대 정무비서실 행정관, 이회창 한나라당 대선 후보 보좌역을 맡았다. 16대 국회에서 한승수 의원의 보좌관으로 일했고, 이후 박 대표 비서실 부실장을 맡았다.

18대 총선에서 야권의 텃밭인 서울 도봉을에서 금배지를 달았다. 2012년 19대 총선에서는 유인태 민주통합당 의원과의 리턴매치에서 져 국회 재입성에 실패했다. 당시 두 사람은 '친박 vs 친노' 정치인의 대결로 주목을 받았다.

18대 대선에서 직능종합상황실장으로 전국 1만3000여 개의 직능조직을 총괄해 박 당선인의 지지세 규합에 앞장섰다. 당 관계자는 "김 전 의원은 직능종합상황실장으로 캠프를 지키며 전국 각 지역에서 접수되는 직능분야 조직체계와 운영 등 정보 상황을 취합해 밤낮없이 역동적으로 활동했다"고 말했다. 또 종교특별본부장으로 기독교, 불교, 가톨릭 등 각종 종교단체들을 포괄적으로 챙기며 박 당선인의 비전을 전달했다.

대선 승리 후 언론과의 인터뷰에서 "박 당선인은 당 대표 시절에 어떤 일을 잘했고 잘못했는지 백서를 만들라고 지시해 비서실이 혼비백산했던 기억이 난다"며 "이런 점에서 박 당선인은 국민을 위한 책임감과 혼신의 열정을 국정 운영에 쏟아부으며 100% 대한민국을 만들 것"이라고 내다봤다.

또 "박 당선인의 DNA는 애국심과 책임감"이라며 "아버지인 박정희 대통령이 서거했을 때 통곡을 해야 하는데 '전방은요?' 라고 말했던 일화는 박 당선인의 강한 애국심을 보여준다"고 말했다. "2006년 당 대표 시절 지방선거 지원유세를 할 때 서울 신촌에서 테러를 당해 수술을 받고 안정을 취하던 중 여론조사 결과를 보고받고는 '대전은요?' 라고 말했던 일화는 책임감이 확고하다는 방증"이라고 덧붙였다.

당내 활동도 활발했다. 18대 국회에서는 원내부대표를 맡았다. 한나라당의 당헌당규개정특별위원회 위원, 혁신위ㆍ쇄신위ㆍ비대위의 위원을 지냈으며 당내 소장파인 '민본21'의 회원이기도 했다.

김성태
새누리당 의원

- ▶ **출생** _ 1958년 경남 진주
- ▶ **학력** _ 진주기계공고, 강남대 법학과, 한양대 행정대학원 사회복지학 석사
- ▶ **경력** _ 한국노총 사무총장, 상임부위원장, 18 · 19대 국회의원
- ▶ **e주소** _ kst0331@daum.net

한국노총 출신의 노동전문가

18대 국회에서부터 당내 쇄신그룹인 '민본21' 에서 활동해온 노동전문가 출신이다. 당 지도부에 끊임없이 쓴소리를 내며 여당 속 야당 같은 '소금' 역할을 하겠다는 게 소신이다. 이명박정부의 고소영 내각 인사에 대한 쓴소리뿐 아니라 폐쇄적인 당내 의사소통 구조에 대해서도 비판을 마다하지 않았다.

한국노총 출신으로 2012년 4월 총선에서 서울 강서을에 출마해 재선에 성공했다. 강서을 지역구는 지난 4차례의 총선에서 여당과 야당이 2승 2패를 기록한 접전 지역이었으나 노동 전문성을 앞세운 김 의원이 팽팽한 역대 전적을 깨는 데 성공했다. 18대 국회에서 한국노총 몫으로 공천을 받아 국회에 입성한 그는 초재선 쇄신파 모임인 민본21 간사로 활동하면서 정치 개혁에 앞장섰다.

한국노총 사무총장, 상임부위원장 출신으로 당의 취약 부분인 노사문제 해결에 적극성을 보였다. 특히 비정규직은 최대 관심 분야다. 2012년 국정감사에서는 인천공항공사, 한국토지주택공사, 한국도로공사 등에서

운영하는 어린이집에 정규직 자녀만 입학을 허가하는 실태를 고발했다. "우리나라 공사에 소속된 어린이집 대부분은 비정규직 자녀를 받지 않고 있다"며 "공기업이 먼저 차별과 불평등이 없는 직장문화를 만들어야 함에도 갈등과 위화감을 조성하고 있다"며 시정을 요구했다. 당내에 노동 전문가가 많지 않은데다 각종 노동 현안이 차기 정부의 주요 과제라는 점에서 박 당선인이 눈여겨보고 있는 현역의원 중 한 명이라는 평이다.

실제 2012년 추석 전 비정규직 태스크포스 위원장으로 참여해 '비정규직 임금을 정규직 임금 대비 80% 수준까지 끌어올린다'는 대책을 마련한 것도 그의 작품이다. 대기업의 정년을 60세 이상으로 의무화하는 '고령자 고용촉진에 관한 법률개정안'을 개인적으로 발의하는 등 노동계 이슈 해결에 적극적인 목소리를 내고 있다.

경남 진주에서 태어났으며 차비가 없어 1시간 거리의 초등학교를 걸어서 다닐 정도로 가난했다. 진주기계공고를 졸업한 뒤 건설사인 한양 건축부에 입사해 돈을 벌기 위해 사우디아라비아 리야드 등 해외 건설현장에서 근무했다. 이후 노동운동에 뛰어들어 한국노총에서 상임부위원장을 지낸 뒤 정치에 입문했다.

김세연

새누리당 의원

▶ **출생** _ 1972년 부산
▶ **학력** _ 부산 금정고, 서울대 국제경제학과
▶ **경력** _ 디멕스커뮤니케이션 설립, 낙타장학회 발기인, 동일고무벨트(주) 부회장, 18 · 19대 국회의원
▶ **e주소** _ www.ksy.or.kr

소장파 리더 … 쓴소리 마다않는 친박계 새 핵심

두 개의 엇갈린 수식어가 따라다닌다. '친박계 새로운 핵심' 그리고 '쓴소리를 마다하지 않는 쇄신파' 라는 표현이다. 2012년 4.11 총선 전 '박근혜 비상대책위원회'에 참여해 박근혜 당시 비대위원장을 도우면서도 강도 높은 당 쇄신을 촉구하는 목소리를 여러 차례 내면서 얻게 된 별명이다. 5선 국회의원인 고 김진재 전 의원의 아들이자 한승수 전 국무총리의 사위다. 장모인 홍소자 씨가 박 당선인과 이종사촌 간이어서 인척지간이다. 김진재 전 의원은 2004년 탄핵 정국 시기에 다른 의원들과 함께 박 당선인을 설득해 당 대표로 추대한 인물이다.

2008년 총선에서 선친의 지역구인 부산 금정에 공천을 신청했으나 현역의원인 박승환 의원에 밀려 탈락했다. 세 차례 여론조사에서 모두 14% 포인트 이상 앞섰으나 공천에서 탈락한 데 반발해 무소속으로 출마해 당선됐다. 36세로 18대 국회 최연소 당선자였다. 할아버지가 창업해 선친이 물려준 동일고무벨트의 대표를 맡고 있었다. 언론 인터뷰에서 정치에 뛰어든 배경에 대해 "선친이 이뤄놓은 명예와 평판을 지켜야 한다는 생각으로 출마를 결심했다"고 설명했다.

최연소 당선자답게 국회에 새 바람을 불어넣었다는 평가를 받았다. 2010년 국회 폭력 사태를 자성하며 당내 소장파 의원 22명과 함께 '자성과 결의'라는 성명을 발표했다. '국회 바로세우기'로 이름붙인 이들은 "2011년 예산안 등의 강행 처리에 동참해 국회를 폭력으로 얼룩지게 만든 책임이 있음을 깊이 반성한다"며 "앞으로 물리력에 의한 의사진행에 동참하지 않을 것이며 이를 지키지 못할 때는 19대 총선에 출마하지 않을 것을 약속한다"는 내용이었다.

2012년 국회의원 재산공개에서 1145억9663억원을 신고해 현역의원 중 3위를 기록했다. 그럼에도 부자증세와 경제민주화에 가장 적극적인 목소리를 냈다. 대선 기간 동안 새누리당 내 경제민주화 실천모임 간사와 경제민주화 추진단의 간사를 맡아 당내 경제민주화 아이디어를 수렴하는 역할을 했다. 11월 30일 부산대 경영대학원 특강에서 "새누리당의 경제민주화는 모든 국민이 충분한 기회를 누리고 땀 흘린 만큼 보상받는 공정한 시장경제 시스템의 기반을 만들자는 것"이라며 "대기업이 시장지배적 지위를 남용한 중소기업의 착취와 중소기업 업종에 대한 침범을 막기 위해 대기업의 경제력 남용을 막아야 한다"고 강조했다.

김영우

새누리당 의원

▶ **출생** _ 1967년 경기 포천
▶ **학력** _ 경희고, 고려대 정치외교학과
▶ **경력** _ YTN 기자, 이명박대통령후보 중앙선거대책위원회 정책상황
　실 부실장, 18 · 19대 국회의원, 새누리당 대변인
▶ **e주소** _ http://blog.naver.com/yw2014

대변인 스스로 물러나며 朴 위해 당 혼란 수습

YTN 기자 출신으로 친이명박계로 분류된다. 하지만 19대 국회가 출범한 후 8월 초까지 당 대변인을 맡으며 박 당선인을 도왔다. 특히 대선 경선 시에 비박근혜계 주자들이 총선 공천 진상조사를 요구하며 박 당선인을 공격하자 이를 자제해 줄 것을 요구하며 대변인 직에서 물러나 주목을 받았다.

대선 기간 동안 지역구인 경기 포천과 연천에서 박 당선인을 위해 뛰었다. 박 당선인은 포천, 연천 등 북부 접경 지역이자 군사시설 밀집 지역에서 문재인 민주통합당 후보를 큰 표차로 따돌렸다. 포천의 득표율은 박 당선인 63.8%, 문 후보 35.8%였다. 박 당선인이 수도권에서 선전할 수 있었던 것도 이 지역에서 높은 득표율을 보였기 때문이라는 분석이다. 김 의원이 친이계이지만 박근혜정부에서도 충분한 역할을 할 수 있을 것으로 기대할 수 있는 이유다.

1967년 경기도 포천에서 태어나 중학교 때 서울로 와 경희고등학교를 졸업했다. 1989년 고려대 정치외교학과를 졸업하고 1991년 고려대 정치외교학과 대학원에서 석사학위를 땄다. YTN에서 정치부 등을 거쳐 2007년 이명박 대통령 후보 중앙선거대책위원회 정책상황실 부실장을 맡아 정계에 입문했다. 이명박 후보가 당선된 뒤에는 대통령당선인비서실 정책기획부 팀장을 역임했다.

이 대통령 캠프 등에서 활약한 공로로 2008년 18대 총선에서 한나라당의 공천을 받았다. 포천·연천에 출마해 당선된 후 국회 국방위원회, 예산결산특별위원회, 외교통상통일위원회 등에서 활동했으며, 2011년에는 직능특별위원회 총괄기획단장과 제1사무부총장을 역임했다. 19대 총선에서 당의 재신임을 받아 출마했으며 50.4%의 득표율로 당선돼 재선 고지에 올랐다. 경쟁자였던 이철우 민주통합당 후보는 33.4%를 얻었다. 김 의원은 재선의원 대열에 오르면서 이한동 전 국무총리 이후 포천·연천을 대표하는 유망 정치인으로 부상했다.

19대 국회가 시작되자 당 대변인을 맡았다. 하지만 현영희 의원 및 현기환 전 의원의 4.11 총선 공천헌금 파문이 터지고 당의 수습이 늦어지자 이에 대해 책임을 지고 물러났다. "국민들께 머리 숙이고 그 누군가는 책임을 지는 모습이 필요하다"며 "제1사무부총장을 지냈고, 연이어 대변인직을 수행하고 있는 불초한 저부터라도 책임을 져야 한다"고 사퇴 의사를 밝혔다. 김문수, 김태호, 임태희 등 비박근혜계로 분류되는 대선 경선 후보들이 총선 때 이뤄진 당의 모든 공천 과정을 진상조사해야 한다고 요구한 데 따른 것이다.

김 의원은 친이계임에도 불구하고 "4.11 총선에서 이뤄진 새누리당의 공천 전체를 진상조사해야 한다는 것은 너무 지나치다"며 "당이 위기에 처했을 때 당을 위해 두 번씩이나 헌신했던 우리 당의 유력 후보에게 모든 책임을 지라고 할 수는 없다"고 강조하며 박 당선인을 우회적으로 지지했다.

김을동
새누리당 의원

▶ **출생 _** 1945년 서울
▶ **학력 _** 풍문여고, 중앙대 정치외교학과
▶ **경력 _** 동아방송 성우, KBS 탤런트, 서울시의원, 김좌진장군기념사
　　 업회장, 18 · 19대 국회의원
▶ **e주소 _** blog.naver.com/ked0905.do

친박연대 출신으로 최초의 부녀 재선 의원 등극

독립운동가 김좌진 장군의 손녀이자 종로를 주름잡았던 협객 김두한 전 의원의 딸로 잘 알려져 있다. 인기 드라마 '주몽'에서 주연을 맡았던 탤런트 송일국의 어머니이기도 하다. 김 의원은 자신의 조부와 부친에 대한 자부심이 대단하다. 아버지 김두한이 어렸을 때 청계천 다리 밑에서 깡통밥을 얻어먹으며 자랐고 국회의원을 두 번이나 지냈지만 '김두한'이란 이름의 재산권을 단 한번도 등재한 적이 없었다는 것. 그는 "아버지가 늘 버릇처럼 '어차피 이 집안에 태어난 건 내 몫'이라고 말씀하셨다"며 "나 역시 할아버지를 생각하며 유혹을 물리친다"고 했다.

　1945년 서울에서 해방둥이로 태어나 1963년 풍문여고를 졸업하고 중앙대 정치외교학과에 입학했다. 1년을 채 다니지 못하고 중퇴했으며 1967년 동양방송(TBC)의 공채 성우로 입사해 방송 활동을 시작했다. 1980년 신군부의 언론통폐합 조치로 TBC가 KBS로 흡수되면서 자연스럽게 활동 무대를 옮겼다. 40여년 동안 전설의 고향, 용의 눈물, 영화 마파도, 며느리 전성시대 등 다수 작품에 출연했다.

1995년 전국동시지방선거에서 민주당 소속으로 서울 동대문 제3선거구에 출마해 최다득표 기록을 세우며 서울시 의원으로 당선돼 정계에 입문했다. 2000년 4월, 16대 총선에서 경기도 성남 수정구에서 자유민주연합 공천을 받아 출마했으나 낙선했으며 2004년 4월, 17대 총선에서는 한나라당 후보로 나섰지만 연거푸 고배를 들었다. 2008년 18대 총선에서는 친박연대의 비례대표 후보로 출마해 당선됐다. 친박연대에서 선대위원장을 맡은 홍사덕 전 의원과의 두터운 친분 관계가 계기가 됐다. 2006년 10.26 보궐선거에서 경기 광주에서 무소속으로 출마한 홍 전 의원의 선거운동을 지원하면서 첫 인연을 맺었다.

국회 문화체육관광방송통신위원으로 활약했으며 2011년 방송통신위원회 국정감사에서 SK커뮤니케이션즈의 개인정보 3500만 건 해킹사고의 원인이 SK커뮤니케이션즈 내부 보안시스템 부실에 있음을 밝혀내 국민적 관심을 받았다. 문화체육관광부 국감에서도 정부의 콘텐츠 산업에 대한 포상 홀대와 한류 수출 대상의 제정을 촉구하고, 전통문화 예술에 대한 정부 지원의 부족을 지적하고 활성화 방안을 내놓는 등 문화산업 종사자와 예술인들 사이에서 호평을 받았다.

아울러 이명박정부가 추진했던 한일 군사정보보호협정에 대해서도 "국민 여론을 무시한 채 국회가 공전 상태인 틈을 타 국무회의에서 비밀리에 협정을 처리했다"며 정부를 비판해 눈길을 끌었다. 19대 총선에서는 서울 송파병에서 새누리당 공천을 받아 출마했다. 이곳은 선거구가 생긴 이래 줄곧 야권 후보가 당선된 새누리당의 불모지였으나 민주통합당의 4선 중진인 정균환 후보를 득표율 5%포인트 차로 이기고 재선에 성공했다. 특히 이번 당선으로 최초로 부녀가 재선의원이 되는 진기록을 세웠다. 부친인 김두한은 3대와 6대 국회의원을 역임했다.

김재원
새누리당 의원

▶ **출생** _ 1964년 경북 의성
▶ **학력** _ 심인고, 서울대 법대
▶ **경력** _ 행정고시(32회), 사법시험(36회), 부산 · 서울중앙지검 검사, 김재원법률사무소 변호사, 영남대 법학전문대학원 겸임교수, 17 · 19대 국회의원
▶ **e주소** _ 2020jwk@assembly.go.kr

친박 핵심 재선 … 행추위 총괄간사 맡아

원조친박으로 꼽힌다. 경북 의성에서 태어나 유시민 전 보건복지부 장관이 졸업한 대구 심인고와 서울대 법대를 졸업했다. 대학 재학시절 행정고시에 합격하고 1988년 총무처로 발령받아 공직 생활을 시작했다.

서울올림픽이 열리던 1988년에 서울올림픽조직위원회 사무관을 지내고 이듬해에는 고향인 경북도 사무관으로 발령받았다. 1992년 서울로 복귀해 국무총리실에서 근무하다가 1994년 사법시험에 합격해 1997년 부산지검에서 검사 생활을 시작했다. 이후 대구지검 포항지청, 서울지검 등을 거쳐 2002년 변호사 개업을 한 뒤 정계에 진출했다.

2004년 17대 총선에서 경북 군위 · 의성 · 청송 지역구에 한나라당 의원으로 당선돼 국회에 입성했다. 2007년부터 2년간 한나라당 정보위원장을 지내면서 박 당선인이 대선 경선에 출마하자 기획단장과 대변인을 맡으며 친박 핵심으로 자리매김했다. 그러나 이명박 대통령이 대권을 잡으면서 2008년 한나라당 내 친박 공천 학살로 공천을 받지 못하자 변호사 업무로 복귀했고 중국으로 유학을 떠났다.

오세훈 전 서울시장의 사퇴로 실시된 2011년 서울시장 보궐선거에서 한나라당이 패해 당이 비상대책위원회 체제로 전환되고 박 당선인이 비대위원장에 취임하자 법률지원단장으로 복귀했다. 19대 총선에서 공천을 받아 재선에 성공했다.

그러나 상대 후보의 공격 선봉에 나서 물의를 빚었다. 박 당선인이 김 의원을 당 대변인으로 내정한 날, 기자들과의 저녁식사 자리에서 "박 후보가 정치하는 목적이 아버지 명예회복 아니냐"고 말한 것이 밖으로 알려지자 기자들에게 욕설과 함께 막말을 했다가 문제가 돼 내정이 취소된 것이다.

하지만 원조친박에 충성심이 뛰어나다는 평가를 받는 만큼 곧바로 복귀했다. 박 후보의 중앙선거대책위원회에서 공약을 책임지는 국민행복추진위원회 총괄 간사를 맡으며 박 후보의 당선을 도왔다. 특히 지역구인 경북 군위군은 18대 대선에서 경북 23개 시·군 가운데 투표율(81.6%)과 박 당선인의 득표율(87.22%) 모두 1위를 기록했다. 김 의원이 지역구 활동을 열심히 했다는 평가다.

다소 다혈질이긴 하지만 뒤끝이 없고, 시원시원하다는 평을 듣는다. 김영삼 대통령을 비롯해 김운용 IOC 전 총재, 김재규 전 중앙정보부장, 김덕룡 민족화해협력범국민협의회 상임의장 등과 함께 김녕 김씨다.

김정훈

새누리당 의원

▶ 출생 _ 1957년 부산
▶ 학력 _ 부산고, 한양대 법학과
▶ 경력 _ 국회 정무위원장, 17 · 18 · 19대 국회의원, 남부아프리카경
제사절단장, 이명박 대통령 특사, 한나라당 원내수석부대표, 제31
회 사법시험 합격
▶ e주소 _ kjh302@assembly.go.kr

박근혜 PK 지지율은 내가 지켰다 …
김해공항 가덕이전대책위원장

박 당선인의 부산 지지율을 지켰다고 자부한다. 부산 선거대책위원회 김
해공항 가덕이전 대책위원장을 맡아 "동남권 신공항 문제가 부산에서 쟁
점이 되지 않도록 하는 데 공을 들였다"고 말했다.

대선을 열흘 앞둔 2012년 12월 9일 인쇄에 들어간 박 당선인의 대선
공약집의 부산편에 '동남권 신공항 건설 추진' 내용이 빠졌다는 것을 확
인했다. 곧바로 김무성 중앙선대위원장에게 전화를 걸어 "이대로는 부산
에서 선거 못한다"며 문제 제기를 했다. 당은 결국 이미 인쇄된 공약집
40만 부를 폐기하고, 부산 · 울산 · 경남 지역 공약에 동남권 신공항 건설
을 추가했다. 김 의원은 "그때 공약집에 동남권 신공항 내용이 안 들어갔
다면 부산 시민사회에서 들고 일어났을 것이다. 그랬으면 문재인 민주통
합당 후보의 부산 지지율을 40% 내로 묶을 수도 없었을 것"이라며 가슴
을 쓸어내렸다.

부산 남갑에서 3선 고지를 달성한 그는 부산에서 나고 자랐다. 부산고

와 한양대 법대를 거쳐 제31회 사법시험에 합격했으며 고향으로 내려가 경제 전문 변호사로 일했다. 부산 안전생활실천시민연합의 초대 사무처장을 역임하는 등 시민활동도 병행했다. 부산과 일본 간의 특수성(외국자본의 70% 차지)을 고려해 후쿠오카 재일 한국상공회의소, 노무라 경제연구소의 특별 변호사로 재직하는가 하면 부산시 외국인투자유치 자문위원을 맡아 2002년 독일 기업으로부터 3000만 달러를 유치하는 성과를 올렸다.

정치와 인연을 맺게 된 것은 1996년 신한국당 민원실에서 상담위원을 맡으면서부터다. 1997년 이홍구 총리가 대표로 있을 때 여당도 법률적 근거를 갖고 시국에 대처해야 한다는 소신을 관철시켜 당내 율사를 중심으로 법률자문위를 발족시켰다. 그해 대선에서 법률지원단의 일원으로 이회창 대선 후보의 법률특보를 지냈다.

2004년 17대 총선에서 부산 남구갑 공천을 받아 국회에 첫 입성했다. 박근혜 당대표 시절 정보위원장을 맡았다. 박진, 임태희 의원 등과 함께 당의 대표적 연구모임인 ‘푸른정책모임’을 결성했다. 이명박정부가 출범한 뒤 18대 총선에서도 무난히 재선돼 원내대변인, 원내수석, 부대표 등 비중 있는 당직을 맡아 활약했다. 특히 재선 의원들의 모임인 ‘재목회’의 간사를 맡아 청와대와 당 지도부를 견제하는 역할을 했다. 재목회는 2011년 서울시장 보궐선거 패배로 당이 위기에 빠지자 ‘재창당’ 여부를 논의해 비상대책위원회를 구성하고 박근혜 전 대표에게 전권을 맡기자는 제안을 내놓았다.

19대 총선에서도 52.9%의 득표율을 얻어 상대인 김정환 전 한국거래소 이사장을 누르고 3선 고지를 밟았다. 경제민주화 바람이 불었던 만큼 중요성이 더욱 커진 전반기 국회 정무위원장을 맡았다.

김태원

새누리당 의원

▶ 출생 _ 1951년 경기 고양
▶ 학력 _ 전고, 동국대, 연세대 행정학 석사
▶ 경력 _ 민주정의당 사무처, 신한국당 국장, 18 · 19대 국회의원
▶ e주소 _ http://ktw.or.kr/contents/

당 공채로 차근차근 정치 배운 친박계 인사

재선 의원(경기 고양 덕양을)으로 차근차근 정치를 배워온 '성실맨' 이다. 1981년 민주정의당 사무처 공채 2기로 정계에 입문한 이후 여의도연구소 행정실장(1996년), 신한국당 의원국 국장(1997), 한나라당 재정국 국장(1998), 한나라당 중앙위원회 상임 부의장(2005년) 등을 거쳤다. 2007년 17대 대선 기간에 이명박 후보의 중앙선거대책위원회 직능정책본부 부본부장으로 캠프에 참여했다. 18, 19대 총선에서 내리 재선에 성공했으며 제2사무부총장을 맡고 있는 친박계 인사다.

18대 대선 기간 동안 조용히 뒤에서 박 당선인을 물심양면으로 도왔다. '성추행' 물의를 빚은 최연희 전 의원이 박근혜 후보에 대한 지지선언을 해 관심을 끌었던 적이 있다. 그의 지지선언은 한나라당 사무총장 시절 함께 일했던 김 의원의 주선으로 이뤄졌다는 후문이다.

다른 국회의원들과 달리 중앙당 공채로 시작해서 한 단계씩 밟아가며 정치를 제대로 배웠다는 평가를 받는다. '새누리당의 역사와 함께 한 사람' 이라는 이야기를 들을 정도다. 실무와 이론 모두에 해박하다. 정치적 감각이 있으며 당직자 출신답게 대인관계도 원만한 편이다. 박 당선인의 신망을 받고 있다.

정치에 대한 철학도 확고하다. "올바른 것들이 올곧게 제자리를 지키는 나라, 열심히 일하는 사람들이 정당한 대가를 받을 수 있는 사회, 누구나 소외되는 이 없이 서로 보듬고 나아가는 따뜻한 미래에 대한 확신을 갖고 있다"고 한다.

김태호

새누리당 의원

▶ 출생 _ 1962년 경남 거창
▶ 학력 _ 거창농업고, 서울대 농업교육학과, 서울대 교육학 석 · 박사
▶ 경력 _ 한나라당 여의도연구소 사회정책실장, 경남도의원, 경남 거창군수, 경남도지사, 전국시도지사협의회 부회장, 국무총리 내정(사퇴), 18 · 19대 국회의원, 새누리당 대통령 경선 후보
▶ e주소 _ kim5519@hanmail.net

최연소 군수, 도지사 …
'아버님만 1000명, 형님만 800명' 특유의 친화력

일찌감치 새누리당 차기 주자로 꼽혔던 인물이다. 서울대 재학 시절부터 정치에 대한 꿈을 키웠다. 경남 거창의 소 장수의 아들로 태어나 대학 재학 때 부친의 친구인 김동영 전 의원의 후원을 받으면서부터다. 김동영 전 의원의 도움으로 농업교육학 학사학위를 받은 뒤 교육학 석사와 박사 학위까지 취득했다. 이후 김 전 의원 곁에서 최형우 전 의원, 이민우 전 신민당 총재 등 걸출한 정치인들과 인연을 맺으면서 정치를 배웠다.

역시 부친의 친구이자 고향인 경남 거창에 지역구를 둔 이강두 전 한나라당 의원의 보좌관으로 정계에 본격 입문했다. 이후 정치 행로는 순탄했다. 10여 년 동안 '도의원→군수→도지사'로 승승장구했다. 1998년 한나라당 후보로 6.4 지방선거에 나서 경남도의원에 당선됐다. 4년 뒤인 2002년 6.13 지방선거에서는 40세의 나이로 거창 군수에 당선됐다. 최연소 기초단체장이었다. 김혁규 경남지사가 청와대 경제특보에 내정되면서 2004년 재 · 보선이 실시되자 전격 출마해 당선됐다. 42세 때였다. 전국 최연소 광역단체장이 된 것이다. 2006년 5.31 지방선거에서도 김두관 열린우리당 후보를 제치고 경남도지사 재선에 성공했다.

특유의 친화력을 바탕으로 보좌관 시절부터 쌓아온 폭넓은 인맥이 도움이 됐다는 평가다. 그가 자주 인사하는 '아버님'만 1000명, '형님'만 800명이란 말이 정치권에 회자될 정도다. 정치인생에 변곡점을 찍은 것은 2010년 8월 이명박 대통령이 그를 국무총리에 내정하면서다. '40대 기수', '박근혜 대항마'로 급부상했다. 그렇지만 청문회 문턱을 넘지 못했다. 인사청문회 때 진술한 것과 달리 박연차 전 태광실업 회장을 그 이전에도 만난 사실이 확인되면서 거짓말이 드러났기 때문이다. 여의도 정가에서는 "김 내정자가 박 전 회장을 만났든 말든 정면돌파했어야 했다. 박 전 회장을 만났지만 깔끔하게 헤어졌다고 강조했어야 했다"는 지적이 나왔다.

이후 중국 베이징 유학길에 올랐다. 그렇지만 2011년 여권의 권유로 귀국해 노무현 대통령의 고향인 경남 김해을 국회의원 보궐선거에서 당초 어려울 것이라는 예상을 깨고 이봉수 야권 단일 후보를 누르고 국회 입성에 성공했다. 특유의 '뚝심'과 '친화력'이 바탕이 됐다는 분석이다. 당시 야권은 친노 인사들이 총출동해 이봉수 후보를 지원했다. 하지만 김 의원은 수행원 없이 혼자 유권자들을 찾아다니며 인사하는 '나홀로 유세'로 돌파했다. 어른들을 만나면 무조건 큰절을 올렸고, 요란한 구호나 로고송 없이 말없이 인사하는 '조용한 선거'에 유권자가 진정성을 느꼈다는 평가를 받았다. 총리 낙마라는 상처를 딛고 일어선 것이다. 이어 2012년 4월 19대 총선에서 재선했다.

18대 대선 새누리당 경선 후보에 출마했지만 박 당선인에게 패했다. 그렇지만 그는 새누리당 중앙선거대책위원회 공동 의장으로 박 당선인 승리에 일조했다. 그는 여전히 유력 차기 주자로 꼽힌다.

김태흠
새누리당 의원

▶ 출생 _ 1963년 충남 보령
▶ 학력 _ 공주고, 건국대 무역학과, 서강대 공공정책대학원 행정학 석사
▶ 경력 _ 총리실 정책담당관, 충남 정무부지사, 19대 국회의원
▶ e주소 _ http://kimtaeheum.com/

박 당선인 충청 표심잡기에 큰 역할

18대 대선 기간 내내 충청 지역에 공을 많이 들였다. '세종시 사태'를 몇 번이나 언급하면서 충청에 대한 애정을 표현했다. 이 과정에서 김태흠 의원의 역할이 컸다. 그는 2010년 세종시 사태 때 박 당선인을 도와 '원안 고수'에 목소리를 냈고, 대선 때는 충남선대위 총괄본부장으로 활동했다. 이 노력은 18대 대선에서 충청 표심잡기 성공이라는 결과로 돌아왔다.

국무총리실 정책담당관, 충남 정무부지사, 새누리당 여의도연구소 부소장 등을 지냈다. 충남 보령·서천에서 두 번 낙선한 뒤 19대 입성에 성공했다. 초선이지만 중앙 정치무대에서 광폭 행보를 보이며 주목받고 있다. 5년간 답보 상태였던 서해안 유류 피해 해결의 물꼬를 트기도 했다.

박 당선인과는 서강대라는 공통분모가 있다. 건국대 무역학과를 졸업한 뒤 서강대 공공정책대학원에서 공부했기 때문이다. 정치권을 포함하는 모든 서강대 출신 동문들의 모임은 '서강바른포럼'을 중심으로 이뤄지고 있다. 18대 대선에서 지원유세를 통해 "'충청의 딸' 박근혜를 당선시켜 충청권의 발전을 이뤄내야 한다"고 역설했다. 박 당선인에 대해서는 "당이 위기에 처해 있을 때마다 당을 살리는 능력 있고 약속을 꼭 지키는 정치인"이라 평가했다.

김 의원은 "앞으로 세종시가 우리나라의 행정 중심도시가 될 수 있도록 기여하겠다"고 말한다. 충청권에 대한 박 당선인의 생각과 일치한다. 새로운 정부에서 김 의원의 활동이 주목받는 것도 이런 이유에서다.

김학송
전 새누리당 의원

▶ **출생** _ 1952년 경남 진해
▶ **학력** _ 마산고, 건국대 정치외교학과
▶ **경력** _ 대광공업사 대표, 경남도의회 의원, 16 · 17 · 18대 국회의원, 국회 국방위원장, 한나라당 비상대책위원 · 전국위원회 의장
▶ **e주소** _ khs2385@assembly.go.kr

유세 현장 뛰어다닌 친박계 중진

박근혜 당선인의 측근 중 손꼽히는 전략통이다. 당내 요직을 두루 거쳤다는 것도 장점이다. 일처리가 꼼꼼하고 침착하고, 인간관계가 합리적이면서도 원만하다는 평가를 받고 있는 인물이다. 대선에서 중앙선거대책위원회 유세지원본부장을 맡아 박 당선인의 유세 현장을 책임졌다.

정치권에 들어오기 전에는 대광공업사를 창업해 운영했다. 경남도의회 의원을 지냈고, 국회에는 16대에 들어왔다. 당에서는 사무부총장과 원내부총무, 경남도당위원장, 홍보기획위원장, 전략기획본부장 등을 지냈다. 박 당선인이 당 대표를 맡을 당시 주요 당직을 거치면서 자연스럽게 친박으로 분류됐다.

17대 대선 때는 이명박 후보 선거대책위원회에서 전략기획단장을 맡아 후보의 화두와 메시지 방향을 최종 확정하는 작업을 했다. 친박계였지만 업무 능력을 인정받아 선대위 핵심 멤버로 자리매김한 것이다. 18대 국회에서는 중진으로서 입지를 다졌다. 김무성 원내대표가 꾸린 비상대책위원회에 참여했고, 이후에는 전국위원회 의장도 맡았다. 박 당

선인이 비상대책위원장으로 활동할 때도 전국위원장으로서 측면 지원
했다.

　국회에서는 산업자원위원회와 건설교통위원회 등 다양한 상임위원회
를 경험했고, 국방위원회 간사 및 국방위원장도 역임했다. 수차례 국정
감사 우수의원과 의정활동 우수의원으로 선정되는 등 새누리당 내 대표
적 모범 정치인 중 한 명으로 꼽힌다. 2012년 4월 19대 총선 때는 '중진
물갈이론'에 휘말려 공천을 받지 못했다. 공천을 받지 못한 일부 현역들
사이에서 불복 및 탈당 움직임이 있을 때 앞장서서 불출마를 선언해 당의
분열을 막는 데 일조했다.

　2012년 대선과 함께 치러진 경남도지사 보궐선거에 출마할 것이라는
설이 많았지만 출마 대신 중앙선거대책위원회 유세지원본부장으로 일하
면서 박 당선인을 지원했다. 박 당선인이 선거운동 기간 초기에 촘촘한
그물망 유세를 이어갈 때 살인적인 스케줄을 조율하는 역할을 했다. 선거
기간 중 예기치 못한 사고로 유세전략을 거점 유세로 바꾸는 과정에서도
그의 꼼꼼하고 치밀한 지원이 빛을 발했다는 게 주변의 전언이다. 수차례
박 당선인의 유세에 동행하는 등 솔선수범의 자세를 보이면서도 자신을
드러내기보다 물밑에서 일했다는 점도 높게 평가 받고 있다.

　민심의 잣대로 불렸던 40대 유권자를 겨냥한 4040유세단을 만들고,
연예인 홍보단인 '누리스타'를 진두지휘하는 등 다양한 방식으로 박 당
선인의 지지율을 높였다. 대선 이후에는 주요 입각 후보자 중 한 명으로
거론되고 있다. 박 당선인의 신뢰를 받으면서 업무 능력을 인정받은 몇
안 되는 인사이기 때문에 정부 요직에 기용될 수 있다는 이유에서다.

김학용
새누리당 의원

▶ **출생 _** 1961년 경기도 안성
▶ **학력 _** 평택고, 중앙대 경제학과
▶ **경력 _** 이해구 내무부 장관 비서관, 경기도의회 의원 · 부의장, 중앙
노동정책학회 회장, 18 · 19대 국회의원
▶ **e주소 _** www.ansung365.com

대기만성형 '박정희 키즈' … 예산안 주도

이른바 '박정희 키즈'로 불린다. 어린 시절 고향인 안성을 방문한 박정희 대통령의 연설을 들은 뒤 정치가가 되겠다는 꿈을 키웠다. 존경하는 정치인도 역시 박정희다. "부모에게 효도하고 나라에 충성하자"는 인생 모토에 가장 본보기가 되는 인물이라는 이유에서다. 그렇기에 당내 박 당선인의 든든한 지지자 중 하나로 꼽힌다.

차근차근 단계를 밟아 국회에 입성한 대기만성형 의원이다. 국회의원이 되기 전 7년간 이해구 전 의원 비서관으로 일했다. 특히 이 전 의원이 김영삼정부의 초대 내무부 장관으로 취임하면서 장관 비서관으로 일했다. 당시 경험에 대해 "행정부 관료를 이해할 수 있는 좋은 기회였다"고 회상했다. 내무부에서 쌓은 인맥으로 허태열 전 한나라당 최고위원, 권선택 전 민주당 의원, 유정복 새누리당 의원 등이 있다.

이후에는 12년 동안 경기도의회 의원으로 활동했다. 국회에 입성하기 전에 단계적으로 탄탄하게 실무적인 트레이닝을 받은 셈이다. 지방의회 의원을 거쳐 국회의원이 된 대표적 인물이기도 하다. 이 같은 실무 경험을 바탕으로 18대 국회에서는 국회운영위, 농림수산식품위원회에서 활동했다. 19대 국회에서는 법제사법위원회 위원과 함께 예산결산특별위원회 새누리당 간사를 맡고 있다. 2007년 새누리당 대선 경선과정에서 박근혜 후보를 지지한 뒤 친박계 행보를 이어왔다. 2012년 10월에는 동료 재선의원들과 함께 당내 쇄신 움직임에 적극 참여했다.

성실한 의정활동으로도 유명하다. 통신사 뉴시스가 한국매니페스토실천본부의 공약이행률, 참여연대 의정감시센터가 집계한 국회 출석률, 법안 대표발의 건수, 경제정의실천시민연합이 발표한 발의법안 가결률을 분석한 18대 국회 의정활동 종합평가에서 100점 만점에 78.71점을 얻어 지역구 현역의원 241명 중 8위를 차지했다. 특히 출석률은 전체 의원 가운데 1위였다. 출장 갔을 때 한 번을 제외하고 상임위원회 회의를 모두 참석해 99.62%를 기록했다. 언론과의 인터뷰에서 "18대 출범 때 출석률 100%를 약속했고 그것을 최우선으로 지키려 했다"며 "출석률 1등이 재선 성공에도 상당한 도움이 됐다"고 말했다. 2009년부터 2012년까지 4년 연속 국정감사 우수의원상을 받았다.

부인 김화자 씨와의 사이에 1남 2녀를 두고 있다. 저서로는 《지방시대 개척기》(2003년), 《김학용의 꿈, 모두의 해피엔딩을 위해》(2011년) 등이 있다.

김호연
전 새누리당 의원

- ▶ 출생 _ 1955년 충남 천안
- ▶ 학력 _ 경기고, 서강대 무역학과, 일본 히토쓰바시대 경제학 석사, 서강대 경영학 박사
- ▶ 경력 _ 빙그레 회장, 김구재단 이사장, 원내부대표, 18대 국회의원
- ▶ e주소 _ www.hoyoun.com

서강대 동문, 빙그레 회장 지낸 朴의 숨은 조력자

박근혜 당선인의 모교인 서강대 동문 가운데 김호연 전 의원은 박 당선인을 18대 대통령으로 만든 숨은 조력자로 인정받는다. 서강대 출신으로서 대표적인 친박 인사로 분류되며 현재 서강대 총동문회 회장을 5대째 맡고 있다. 서강대 경상대 74학번으로 전자공학과 70학번인 박 당선인과는 4년 차이의 선후배 사이다. 또한 박 당선인의 장충초등학교 후배이기도 하다.

18대 국회의원을 지냈으나 19대 총선에서 낙선한 후 18대 대선 기간에 박 당선인을 보좌했다. 중앙선대위 종합상황실 부실장을 맡았으며 대선 전 새누리당 경선에서는 경선 선거대책위원회인 '국민행복캠프' 총괄부본부장으로 전반적인 운영과 관리 업무를 했다. 김승연 한화그룹 회장의 동생으로 빙그레 회장을 1992~2008년까지 지냈으며 폭넓은 재계 인맥을 자랑한다. 또한 빙그레 대표이사 시절 외환위기 시기에 부채에 시달리던 회사를 흑자회사로 전환시키며 경영 능력을 인정받았다.

'한국의 경영자상', '한국 리더십대상' 등을 수상하며 기업가로서 인정받은 그는 2008년 정치계에 입문하며 회사 경영에서 손을 뗐다. 현재 빙그레는 서강대 출신의 이건영 대표이사가 경영을 맡고 있으며 김 전 의원은 최대주주 자리만 지키고 있다. 빙그레 관계자는 "김 전 회장은 정치에 입문한 뒤에는 회사에 일체 관여하지 않는다"고 전했다.

18대 총선에서 고배를 마셨지만 2년 뒤 충남 천안 보궐선거에서 한나라당으로 당선되면서 본격적인 정치 인생을 시작했다. 당선된 해에 충남 도당위원장을 맡으며 지역에서 당의 입지를 굳히는 데 일조했으며 이를 계기로 박 당선인에게 정치 능력을 인정받은 것으로 알려졌다. 19대 총선 기간 중 새누리당 선대위원장이었던 박 당선인이 직접 지역구를 방문해 몇 차례 지원 유세를 펼쳤다. 비록 낙선했지만 대전·충남 지역에서 과반의 의석을 일궈낸 일등 공신으로 인정받았으며, 이후 박 당선인 캠프에 합류하며 '박 당선인의 사람'으로 꼽힌다. 정계에서는 그가 대선캠프에서 중책을 맡을 수 있었던 것은 원칙을 중시하는 정치 철학과 위기 대처 능력 등을 인정받았기 때문으로 분석한다.

김회선

새누리당 의원

▶ 출생 _ 1955년 서울
▶ 학력 _ 경기고, 서울대 법학과
▶ 경력 _ 사법시험 20회, 서울서부지검장, 국정원 2차장, 19대 국회
의원
▶ e주소 _ http://blog.naver.com/ilovesc1

이명박정부 국정원 2차장에서 친박 법률 고문으로 변신

검찰 출신으로 박근혜 당선인 캠프에서 불법선거감시 부단장을 맡았다. 이명박정부에서 국가정보원 2차장을 지냈지만 현재는 친박계로 분류된다. 대선 경선 과정에서부터 네거티브 선거전략에 대응하기 위한 법률지원팀을 이끌어 초선임에도 친박계에서 적잖은 입지를 다졌다.

경기고와 서울대를 졸업한 이른바 'KS라인' 이다. 1978년 사법시험에 합격했고 1980년 사법연수원을 수석으로 수료했다. 서울지검에서 검사 생활을 시작했고 청주지검 영동지청과 법무부 검찰국 등을 거쳤다. 1992년 창원지검 충무지청장, 1993년 청주지검 부장검사, 1995년 법무부 검찰4과장, 1996년 수원지검 형사2부장, 2002년 서울지검 3차장 검사 등 요직을 두루 거쳤다. 2003년 서울지검 동부지청장, 2004년 서울서부지검 검사장 등을 지냈고 2005~2008년까지는 김앤장 법률사무소 변호사로 활동했다.

이명박정부 초기인 2008~2009년까지 국정원 2차장을 역임했다. 국정원을 나온 이후에도 개각 때마다 민정수석, 법무부 장관 후보군에 꾸준히 오르내렸다. 2012년 3월 새누리당 공천을 받아 국회에 입성했다. 특히 그가 공천을 받은 서울 서초갑은 친박계 핵심인 이혜훈 최고위원이 신청했던 곳이다. 이 때문에 이곳에서 공천을 받자 '깜짝 공천'이란 평가가 있었다.

다른 한편에서는 새누리당이 그를 전략 공천한 이유가 대선을 앞두고 그의 네거티브 대응력과 정보수집력을 이용하기 위한 것이란 분석이 있었다. 그 예상대로 대선 과정에서 박 당선인 캠프에서 활동하며 대선 승리에 일정 부분 기여했다. 민주통합당이 제기한 이른바 '국정원 직원 불법 댓글 의혹'과 관련해 "민주당은 애초부터 사건 진상을 밝히기보다 의혹을 부풀려 선거가 끝날 때까지 악용하려던 것이 아닌가"라며 오히려 민주당을 공격했다.

국정원 2차장 재임 시절 언론 장악을 시도하고 민간인 불법사찰을 벌였다는 비판을 받았다. 이명박 대통령이 정연주 전 KBS 사장 해임을 결정한 2008년 8월 11일 최시중 방송통신위원장과 이동관 청와대 대변인, 나경원 한나라당 문화체육관광방송통신위원회 간사 등이 했던 이른바 언론대책회의에 국정원 2차장 신분으로 참석해 파문을 일으켰다. 국회 정보위원회에서 "세상 돌아가는 얘기를 들으려고 20~30분가량 그 자리에 있었다"고 해명했지만 국정원이 국내 정치에 개입한다는 거센 비판을 받았다.

재계에도 폭넓은 인맥을 갖고 있다. 남상태 전 대우조선해양 사장의 매제다. 김앤장 근무 시절에는 박용성 전 두산그룹 회장, 정몽구 현대자동차 회장, 김우중 전 대우그룹 회장의 비자금 사건 등에서 이들을 변호했다. 2006년과 2007년에는 두산산업개발과 두산건설에서 각각 사외이사를 역임했다.

김희정
새누리당 의원

▶ 출생 _ 1971년 부산
▶ 학력 _ 대명여고, 연세대 정외과
▶ 경력 _ 한나라당 원내부대표, 연세대 행정대학원 겸임교수, 17 · 19
대 국회의원, 한국인터넷진흥원장, 청와대 대변인, 국회 아동여성
성폭력 대책특별위원회 간사
▶ e주소 _ khjkorea@na.go.kr

친이계로 청와대 대변인 지내 … 4대악 척결은 그의 작품

박근혜 당선인의 '4대 악(惡) 척결' 공약을 총괄한 주인공이다. 박 당선인
이 말한 4대 악은 성폭력 · 학교폭력 · 불량식품 · 가정파괴범이다. 19대
국회에서 아동 · 여성 대상 성폭력대책 특별위원회 간사를 맡으면서 성
폭력 범죄에 대한 친고죄 전면 폐지 등을 이끄는 등 사회 분야에서 두각
을 나타냈다. 박 당선인의 선거대책위원회 행복추진위원회에서도 '안전
한 사회' 추진단장을 맡아 4대 악 척결 정책을 주도했다.

2012년 9월 10일 국회 본회의장에서 박 당선인으로부터 긴밀한 지시
를 받는 모습이 사진에 찍혔는데 이때 박 당선인이 안전한 사회에 대해
각별한 애정을 갖고 있다는 것을 느낄 수 있었다고 한다. 당시 박근혜 위
원은 김 의원에게 "가정폭력과 성폭력 문제를 강하게 바로잡아야 한다"
며 "제도뿐만 아니라 문화 자체를 바꿀 것"을 주문했다. 다음날인 11일
발족한 새누리당 국민안전운동본부 산하에 '우리동네지킴이봉사단' 등
을 설치해 당원들이 사회 안전 봉사활동에 참여할 수 있도록 한 것도 박
당선인의 아이디어였다는 설명이다.

박 당선인이 대선 과정에서 여성 성폭행 문제를 다룬 영화 '돈 크라이 마미'를 관람한 뒤 아동성폭력 예방을 위한 시민단체인 '발자국'과 간담회를 가진 것은 김 의원의 작품이다. 박 당선인은 영화를 본 뒤 트위터에 "화나고 아픈 가슴이 진정되지를 않네요"라는 글을 올려 화제가 되었다. 대선 과정에서 박 당선인의 캐치프레이즈였던 '준비된 여성대통령론'에 대해 민주통합당이 "생물학적으로 여성일 뿐"이라고 공세를 펼 때 이를 정면 반박한 것도 김 의원이었다.

그는 17대 국회에서 박 당선인과 인연을 맺었다. 33세 최연소로 부산 연제에서 당선된 그는 탄핵 정국에서 한나라당 소장파와 함께 박 당선인을 당 대표로 지지했다. 박 대표 시절 상임운영회의 디지털정당위원장으로서 박 당선인과 원내 활동을 함께 했다. 하지만 2007년 한나라당 대선 경선에서는 이명박 후보를 도왔으며 재선을 노리고 18대 총선에 출마했지만 친박연대 바람에 밀려 낙선했다. 이후 인터넷진흥원장과 청와대 대변인을 역임했다.

이렇듯 친이·친박을 넘나들었던 김 의원은 2012년 19대 총선에서 박 당선인의 지지에 힘입어 부산 연제에서 재선에 성공했다. 박 당선인이 그의 지역구에서 지원 유세까지 했다. 이런 맥락에서 김 의원은 박 당선인의 인사관에 대해 "가깝게 일하는 자리에는 편한 사람을 뽑겠지만 정책 분야에서는 그런 것(친이·친박)을 고려하지 않는다"고 평가했다. 한편 17대 국회 임기 중 결혼한 후 딸을 낳았으며 19대에서는 임신 8개월 만삭의 몸으로 선거를 치러 화제가 됐다.

나경원

전 새누리당 의원

▶ 출생 _ 1963년 서울
▶ 학력 _ 서울여고, 서울대 법대, 서울대 법대 대학원 박사과정 수료
▶ 경력 _ 부산 · 인천지법, 서울행정법원 판사, 이회창 한나라당 대통
　　령 후보 여성특보, 17 · 18대 국회의원, 한나라당 대변인, 국회 문
　　화체육관광방송통신위 간사, 한나라당 최고위원
▶ e주소 _ http://twitter.com/nakw

'엄친딸' '똑나대' ··· 여성 차세대 주자

2002년 이회창 전 한나라당 총재의 정책특보로 정치권에 발을 들여놓기 전의 삶은 평탄했다. 자서전에서 자신의 인생을 "졸음이 오는 잔잔한 영화"라고 표현할 정도였다. 1963년 서울 노량진에서 공군 조종사이던 아버지 나채성과 어머니 정휴자 슬하에서 네 자매 중 장녀로 태어났다. '엄친딸' 이라는 소리를 들을 만했다. 서울 숭의여중과 서울여고 시절 1등을 놓친 적이 없었다. 서울대 법대 82학번으로 조해진 새누리당 의원, 원희룡 전 의원, 조국, 김난도 서울대 교수 등과 동기동창이다.

대학 시절 동갑내기인 김재호 판사(지금의 남편)와 캠퍼스 커플로 지냈다. 두 사람의 연애는 학교 안팎의 눈길을 끌며 부러움의 대상이 되었다. 1992년 사법시험에 합격한 후 부산과 인천 등지에서 판사생활을 했다. 2002년 이회창 총재가 대권에 실패하면서 변호사로 갔다가 2004년 한나라당 비례대표 의원으로 본격 정치인 생활을 시작했다. 이후 정치인으로 '수직상승 곡선' 을 그었다. 원내부대표와 당 대변인을 지냈으며 2008년에는 서울 중구에서 당선됐다. 여론의 주목을 받게 된 것은 강재섭 대표 시절부터 3년간 대변인을 지내면서다. 빼어난 미모와 함께 똑부러진 브리핑으로 대중적인 인기를 모았다. '똑부러진 나경원 대변인'이라는 뜻의 '똑나대' 별명도 이때 생겼다.

18대 국회에서 정부 핵심 정책인 미디어법 처리를 주도했다. 전반기 국회 문화체육관광방송통신위 간사를 맡아 미디어법이 국회를 통과하는데 기여한 것이다. 당 공천개혁위원장을 맡아 상향식 공천을 원칙으로 한 공천개혁을 이끌어냈다. 2010년 7.14 전당대회와 이듬해 7.4전당대회 때 쟁쟁한 3,4선 의원을 제치고 최고위원에 당선됐다.

이명박정부 개각 때마다 문화체육관광부 장관 하마평에 오르내리는 등 만만찮은 정치적 영향력을 보여줬다. 그러면서 차세대 정치인으로 부상했으며 기회는 빨리 왔다. 오세훈 서울시장이 2011년 시장직을 걸고 무상급식 주민투표를 강행했다가 패하면서다. 10.26 서울시장 보궐선거 한나라당 후보가 되면서 정치 인생에 변곡점을 맞았다. 그렇지만 박원순 현 서울시장에게 패하면서 눈물을 머금고 정치판에서 발을 뺄 수밖에 없었다.

2013 평창동계스페셜올림픽 조직위원장을 맡아 성공적 올림픽이 되도록 하는데 힘을 쏟았다. 큰딸이 다운증후군을 앓고 있으며 국회의원 시절에도 연구모임인 '장애아이 We Can'을 결성하는 등 장애아 복지에 관심이 많다. 18대 대선에서 박 당선인을 물밑에서 도운 것으로 알려졌다. 그는 현재 정치권에서 벗어나 있다. 그렇지만 정치력과 대중적 인기로 인해 정치권 컴백은 시간문제라는 것이 대체적인 관측이다.

나성린
새누리당 의원

▶ 출생 _ 1953년 부산
▶ 학력 _ 부산고, 서울대 경제학과
▶ 경력 _ 18·19대 국회의원, 한양대 경제금융학부 교수, 한국공공경
제학회장, 국제재정학회 조직위원장, 한반도선진화재단 부이사장,
안민정책포럼 회장
▶ e주소 _ nasl@assembly.go.kr

박 당선인의 경제교사 … 경제민주화 밑그림

박근혜 당선인의 '경제교사'다. 19대 총선 부산 진갑에서 '정권 교체'를 들고나온 김영춘 민주통합당 후보, '지역토박이론'을 앞세운 정근 무소속 후보를 누를 수 있었던 것도 바로 경제교사 타이틀 덕분이었다. 유세 현장마다 "부산에 경제 전문가가 필요하지 않느냐. 저는 박 당선인의 경제교사였다"고 강조했다. 박 당선인의 '낙하산 공천'이라는 눈총도 받았지만 결국 박풍에 힘입어 당선의 영예를 누렸다.

실제 정치권 화두로 부상한 경제민주화에 대한 밑그림을 만드는 데 동참했다. 당 정책위 부의장이자 국회 기획재정위원회 간사를 역임하고 있는 그는 이한구 원내대표를 비롯해 진영, 김광림, 김종훈, 류성걸, 이만우, 박대동 의원 등과 함께 당내 경제통으로 꼽힌다.

나 의원은 한나라당 비례대표로 18대 국회에 입성했다. 친이명박계로 분류됐으나 19대 총선을 앞두고 부산 진갑에서 공천을 받아내면서 신친박계로 편입됐다. 처음에는 19대 총선 출마지로 서울 강남을을 염두에 두고 있었다. 그곳에서 정동영 민주통합당 상임고문과의 격전을 기대했지만 결국 당의 결정에 따랐다. 정 고문은 통일부 장관 시절 한양대 경제학과 교수로 있던 나 의원에게 경제 자문을 구했던 사이로 알려졌다.

서울대 경제학과 출신으로 영국 옥스포드대학에서 경제학 박사학위를 따고 1989년 귀국했다. 이후 경제정의실천시민연합(경실련)에서 재벌개혁과 부동산투기 근절, 탈세척결 등 경제정의 실현에 주력해왔다. 그가 자신을 경제민주화 추진의 최적임자라고 자부하는 이유다. 언론 인터뷰에서 "나는 1990년대 재벌개혁을 강조한 사람으로 누구보다 경제민주화를 합리적으로 추진할 수 있다"며 "시장경제의 장·단점에 대한 깊은 이해를 갖고 있는 사람이 경제민주화를 주도해야 나라 경제가 제대로 굴러갈 수 있다"고 말했다.

2000년대 중반부터는 고령사회 진입 전에 국가경쟁력을 높여야 한다고 강조해왔다. "이 때문에 'MB노믹스'(이명박정부의 경제정책)를 가장 잘 이해하는 사람, 보수주의자로 오해를 받았다"고 말했다. 2008년 세계경제위기 후에는 양극화 심화에 따른 자본주의 위기를 경험하면서 성장 속도를 다소 늦추더라도 양극화를 해소해야 한다고 주장해오고 있다. 19대 국회에서는 경제민주화와 서민경제 활성화에 주력하는 모습이다.

이 같은 역할 변화에 대해 "'왔다 갔다 하는 사람'으로 보는 시각은 오해"라며 "나는 공평성과 효율성의 조화를 목표로 하는 '최적조세이론'을 전공한 개혁적 중도 보수주의자"라고 강조했다. "기본적으로는 시장경제를 신봉하는 우파 경제학자지만 내 경제철학 역시 시대 상황에 맞게 진화해온 것"이라고 설명했다.

남경필
새누리당 의원

▶ **출생** _ 1965년 경기도 수원
▶ **학력** _ 경복고, 연세대 사회사업학과, 예일대 경영학 석사
▶ **경력** _ 한나라당 대변인, 원내 수석부대표, 최고위원, 국회외통위원
장, 15 · 16 · 17 · 18 · 19대 국회의원.
▶ **e주소** _ npil2580@yahoo.co.kr

고비 때마다 쓴소리하는 영원한 쇄신파 리더

5선(경기 수원병) 의원으로 박근혜 당선인 선거대책위원회 부위원장을 맡았다. 선수에 비해 젊은 나이로 당내 소장파로 분류되며 새누리당 내에서 차세대 주자 중 한 명으로 꼽히는 인물이다. 대선을 앞두고 2012년 10월 '친박 2선 후퇴론'을 처음 제기해 논란을 낳았다.

당시 "박 후보 주변 인사들을 비롯해 모든 것을 다 바꾸고 선거에 임해야 한다"며 '친박 주류 2선 퇴진론'을 강하게 제기했다. 쓴소리를 주저하지 않는 쇄신파지만 박 당선인이 친박계 인사 외에 기용할 인물을 물색할 경우 주요 대상으로 거론된다.

박 당선인 이후 당내 절대 강자가 없는 상황을 고려해 향후 정치 입지를 넓혀갈 것으로 보인다. 지역구가 수도권인데다 쇄신파라는 점이 강점이다. 차세대 지도자를 겨냥한 그의 움직임도 분주하다. 19대 국회 들어 새누리당 경제민주화실천모임 대표를 맡는 등 보폭을 넓히고 있다. 특히 김종인 국민행복추진위원장에 이어 남 의원 등 소장파들이 경제민주화 이슈를 전면에 내세우면서 박 후보와 새누리당이 경제민주화 주도권을 잡는 데 상당 부분 기여했다는 평가다.

실제 남 의원은 2012년 10월 경제민주화실천모임 의원들과 공동으로 대기업 총수 등 경제사범 처벌 강화, 일감 몰아주기 근절, 신규 순환출자 금지, 대주주 적격성 평가 강화, 금산분리 강화 등 경제민주화 1~5호 법안을 연달아 제출하며 의욕을 보였다. 박 당선인과의 이견으로 당초 약속했던 대선 전 법안 통과는 무산됐지만 새정부 출범 이후 국회에서 관련 법안 처리에 나서겠다는 방침이다. 새만금특별법을 대표발의하고 골목상권 보호를 위한 유통산업발전법 개정에도 적극 나서는 배경도 포스트를 겨냥한 움직임이라는 관측이다.

2012년 4월 총선에서 수원병(옛 팔달)에서 5선에 성공했다. 경기도 현역의원 가운데 최다선이다. 수원병은 전통적으로 보수색이 짙어 경기권의 새누리당 강세 지역으로 꼽힌다. 그는 이 지역에서 14·15대 의원을 지낸 고 남평우 전 의원의 아들이다. 남 전 의원의 갑작스런 별세로 치러진 15대 보궐선거에 유학중에 귀국해 31세 최연소로 당선된 뒤 내리 5선을 했다.

2004년부터 시작된 박 당선인과의 인연은 여러 차례 부침을 겪었다. 남 의원은 2004년 '남정원'(남경필·원희룡·정병국)이라 불리는 소장파 모임을 이끌면서 최병렬 당시 한나라당 대표의 퇴진을 관철시켰고, 박 당선인을 당 대표로 밀었다. 그는 이후 원내 수석부대표로 박 당선인과 호흡을 맞췄다.

그러나 2004년 말부터 박 당선인과 거리를 두기 시작했다. 박 당선인이 국가보안법 등 4대 법안을 놓고 당시 여당이었던 열린우리당과 나눔을 벌이자 남 의원을 비롯한 소장파는 "박 대표가 지나치게 보수노선을 걷는다"고 비판한 것이다. 2007년 대선 경선 때도 사실상 이명박 대통령을 지지하며 박 당선인과 거리를 뒀다.

민병주

새누리당 의원

▶ 출생 _ 1959년 서울
▶ 학력 _ 서울 선일여고, 이화여대 물리학과
▶ 경력 _ 한국원자력연구원 연구위원, 국가과학기술위원회 전문위원,
한국과학기술단체총연합회 이사, 교육과학기술부 정책자문위원,
19대 국회의원
▶ e주소 _ bjmin@na.go.kr

비례대표 1번 여성과학자 … 창조경제 설계한 원자력 전문가

여성과학자 대표로 새누리당 비례대표 1번으로 19대 국회에 입성했다. 박근혜 당선인의 '창조경제'를 실질적으로 뒷받침하는 브레인 역할을 했다. 민 의원은 선거대책위원회 산하 행복추진위원회에서 창의사업 추진단장을 맡아 창조경제론의 컨트롤타워 역할을 하는 미래창조과학부 설계 작업에도 관여했다.

일본 원자력연구소를 거쳐 1991년 한국원자력연구소에 부임해 2000년 연구소 내 신기술상을 수상하는 등 두각을 발휘했다. 2005년에는 연구소 설립 47년만에 첫 여성 관리자급인 원자력연수원장에 전격 임명됐다. 그는 원자력발전 홍보에도 주력했다.

박 당선인과는 비대위원장 시절 만난 인연이 전부이지만 '안전'과 '행복'에 대한 교감이 통했다. 2011년 12월 국회에서 열린 과학기술인 토론회에 한국원자력연구원 연구위원 자격으로 패널로 참석했던 그는 박 당선인과 처음 만났다. 토론회에서 "과학을 안전이나 생활과 연계해서 보다 안전하고 행복한 사회를 만들고 싶다"고 말했던 것이 박 당선인의 공감을 얻은 것으로 보인다.

이후 행추위에서도 이 같은 내용의 '국민행복기술'을 공약으로 현실화하는 데 주력했다. 그는 "지금까지 경제적으로 잘 먹고 잘사는 사회에 집중했다면 이제는 '행복하고 안전한 사회'에 신경 쓸 때"라며 "과학기술로 안전과 사고예방이 가능하며 이를 통해 일자리 창출까지 연결하는 게 목적"이라고 설명했다.

연구원 출신답게 '연구환경 개선' 정책도 의미있는 공약으로 꼽았다. 과학기술인들이 즐겁게 일할 수 있도록 연구 환경 및 복지를 향상시켜야 한다는 그의 생각이 담겨 있다. 특히 여성과학인 육성과 '워킹맘' 환경 개선에 신경 쓰고 있다. 이공계 출신으로 최근 여성 직장인 보육환경에 각별한 관심을 기울이는 박 당선인과 또 한 번 만나는 지점이다.

민 의원은 효율성을 높이는 과학기술이 오히려 일자리 감소로 이어지는 것 아니냐는 항간의 오해에 대해 "기존 일자리는 그대로 두고 새로운 상상력을 기반으로 한 신규 사업을 개척해 고용 창출을 할 것"이라고 일축했다. 신규 산업에 투입될 수 있는 창의적 인재 육성은 '미래창조과학부'에서 담당하게 된다. 그는 선대위에서 만난 박 당선인에 대해 '따뜻한 사람'이라고 평가했다. "언론에서는 '얼음공주'라든가 '불통' 이미지가 부각되지만 실제론 그렇지 않다"며 "옆에서 보면 말하는 투나 태도에서 굉장히 따스함이 전해진다"고 말했다.

민현주
새누리당 의원

▶ 출생 _ 1969년 서울
▶ 학력 _ 현대고, 이화여대 사회학과
▶ 경력 _ 미국 코넬대 연구원, 한국여성정책연구원 연구위원, 사회통
　합위원회 세대분과 위원, 경기대 대학원 직업학과 교수, 19대 국회
　의원, 새누리당 박근혜 대통령후보 여성특보
▶ e주소 _ blog.naver.com/newrules77

대선캠프에서 여성특보 맡아 … 여성 공약 주도

박 당선인의 여성 인맥의 대표주자다. 대선 경선캠프 때부터 여성특보를
맡아 여성 · 노동 · 일자리 연구자로 참여한 데 이어 본선 캠프에서도 당
선인의 여성특보로 여성 관련 정책을 만드는 데 기여했다. '임신기간 근
로시간 단축제'와 '아빠의 달 도입' 등이 민 의원의 아이디어에서 나온
박 당선인의 여성 공약이다.

　경기대 대학원 직업학과 교수를 하다 19대 국회에 초선의원(비례대표)
으로 입성했다. 국회에 들어오기 전에는 박 당선인과 특별한 인연은 없었
다. 다만 여성 분야 전문성을 인정받아 비례의원 자리를 맡았다는 게 본
인 추측이다. 사석에서 박 당선인과의 일화를 털어놓은 적이 있다. 당선
인의 경선캠프에서 여성특보를 맡기 전, 하루는 휴대폰으로 '발신자 번
호표시 제한' 전화가 걸려왔다. 당시 새누리당 의원들 사이에서는 번호
표시 제한이 뜨면 박 당선인으로부터 걸려온 전화라는 것을 암묵적으로
알고 있었다. 하지만 이를 몰랐던 민 의원은 스팸전화인 줄 알고 세 번이
나 받지 않았다. 전화는 박 당선인이 건 것으로, 여성특보를 맡아달라며

인선 결과를 통보하는 전화였다. 민 의원은 나중에 이 사실을 알고 화들짝 놀랐다.

민 의원은 여성노동 전문가다. 불완전 고용 등 비정규직 문제에 관심이 많다. 국회에 들어오기 전에는 강의를 하면서 한국여성정책연구원에서 일했다. 하지만 경제민주화가 박 당선인의 슬로건으로 등장하면서 이 분야에도 적극 참여했다. '경제민주화 1호 법안(특정경제범죄 가중처벌금지법 개정안)'도 대표 발의했다. 횡령·배임죄를 저지른 재벌총수가 집행유예 처분을 받지 못하도록 금지하는 내용이다. 그는 "사실 1호 법안 발의를 누가 할 것이냐고 물어서 조용히 손들었다. 들고 나서 보니 나 혼자더라"고 말했다.

법안 발의를 위해 일주일에 3~4번씩 경제민주화실천모임 운영위원들과 아침 일찍 만나 토론했다. "재벌총수에 대한 형량 부분은 모든 의원들이 공감하는 법안이라 1호로 채택됐다"면서 "이견이 없어 뿌듯한 마음으로 법안을 제출했다"고 말했다. 하지만 여성 전문가인 만큼 앞으로는 육아와 보육정책에 집중할 생각이다. 박 당선인의 여성정책의 핵심에 대해 "일과 가정의 양립, 이를 위한 남성의 육아 참여가 첫 번째이고 여성들이 더 나은 일자리로 갈 수 있는 제도적 방안을 마련하는 것이 두 번째"라고 말했다. 개인적으로는 "보육교사 근로시간 확대 및 처우개선 문제도 관심이 있다"고 했다.

여성특보를 지내면서 겪은 박 당선인의 강점에 대해 "박 후보는 남성들과 함께 남성의 코드로 잘 이끌어간다"는 점을 꼽았다. 약점으로는 "강점과 함께 공존하는 타입인데 굳이 꼽자면 말수가 적은 것"이라며 "쓸데없이 억측들이 난무하는 것도 그것 때문이 아닌가 생각한다"고 말했다.

박민식
새누리당 의원

▶ 출생 _ 1965년 부산
▶ 학력 _ 부산사범대 부속고, 서울대 외교학과
▶ 경력 _ 사시 35회, 서울중앙지검 특수부, 변호사, 18 · 19대 국회의원
▶ e주소 _ msbusan@na.go.kr

검찰 개혁 드라이브의 공신 ··· 쇄신파 핵심

원래 친박계는 아니다. 비박 및 반박계로 분류하는 편이 맞다. 그럼에도 불구하고 18대 대선에서 박 당선인의 최대 슬로건이었던 정치쇄신에 혁혁한 공을 세웠다. 박 의원은 여의도 정계에 입성한 이후 줄곧 검찰개혁 목소리를 내온 인물이다. 박 당선인이 대선 기간 중 새누리당 정치쇄신특별위원회 인선 내용을 발표했을 때 박 의원의 발탁 소식은 '그럴 만하다'라는 반응이었다. 친박계는 아니었지만 검사를 거쳐 국회의원이 된 후에도 검찰개혁과 쇄신에 대한 의지가 강력해 박 당선인의 쇄신 드라이브에 합당한 인사라는 평이었다. 한편으론 박 당선인에게 쓴소리를 거침없이 할 수 있는 인물이라는 뜻이기도 했다.

정치쇄신특위 위원을 지내면서 정치쇄신 공약의 큰 틀을 짰고 미시적인 내용까지 채워 넣었다. 안대희 전 대법관과 여러 교수 등 외부에서 영입한 인사들과 당내 인사들과의 '조율'에도 앞장섰다는 평이다. 이 과정에서 원활한 소통이 이뤄졌고 박 당선인은 18대 대선에서 승리의 큰 역할을 한 쇄신과 개혁에 박차를 가할 수 있었다.

부산 출신으로 검사 및 변호사 생활을 했다. 18대에 부산 북강서 갑에 출마해 당선됐고 이곳에서 내리 2선을 했다. 옆 지역구의 친박계 초선 김도읍 의원(북강서 을)과는 '국친(국회 친구)' 이다. 나이는 박 의원이 한 살 어리지만 둘은 사시 동기(35회)이면서 같은 검사 출신으로 오랫동안 친분을 유지해왔다. 그는 "검찰을 아예 새로 만들겠다"는 각오를 내비치고 있다. 향후 새정부에서 박 의원의 역할이 주목받는 이유다. 1965년생으로 '젊은 피' 에 속한다.

박상은
새누리당 의원

▶ **출생** _ 1949년 인천 강화
▶ **학력** _ 경동고, 연세대 법학과
▶ **경력** _ 대한제당 대표이사 사장, 경인방송 대표이사 회장, 인천시 정무부시장, 18 · 19대 국회의원
▶ **e주소** _ http://www.pse.or.kr/

인천 지역 승리 주도 … 대한제당 사장 지내

친이명박계로 분류된다. 인천 토박이로 18대 대선에서 박근혜 당선인 캠프의 지역발전 추진단 자문위원으로 활동했다. 1949년 인천 강화에서 태어나 인천에서 초등학교와 중학교를 나왔다. 서울 경동고를 졸업한 뒤 연세대 법학과에 입학했다. 1976년 연세대 대학원에서 법학 석사학위를 받은 후 같은 해 대한전선 수출부에서 회사 생활을 시작했다.

1985년 대한제당에서 기획 · 업무본부장, 업무담당 이사, 기획조정실장 겸 업무담당 상무, 식품사업부장 겸 전무이사, 식품사업부장 겸 사옥건설단장 등을 거쳤다. 1992년에는 부사장, 1994년에는 대표이사 부사장에 올랐다. 1996년에는 대표이사 사장까지 지내며 말단 사원에서 출발해 사장까지 오르는 '샐러리맨 성공신화'를 썼다.

1999년에 대한상공회의소 이사가 됐고 2000년에는 대한제당 대표이사 부회장에 올랐다. 2000년 인천시 정무부시장을 거쳤고 2002~2004년까지 경인방송 회장을 역임했다. 2001년 새천년민주당(현 민주통합당) 수도권발전기획단장을 맡은 것을 인연으로 2002년 민주당 인천시장 후보로 나섰다가 안상수 한나라당 후보에 패했다.

하지만 2008년에는 당적을 바꿔 한나라당에서 인천 중·동·옹진에 공천을 받아 국회에 입성했다. 공천을 줄 때 친박계와 당 윤리위가 철새 정치인이라며 공천 교체를 요구했다. 당내 반발에도 불구하고 18대에 입성했으며 야권 성향이 강한 인천에서 무난하게 의원직을 수행했다는 평가를 받았다. 2012년 2월 재선 도전을 선언한 뒤 다시 공천을 받아 19대에도 의원직을 수행하고 있다.

재선 도전 당시 기자회견에서 "지금까지 인천인으로 당당히 걸어왔듯 앞으로도 주민과 손잡고 산적한 문제를 해결해 인천을 국제도시로 만들기 위해 힘쓰겠다"고 밝혔다. 18대 국회의원에 당선된 뒤 국가 지속성장과 물류벨트 구축을 위한 정책 개발은 물론 해양산업 육성, 항만정책 발전, 서해5도 특별법 제정, 연평·백령도 대형 쾌속선 취항 준비 등을 해왔다고 자평했다. "인천공항 3단계 사업, 인천신항 2단계 사업, 국제여객 터미널 사업 등 인천경제 활성화와 지역상권 살리기를 위한 임무가 남아 있지만 누구보다 잘할 자신이 있다"고 강조했다.

18대 대선에서 박 당선인이 예상을 깨고 인천에서 문재인 후보를 누르는 데 한 몫을 했다는 평가를 받는다. 박 당선인의 인천 지역 득표율은 51.89%, 문 후보는 47.73%였다. 평소 해양수산부 부활을 주장했던 박 의원은 박 당선인이 대선 기간 해수부를 부산에 설치하는 것을 검토하겠다는 발언을 하자 "검토 의견일 뿐 확정된 것은 아니다"라며 진화에 나서기도 했다.

박성효

새누리당 의원

▶ **출생** _ 1955년 대전
▶ **학력** _ 대전고, 성균관대 행정학과
▶ **경력** _ 1979년 행정고시 합격, 대전시 서구청장, 대전시 정무부시장, 대전 시장, 19대 국회의원
▶ **e주소** _ http://2020shp.tistory.com/

"대전은요?" 의 주인공 … 대전 친박 핵심

충청권의 대표적 친박계 정치인이다. 2006년 5.31 지방선거에 대전 시장에 출마해 당선됐다. 박 의원의 시장 당선에서 가장 큰 역할을 한 사람이 박 당선인이었다. 당시 대전 시장 선거를 앞두고 지지율 조사에서 염홍철 열린우리당 후보가 박 의원에게 20%포인트 이상 앞서 있었다. 박 의원이 선거에서 패할 것이라는 전망이 대부분이었다.

반전은 박 당선인으로부터 시작됐다. 당 대표였던 박 당선인은 서울 신촌 현대백화점 앞에서 지방선거 유세를 하다 오른쪽 뺨을 면도칼에 베이는 테러를 당했다. 귀 아래부터 턱까지 11cm가 찢어지는 큰 상처였다. 그럼에도 박 당선인이 수술 직후 "대전은요?"라고 말한 것이 알려진 뒤 선거 판세가 바뀌었다. 이 사건이 있은 뒤 박 의원의 지지율이 고공행진을 벌여 선거에서 염 후보를 이길 수 있었다.

2010년 다시 나선 대전 시장 선거에서는 패하고 말았다. 하지만 친박계 몫으로 배분된 당 최고위원 자리에 올라 과학벨트, 세종시 현안 등 충청권 민심을 중앙당에 전달하는 역할을 맡았다. 19대 총선에 출마해 국회의원이 되었으며 18대 대선에서 박 후보의 대통령 당선으로 정치적 위상을 더욱 높일 수 있게 됐다는 평가다. 특히 대전지역 선대위원장으로 선거를 잘 치러낸 공과 함께 친박계 인사 중 대전을 대표하는 상징적 인물이라는 점에서 당내 입지가 더욱 높아질 것이란 전망이 많다.

다만 18대 대선에서 박 의원의 지역구에서 의외로 문재인 후보가 많은 표를 얻었다는 점에서 정치적 입지에 의구심을 품는 시각도 있다. 박 의원의 지역구인 대덕구에서는 박 당선인이 50.9%인 6만 1558표를, 문 후보가 48.8%인 5만 9023표를 각각 얻었다. 표차가 2,535표로 새누리당 의원이 현역으로 있는 대전의 주요 지역구 중 가장 적었다. 박 의원이 대전지역 선대위원장이었기 때문에 더욱 뼈아픈 결과다.

대전고와 성균관대 행정학과를 나왔다. 1979년 행정고시에 합격해 대전시 중구 총무국장, 대전시 서구청장, 대전시 경제국장, 기획관리실장, 정무부시장 등을 거친 '대전통'이다. 대선 기간 동안 언론 등을 통해 박 당선인에게 충청권의 숙원사업인 세종시와 국제과학비즈니스벨트를 확고하게 추진해야 한다고 주문했다. 방송에 출연해 "정책과 함께 사람을 쓰는 데 있어 (충청인) 우선 배려가 있어야 충청 민심을 얻을 수 있다"며 "충청인은 신뢰와 믿음, 약속을 중시한다"고 말했다. "세종시와 국제과학비즈니스벨트에 대한 확고한 추진 의지와 신뢰를 보여주어야 충청 민심을 얻을 수 있다"고 덧붙였다.

백성운
전 새누리당 의원

▶ 출생 _ 1949년 경북 경산
▶ 학력 _ 고려대 행정학과, 시라큐스대 행정학 석사, 고려대 행정학 박사
▶ 경력 _ 안양 시장, 고양 군수, 경기도 행정부지사, 17대 인수위원, 18대 국회의원, 선대위 종합상황실 부단장
▶ e주소 _ http://www.sw100.net

'원외 친이계' 의 컴백 … 행정 전문가

19대 4.11 총선 공천 심사에서 탈락했다. 18대 총선 때는 고양 일산동구에서 재선의 한명숙 민주통합당 후보와 맞붙어 이겼던 인물이다. 당시 언론은 '다윗과 골리앗의 싸움' 이라며 한 후보의 당선을 점쳤을 정도였다. 그런 그였기 때문에 19대 공천 탈락은 의외의 결과였다. '친이명박계 학살' 이라는 수군거림도 나왔다. 그럼에도 불구하고 그는 지역구 주민들에게 "모두 제가 부족한 탓"이라는 내용의 편지를 보내 '아름다운 퇴장' 을 했다는 좋은 평가를 받았다.

사실 그는 대표적인 친이계다. 그럼에도 불구하고 18대 대선에서 새누리당 중앙선대위 종합상황실 부실장을 맡아 전략을 진두지휘했다. 역시 전략을 맡았던 여의도연구소 부소장 권영진 전 의원, 유세기획단장을 맡은 박종희 전 의원 등과 함께 '원외 친이계' 인사로 꼽힌다. 박 당선인의 탕평인사 원칙에 따라 발탁 가능성이 높다. 64세로 다양한 행정 및 정무 경험이 경쟁력이다. 경북 경산 출신으로 고려대 행정학과, 시라큐스대 행정학 석사, 고려대 행정학 박사 등을 지낸 행정 전문가다. 안양 시장,

고양 군수, 경기도 행정부지사 등 현장 경험도 풍부하다.

이명박정부가 들어설 때 대통령직 인수위 위원과 행정실장을, 취임준비위원회 부위원장을 지냈다. 성실하고 꼼꼼한 성격으로 대인관계도 두루두루 넓은 편이다. 현재 새누리당의 싱크탱크인 여의도연구소 중앙연수원장을 맡고 있다.

서병수
새누리당 의원

▶ 출생 _ 1952년 울산
▶ 학력 _ 경남고, 서강대 경제학과, 미 노던일리노이대 경제학 박사
▶ 경력 _ 부산시 해운대 구청장, 16 · 17 · 18 · 19대 국회의원, 한나라당 여의도연구소장, 한나라당 최고위원, 새누리당 사무총장
▶ e주소 _ sbs@suhbs.com

서강대 동문 … 대선 때 당 살림 맡아

박근혜 당선인과 당내 유일한 서강대 동문 의원이다. 4선 의원으로 온화하면서도 맡은 일을 성실히 해내는 스타일로 대선에서 무난하게 당 살림을 챙겼다는 평가를 받고 있다. 그래서 18대 대선의 숨은 공신으로 꼽힌다.

사무총장으로 당의 살림살이를 맡고 캠프에서는 당무조정본부장의 직함으로 당과 중앙선거대책위원회 업무를 조율했다. 밖으로 크게 드러나지 않았지만 궂은일을 책임지고 안살림을 꾸리며 전국 조직을 총괄했다. 17대 대선부터 줄곧 박 당선인 곁에 있었던 최경환, 유정복 의원, 이정현 최고위원 등과 함께 '원조 친박'으로 분류된다. 소위 '1m 이내의 최측근 의원 그룹'에 속한다.

서강대 경제학과 71학번인 서 총장은 대학 재학 시절에 전자공학과 70학번인 박 당선인의 얼굴을 아는 정도의 관계였다. 대선캠프에서 국민행복추진위원장을 맡은 김종인 위원장은 당시 서강대 경제학과 교수로 사제지간이었다. 김 위원장은 1973~1985년까지 서강대에서 경제학을 가르쳤다.

서 총장은 민선구청장 출신으로 차근차근 정치 경력을 쌓아왔다. 부모가 울산 친척집에 제사를 지내러 갔다가 태어나는 바람에 울산 출산이지만, 유년기와 청소년기는 모두 부산에서 보냈다. 부산 영도초등학교와 부산중·경남고를 졸업했고, 서강대를 거쳐 미국 노던일리노이대에서 경제학 박사학위를 받았다. 이후 미국 포드자동차에서 일하다 국책연구기관인 한국기계연구원장 등을 역임했다. 그러던 중 부산 해운대구 시의원과 구청장을 지낸 아버지의 선거를 도우면서 정치에 대한 꿈을 키웠다. 서 총장은 "당시 선거를 치르면서 우리 선거문화가 이래선 안 된다는 것을 절실히 느꼈다. 정치를 바꿔보고 싶었다"며 정치 입문의 계기를 설명한다.

2002년 8월 부산 해운대 기장갑 보궐선거를 통해 정계에 입문했다. 박 당선인이 대표로 있던 한나라당 소속으로 당선돼 박 당선인과 다시 인연을 맺었다. 박 당선인 체제에서 정책위의장까지 지내며 호흡을 맞췄다. 대선 정국에서는 조직관리와 '돈줄'을 주무르는 살림꾼 역할을 도맡으며 능력을 다시 한번 증명했다.

대선 승리 직후 "혹시라도 대통령 선거 과정에서 애써온 우리의 노력이 기득권으로 비친다면 시시비비를 따질 필요도 없이 그마저도 과감히 내던지는 것이 새로운 정부, 또 우리 새누리당을 위해서도 필요하고, 또 국민을 위한 도리"라며 기득권 포기를 주장했다. 그의 깔끔함을 보여주는 대목이다.

이에 따라 서 총장은 정부나 청와대에서 활동하기보다는 당에서 역할을 할 것이라는 게 대체적인 분석이다. 그러나 박 당선인이 국정에 첫발을 내딛는 상황에서 호흡을 맞춰본 참모진이 절실하다는 점에서 새정부 요직에 중용될 가능성은 배제할 수 없다.

서상기

새누리당 의원

▶ 출생 _ 1946년 대구
▶ 학력 _ 경기고, 서울대 금속공학과
▶ 경력 _ 미국 포드자동차연구소 선임연구원, 한국기계연구원장, 호서대 공대 신소재공학과 교수, 경남미래산업재단 대표, 17 · 18 · 19대 국회의원
▶ e주소 _ http://www.sks.or.kr/new/content/main/index.php

문재인 공격 앞장선 친박 직계

3선 의원으로 친박계 중에서도 직계로 분류된다. 19대 국회 들어서는 국회 정보위원장을 맡아 이른바 '노무현 북방한계선(NLL) 포기 발언' 관련 검증을 촉구하며 박근혜 당선인의 선거전을 지원했다.

NLL 논란과 관련해 문재인 민주통합당 후보를 공격하는 데도 앞장섰다. 12월 17일 검찰이 국가정보원으로부터 2007년 남북정상회담 당시 노무현 대통령의 NLL 포기 발언 의혹과 관련한 자료를 제출 받은 것과 관련해 "검찰은 사안의 중대성을 감안하고, NLL 발언과 관련한 자료 공개를 원하는 국민들의 기대에 어긋나지 않는 처신을 해달라"며 조속한 조사를 촉구했다. "남북정상회담 시기에 준비위원장으로, 최근 NLL 포기 발언이 없다고 했는데 아직도 확신하는 것이냐"며 "통일부장관과 국정원장이 문 후보에게 (NLL 발언이 없다는) 사실을 확인했다고 했는데 이 역시 거짓으로 드러났다. 사과하라"고 주장했다.

서 의원은 문 후보를 12월 3일 류우익 통일부 장관에 대한 명예훼손 혐의로 서울중앙지검에 고발했다. 고발장에서 "문 후보가 지난달 19일

기자협회 초청토론에서 '노무현 대통령이 NLL 포기 발언을 한 적이 없다는 사실이 이명박정부의 국정원장과 통일부 장관에 의해 확인됐다'고 했는데 통일부에 확인한 결과 명백히 거짓임이 밝혀졌다"고 주장했다. 그는 앞서 2007년 정상회담 대화록 열람 요구를 거부한 원세훈 국정원장을 검찰에 고발했다.

1964년 경기고를 졸업했고 1970년 서울대 금속공학과를 나왔다. 1972년 미국 웨인주립대 대학원을 졸업하고 1976년 드렉셀대에서 공학박사 학위를 취득했다. 이후 1975년 피츠버그대 조교를 거쳐 1976~1981년까지 미국 포드자동차연구소 선임연구원으로 일했다. 1987년 한국기계연구소 선임연구부장으로 재직했고 1992년까지 한국기계연구원장을 지냈다. 1992~1998년까지 한국산업기술인회 회장을 역임했고 1996년에는 국가과학기술자문회의 자문위원으로 활동했다.

1999~2004년까지 호서대 공대 신소재공학과 교수를 지냈고 2000년에는 경남미래산업재단 대표를 역임했다. 2002년 한나라당 이회창 대통령후보 과학기술 정책특보로 정계에 들어와 2004년 비례대표로 17대 의원이 됐다. 2008년 18대에는 대구 북을 공천을 받아 재선에 성공했다. 2008~2010년까지 한나라당 대구시당 위원장을 지냈고 2009년에는 미국 웨인주립대 명예의 전당에 헌정되었다. 2012년 4.11 총선에서 당선되며 3선 의원이 됐고 현재 과학기술혁신포럼 회장으로도 활동 중이다.

서용교

새누리당 의원

▶ **출생** _ 1968년 경남 밀양
▶ **학력** _ 동천고, 서울대 국사학과
▶ **경력** _ 민주평통 자문위원, 국회 정책연구위원, 17대 대선 박근혜후보 경선 캠프 특별보좌관, 한나라당 부산시당 상근 부대변인, 새누리당 수석부대변인, 19대 국회의원
▶ **e주소** _ http://blog.naver.com/yg4namgu

朴 지근거리에서 보좌한 '친박 소장파'

새누리당 당직자 출신으로 2012년 4월 부산 남을에서 당선된 초선 의원이다. 2007년 대선 경선 시기에 박근혜 후보 캠프의 특별보좌관을 맡으며 박 당선인의 최측근으로 분류됐다. 18대 대선에서 박 캠프의 총괄선대본부장을 맡은 김무성 전 의원의 보좌관을 지낸 경력도 있다.

지역구인 부산 남을은 김 전 의원이 1996년 15대 총선부터 내리 4선을 한 곳이다. 김 전 의원은 19대 총선을 앞두고 출마 대신 백의종군을 선언하며 서 의원을 밀었다. 서 의원은 지역구를 맡은 지 얼마 되지 않았지만 김 의원의 바통을 이어받아 2전3기에 도전한 박재호 민주통합당 후보를 누르고 당선됐다. "김 전 의원의 당과 나라를 걱정하는 우국충정에 많은 눈물을 흘렸고 매우 안타까운 심정을 표하면서 대승적인 결단을 내리신 것에 존경을 표한다"고 말했다.

1996년 신한국당 공채 5기로 여의도 생활을 시작했다. 40대 초반이지만 20대 후반인 16년 전부터 정치 경력을 쌓아왔다. 2005년 야당 당직자 생활을 접고 잠시 프랜차이즈 사업을 시작했지만 홍사덕 전 의원과 김 전 의원을 보좌한 인연으로 2007년 한나라당 대통령 후보 경선 때 박근혜 캠프에 합류해 '전략통'으로 활약했다. "정당생활을 하면서 주로 당의 원내대표, 정책위의장 같은 중역을 모시며 국정운영의 리더십을 배우고 다양한 국가 정책들을 연구했다"며 "정치권 내부 및 사회현상에 대한 정세 분석을 토대로 기획 능력에 대해서도 높은 평가를 받았다"고 했다.

이명박정부 출범 후 다시 사업에 전념하다가 4.11 총선을 앞두고 박 당선인이 전면에 나서면서 수석부대변인을 맡았다. 18대 대선에서는 박 당선인 캠프의 공보 위원으로도 활동했다. 비교적 젊은 나이 때문에 박대출 의원 등과 함께 '친박 소장파'로 분류된다. 하지만 비교적 일찍 여의도 생활을 한 만큼 박 당선인을 지근거리에서 보좌한 경험은 당내에서도 손꼽힌다. 박 당선인이 오랜 기간을 함께 하며 의리를 지켜온 사람을 중용하기 때문에 서 의원이 앞으로 당내에서 중요한 역할을 맡을 것이란 예상이 나온다.

경남 밀양에서 태어나 부산에서 중학교와 고등학교를 나왔다. 그는 "고교 3학년 여름방학 때 아버지 사업이 부도나 집으로 빚쟁이들이 찾아오면서 함께 살던 11명의 식구들은 모두 흩어져 따로 살아야 했다"고 회고했다. "이후 서울에 혼자 계신 아버지가 고혈압으로 쓰러지시고 서울과 부산을 오가며 아버지 병간호를 하면서 힘든 시절을 보냈지만 희망의 끈을 놓지 않고 열심히 학업에 전념해 서울대에 합격했다"며 "국사 선생님이 되고 싶어 국사학과를 선택했지만 대학 졸업 후 답답한 사회 현실을 타개하고자 신한국당에 공채로 입사했다"고 말했다.

손범규
전 새누리당 의원

▶ **출생** _ 1966년, 서울
▶ **학력** _ 숭실고, 연세대 법학과
▶ **경력** _ 38회 사법시험 합격, 손범규법률사무소 변호사, 한나라당
　　　부대변인, 18대 국회의원
▶ **e주소** _ 9658858@naver.com

법조인 출신 전직 의원 … 당 네거티브대응팀 주도

법조인 출신으로 18대 대선에서 박근혜 당선인을 적극 지원했다. 당내
경선을 치를 당시 '네거티브 대응팀' 에 속했던 것으로 알려졌다. 18대 국
회에서는 경기 고양 덕양갑에 출마해 배지를 달았기 때문에 박 당선인의
경기 고양지역 유세 때는 빼놓지 않고 모습을 드러냈다.

연세대 법학과를 졸업한 뒤 삼성물산에 입사했으나 1996년 사법시험
(38회)에 합격하며 변호사의 길을 걸었다. 2001년에 한나라당 부대변인을
맡아 일했으며 2006년에는 법률지원단 부단장으로 일했다. 박근혜 당 대
표가 서울 신촌 현대백화점 앞에서 지방선거 지원유세를 벌이다가 피습
당하자 '박근혜대표 피습사건 진상조사단 위원' 으로 활약하면서 친박계
로 분류되기 시작했다.

2008년 18대 총선에서 경기 고양 덕양갑에 출마해 심상정 당시 진보
신당 대표를 누르고 국회 입성에 성공했다. 2012년 초 당이 비상대책위
원회 체제를 꾸리자 박근혜 비상대책위원장에게 '기득권에 연연한다' 고
비판한 정두언 의원에 대해 "(친이명박계인 정 의원처럼) 현 정권의 수혜를

받은 사람일수록 비상상황에 자중해야 할 필요가 있다"고 반박했다. 또 "박근혜 위원장이 없었다면 당이 '봉숭아 학당' 처럼 오합지졸로 전락하지 않았겠냐"고 박 당선인을 적극 옹호했다.

2012년 4.11 총선에서 심상정 진보정의당 의원과 다시 맞붙었다. 박 당선인의 지원을 받았지만 낙선했다. 박 당선인은 "손범규 후보는 저와 오랫동안 뜻을 같이해온 동반자로 제가 누구보다 잘 알고 신뢰하는 분"이라며 "손 후보는 젊고 능력 있습니다. 신의가 있고 불의에 절대 고개 숙이지 않는 용감한 분"이라고 손 후보 지지를 호소했다.

그러나 낙선한 뒤 박 당선인을 물밑에서 지원했다. 5월 당 경선을 앞두고 비박 주자들의 공세가 거세지자 자신의 트위터에 "새누리당 대통령 후보가 되겠다며 박근혜를 독재자의 딸이라 하는 분들은 부끄러운 줄 알아야 한다"고 적었다. "같은 당에 동거하면서 그런 소릴 하고, 총선 후에도 그 소리 하고, 도움 받고도 그런 소릴 한다"며 "그러니 국민들이 정치인을 혐오하는 것"이라고 일침을 가했다.

대선 기간에는 박 당선인의 네거티브 대응팀에서 일했다. 이 팀에는 인천지검장 출신의 이훈규 변호사, 유영하 변호사 등이 함께 이름이 올랐다. 선거 과정에서 법률 자문 등의 역할을 한 것으로 전해졌다.

송광호
새누리당 의원

▶ 출생 _ 1942년 충북 단양
▶ 학력 _ 제천고, 성균관대 경제학과
▶ 경력 _ 두리화학 전무이사, 삼전기업 대표이사, 신광캐미칼 대표이사, 통일국민당 제2사무부총장, 자민련 중앙위원회 의장, 14 · 16 · 18 · 19대 국회의원
▶ e주소 _ http://www.songkh.com/

최고령 충북 지역 친박계 대표주자

4선 의원으로 충북 지역의 대표적 친박계다. 2007년 대선 경선 때도 박근혜 캠프의 충북 선대본부장을 맡았다. 18대 대선에서는 'NLL 진상조사특별위원회' 위원장을 맡아 박근혜 당선인을 도왔다. NLL 진상조사특위는 노무현 대통령이 2007년 남북정상회담 때 북방한계선(NLL)을 포기하는 듯한 발언을 했다는 일부 주장을 조사하기 위해 설치됐다. 송 의원은 대선 기간 동안 국가정보원이 갖고 있는 남북정상회담 대화록 공개를 요구했고, 남북정상회담 당시 문재인 민주통합당 후보가 청와대 비서실장이었다는 점을 부각시켰다.

박 당선인이 충북에서 과반 득표율을 기록한 것도 친박계인 송 의원이 중앙선대위 부본부장을 맡아 지역 유세에 적극 나섰기 때문이란 분석이 있다. 박 당선인은 충북 전체 유권자 123만4832명 중 51만8442명(56.2%)의 지지를 얻어 39만8903명(43.3%)의 득표율을 기록한 문 후보를 11만9539표(12.9%) 차로 따돌렸다.

송 의원은 세일즈맨에서 시작해 기업 대표까지 오른 독특한 이력을 갖고 있다. 1984년 군 제대 후 1년 반 동안 보험 세일즈를 했으며 1988년 서울올림픽을 계기로 건설 붐이 일자 건설업계에서 일하며 경력을 쌓았다. 이후 화학업계에 몸담아 1984년 두리화학 전무이사, 1987년 삼전기업 대표이사, 1989년 신광캐미칼 대표이사 등을 지냈다. 1992년 14대 총선에서 정주영 현대 명예회장이 만든 통일국민당 공천을 받아 충북 제천·단양에서 배지를 달았다. 이후 당적을 민자당으로 옮겼다. 1996년 신한국당 후보로 총선에 나왔지만 낙선했고, 2000년에 자민련으로 당적을 바꾼 뒤 재선에 성공했다.

2003년 한나라당에 입당해 충북도당 위원장을 지냈으며 강재섭 대표 체제에서 제2사무부총장을 역임했다. 2004년 한나라당 공천을 받아 총선에 나섰지만 3선에 실패했으며 2008년 18대 총선에서 한나라당 후보로 나와 마침내 세 번째 금배지를 달았다. 2012년 4월 19대 총선에서 다시 새누리당 후보로 나서 4선 의원이 됐다. 16대에 국회 윤리특별위원회 위원장을 지냈으며 한·알제리 의원 친선협회 회장도 역임했다.

18대에는 한나라당 중앙당 총선기획단 위원과 최고위원으로 임명되었다. 2008년 국회 쌀직불금특위 위원장, 2010~2011년 국회 국토해양위원장, 2011년 국회 윤리특위 위원장 등을 지냈다. 현재 당내 3선 이상 의원들로 구성된 13명의 상임전국위원으로도 활동 중이다. 상임전국위원회는 강령·기본 정책·당헌안의 심의 및 작성, 당규의 제·개정 또는 폐지, 당헌·당규의 유권 해석 등의 기능을 가진다. 1942년생으로 19대 의원 중 최고령이다. 부인 권태선 씨와의 슬하에 1남 3녀를 두고 있다.

심윤조
새누리당 의원

▶ **출생** _ 1954년 부산
▶ **학력** _ 중앙고, 서울대 외교학과
▶ **경력** _ 외교통상부 북미국장·차관보(외시 11기), 주 포르투갈 대사, 주 오스트리아 대사, 19대 국회의원
▶ **e주소** _ www.shimyoonjoe.kr

정통 외교관 출신 '한반도 안보 전문가'

박근혜 당선인의 외교안보 분야 핵심 브레인 중 한 명이다. 외시 11회로 외교통상부에 들어온 정통 외교관 출신으로 북미국장과 차관보 등 주요 요직과 주 포르투갈·주 오스트리아 대사를 역임했다. 외교부 내 미국 전문가 그룹인 '워싱턴스쿨'의 대표인사다. 동시에 워싱턴과 도쿄를 오가며 근무해 북미·아태를 아우르는 한반도 전문가로 분류되기도 한다. 외교부에서는 일처리가 시원시원하고 남성스러운 리더십과 카리스마가 있다는 평가를 받았다.

박 당선인이 2009년 8월 이명박 대통령의 특사로 오스트리아를 방문했을 때 주 오스트리아 대사로서 수행하면서 인연을 맺었다. 그의 정성어린 의전에 박 당선인이 깊은 인상을 받았고 이후 대선캠프에 심 의원을 직접 참가시킨 것으로 알려졌다. 19대 총선에서는 강남갑에 공천 받아 초선의원으로 당선됐다. 강남갑은 여권 불패 지역인 '강남벨트'의 상징과도 같은 곳이다. 당초 이 지역구에는 박상일 벤처기업협회장이 공천 받을 예정이었으나 역사관 논란을 빚으면서 심 의원에게 기회가 돌아갔다.

우여곡절을 거쳐 다소 늦게 선거에 뛰어들었음에도 8만2582표를 얻어 낙승했다. 19대 총선 당선자 가운데 최다득표 기록이다.

국회에 입성한 뒤 외교안보 전문가로서 활동 영역을 넓혀가고 있다. 탈북 청소년들의 학력신장을 위해 북한이탈주민지원재단, EBS와 3자간 양해각서(MOU)를 체결하는 등 탈북자 정착 지원과 북한의 장거리 미사일 발사 등 외교안보 이슈에서의 국회 대응에 주도적인 역할을 했다. 이같은 활동을 평가받아 2012년 11월 국정감사 NGO 모니터단이 뽑은 '2012년 국정감사 우수의원'에 선정되었다.

박 당선인의 대선캠프에서는 외교 분야를 맡아 '한반도 신뢰 프로세스'의 틀을 잡는 데 핵심 역할을 했다. 특히 박 당선인의 대북정책을 이명박정부의 강경일변도 정책과 차별화하는 데 공을 들인 것으로 알려졌다. 심 의원은 2012년 7월 국회 대정부질의에서 이명박정부의 대표적인 대북정책인 '비핵·개방·3000'과 '그랜드바겐'에 대해 "결과적으로 자승자박의 대북정책이 됐다"고 비판하며 "한반도의 평화를 유지하고, 북한경제가 대중국 예속화에서 벗어날 수 있도록 필요한 조치를 취해야 한다"고 주장했다. 박 당선인의 '한반도 신뢰 프로세스'의 방향을 내비친 셈이다.

부인 하양신 씨와의 사이에 1남 1녀를 두고 있다. 한국시티즌시계의 창업자이자 한송재단 사장이었던 고 하원대 씨가 장인이다. 2008년 외교부 차관보 재직 시 공직자 재산신고에서 81억9940만 원을 신고해 외교부 내 재산 1위를 기록해 화제가 되었다. 2012년 신규 국회의원 재산신고에서는 97억8504만 원을 신고했다.

심재철
새누리당 의원

▶ 출생 _ 1958년 전남 광주
▶ 학력 _ 광주 제일고, 서울대 영어교육학과
▶ 경력 _ 서울대 총학생회장, MBC 기자, 당 정책위의장, 국회예결특
　위위원장, 새누리당 최고위원, 16 · 17 · 18 · 19대 국회의원
▶ e주소 _ www.cleanshim.com

나홀로 친이계 최고위원 … 대선에서는 '문 · 안 저격수'

2012년 5월 새누리당 전당대회에서 친이명박계 중 유일하게 지도부에 입성했다. 친박 일색인 지도부에서 '나홀로 친이계' 였으나 18대 대선 기간 중 문재인 · 안철수 후보 등 야권 후보 저격수 역할을 하며 주목을 받았다.

중앙선대위 부위원장과 국민안전운동본부장 등의 중책을 맡아 특히 문 후보 캠프의 선거공작진상특위 위원장을 맡아 야권의 공세를 차단하는 데 선봉에 섰다는 평이다. 국정원 여직원 비방 댓글 의혹사건이 불거지자 특위위원장을 맡아 이를 '구태 정치의 종결판' 이라 비판하며 여직원 불법사찰 · 인권유린 의혹으로 수서경찰서에 민주통합당 관련자들을 고발하는 등 강력 대응에 앞장섰다. 또 문 후보의 변호사 시절 반국가적 사건수임 의혹, 노무현 대통령의 북방한계선(NLL) 관련 발언 등을 집중적으로 문제 삼으며 공격수로서의 면모를 과시했다.

안철수 후보의 대선 출마를 전후해서는 '안철수 검증' 에도 적극 나섰다. 2012년 9월 13일 "안 원장이 대선 출마를 선언하지 않았다 해도 안

원장의 이름을 딴 안철수재단의 기부행위는 선거법 위반"이라며 사실상 안 원장에 대한 첫 포문을 열었다. 중앙선거관리위원회는 결국 심 의원의 손을 들었다. 그는 또 '안랩(구 안철수연구소)'과 관련해 "백신프로그램 V3가 2000년에 공개 배포된 시점인데 안랩에서 먼저 주겠다고 했는지 북한에서 요청이 와서 줬는지 선후 관계를 밝혀야 한다"며 논란을 키웠다.

그는 기자 출신으로 잘 알려진 친이명박계 4선 의원이다. 광주에서 태어났으며 어려서 아버지를 여의고 어머니가 삯바느질로 생계를 이었다. 서울대 영어교육학과에 입학해 1980년 서울대 총학생회장으로 학생운동을 이끌었다. MBC 보도국 기자 출신으로 근무하다가 1996년 신한국당 부대변인으로 정계에 입문해 2000년 16대 총선에서 경기도 안양 동안구을 지역구에서 당선됐다. 이후 19대 총선까지 4선에 성공했으며 원내수석부대표, 경기도당 위원장, 정책위의장 및 국회 예산결산특별위원회 위원장 등을 역임했다.

출근길에 교통사고를 당해 8개월여의 치료과정을 거쳤으나 목발에 의지하는 중도장애인(지체장애 3급)이 됐다. 국회 장애인 인권침해 방지대책특위 위원장과 안양시 지적장애인복지협회 고문을 맡고 있다.

안명옥
전 새누리당 의원

▶ **출생** _ 1954년 인천
▶ **학력** _ 인일여고, 연세대 의대
▶ **경력** _ 차병원 산부인과장, 국립보건원 교수, 차병원 웰우먼클리닉
　소장, 여성신문 이사, 17대 국회의원, 차의과대학 교수
▶ **e주소** _ amo@cha.ac.kr

여성대통령론 설파의 주인공 … 박 측근 보건 전문가

박근혜 당선자의 핵심적인 여성 인맥이다. 한나라당 비례대표로 17대 국회에 입성한 안 교수는 당대표였던 박 당선인의 전폭적인 지원을 받아 국회 저출산·고령화사회대책특별위원회를 만들었다. 2010년 박 당선인의 싱크탱크인 국가미래연구원 출범 시에 발기인으로 참여해 보건·의료·안전 분과에서 회원으로 활동했다. 이후 한국여성인권진흥원 이사장을 지낸 경력을 살려 18대 대선캠프에서는 여성권익특별본부장을 맡아 전국 각 지역에서 '여성대통령론' 을 설파하는 데 공을 세웠다.

2006년 5월 20일 박 대표 피습 사건에서 '강인한 리더십' 을 목격했다고 전한다. 안 교수는 당시 신촌 세브란스병원 수술실에서 박 당선인을 옆에서 지켜봤다. "박 당선인이 음식물을 먹었기 때문에 전신마취를 할 수 없는 상황이었다"며 "그런데도 '악' 소리도 안 내며 참았다"고 회상했다. 이런 모습에서 박 당선인의 위기관리 능력과 리더로서의 의연함을 엿봤다고 덧붙였다.

안 교수는 박 당선인이 여성 문제에 관심이 많은 이유에 대해 "개인적으로 고통스러운 경험을 했기 때문”이라고 설명했다. 그는 “박 당선인은 성폭력, 가정폭력 문제에 대해 얘기할 때면 절절하게 마음 아파 한다”며 “자기 삶에서 엄청 고통스러운 일을 당했기 때문에 다른 사람의 아픔을 잘 이해할 수 있는 것”이라고 했다.

안 교수는 저소득층 가정의 결식아동, 육아 서비스 등을 지원하는 ‘드림스타트’ 운동에 역점을 두고 있다. 그는 “2004년 박 당선인이 국회 대표 연설을 통해 드림스타트 운동을 공식화했다”며 박 당선인에게 공을 돌렸다. 드림스타트 운동은 2007년 한나라당 대선 경선 시에 박 후보의 공약으로 채택됐으며 이명박정부에서도 실행됐다. 안 교수는 “박근혜정부에서 저소득층 가족 재활프로그램인 드림스타트 운동이 전국적으로 퍼져나갈 것”이라고 내다봤다.

안 교수는 22년간 여성 건강과 권익 향상을 위해 일해온 공로를 인정받아 2011년 국민훈장 목련장을 수상했다. 1989년부터 차병원 산부인과에서 여성건강증진의 선봉에 섰다. 1986년에는 한국에서 처음으로 남편과 함께하는 ‘라마즈 분만법’(일명 안명옥 분만법)을 도입했다. 2000년에는 ‘소녀들의 산부인과’를 만들어 소녀들이 초경을 시작하면 엄마에게 말하지 못한 부분을 산부인과 주치의와 의논할 수 있도록 했다. 한국성폭력상담소와 여성민우회, 환경연합 등 NGO운동에도 적극 참여했다.

17대 국회에서는 입법으로 ‘임산부의 날’을 제정했다. 저출산사회대책 기본법, 노인장기요양법, 자살예방법 등 법안 143건을 발의해 52건의 법안을 통과시켰다. 안 교수의 남편은 19대 국회에 입성한 길정우 새누리당 의원(서울 양천갑)이다.

안상수
전 인천 시장

- ▶ 출생 _ 1946년 충남 태안
- ▶ 학력 _ 경기고, 서울대 사범대, 미국 트로이주립대 경영학 석사
- ▶ 경력 _ 동양증권 이사 · 감사 · 부사장 · 종합조정실 사장, 15대 국회 의원, 3 · 4대 인천광역시장, 한나라당 국책자문위원회 재정경제위 원장, 박근혜 대선캠프 가계부채특별위원장
- ▶ e주소 _ blog.naver.com/ahnssoo

인천 시장 연임한 경제통 ⋯ 대선 때 선대의장 맡아

인천광역 시장을 지낸 전문 경영인 출신의 정치인이다. 새누리당 대선 경선에 출마해 박근혜 당선인과 경쟁하다가 경선 뒤에 곧바로 박 당선인을 도왔다. 대선캠프에서는 가계부채특별위원장을 맡아 가계부채 대책과 공약을 만드는 데 기여했다. 민선 인천광역 시장을 연임하면서 행정 능력과 정치력을 검증받은 정치인이란 평가다.

1946년 충남 태안에서 어부의 아들로 태어나 어린 시절 생활고를 독학으로 극복했다. 1970년대 말 제세산업의 초창기 멤버로 활약하면서 회사를 비약적으로 키워 회장 비서실장에까지 올랐다. 그러나 1980년대 초 율산그룹 등과 함께 부도를 맞는 어려움을 겪었다. 그 후 동양그룹에 입사해 동양증권 부사장과 종합조정실 사장, 데이콤 이사 등을 역임하는 등 경영 능력을 인정받았다.

1998년 한나라당 후보로 인천 시장에 출마했으나 고배를 마셨다. 1999년 '옷로비 사건'으로 인한 민심 이반에 힘입어 인천 계양구 국회의원 보궐선거에 당선됐으나 2000년 4.13 총선에서는 낙선했다. 재수 끝에

2002년 시장으로 당선됐다. 2010년 6월까지 인천시장을 맡으며 인천경제자유구역을 지정하고, 연세대 캠퍼스를 유치하는 등 인천 경제발전의 터를 닦았다는 평가를 받았다.

수평적 리더십과 지방 중심을 입버릇처럼 강조한다. "과거에는 중앙집권적으로 국정운영을 해나갈 수 있었지만 지금은 수평적 리더십이 필요하다. 또 청와대와 여의도에 집중된 권력과 발전동력을 변방으로 분산시켜 지방이 강한 새로운 대한민국을 만들어야 한다. 중산층의 붕괴와 지방의 몰락 등 심각한 현실을 해결하기 위해선 제왕적, 중앙집권적 대통령이 아닌 지방 중심의 분권형 대통령이 필요한 때다"는 게 그의 지론이다.

대선 경선 시의 슬로건도 '빚 걱정 없는 우리 가족, 변방에 희망 있는 나라'였다. 그는 "원금 상환 5년 연기, 생계형 부채 이자 기준금리 수준 인하를 즉각 실시하고 가계부채를 연착륙시켜 가족을 빚 걱정으로부터 구출하겠다"며 "지방의 리더십, 변두리의 리더십을 갖고 '변방에 희망이 있는 나라'를 건설하겠다"고 출마의 변을 밝혔다. 경선에서 인천 시장을 8년 동안 지낸 풍부한 행정 경험이 장점으로 꼽혔지만 시장 퇴임 후 인천시의 부채 규모가 9조 원을 넘어서는 등 재정이 악화된 것에 대한 책임론이 대두했다.

2012년 5월 대선 출마 선언과 함께 서울 마포에 경선캠프를 차렸다. 다른 후보들 대부분이 여의도에 캠프를 차렸지만 김영삼·김대중 대통령이 야당 투사로 활동할 때 썼던 곳을 택했다. 때문에 정치권에서는 차차기(2017년)를 노리는 것 아니냐는 시각이 있었다. 일부에서는 자기 존재감을 높이고 다른 주자들과의 연대 방식을 통해 다음 정부에서 장관이나 총리로 발탁되고 싶어 한다는 분석도 있었다. 18대 대선에서 박 당선인을 적극 지원한 만큼 향후 활동 공간이 넓어진 것은 분명하다.

안홍준
새누리당 의원

▶ **출생** _ 1951년 경남 함안
▶ **학력** _ 마산고, 부산대 의학과
▶ **경력** _ 부산대 의과대 교수, 인제대 의과대 교수, 마산 · 창원 · 진해 참여자치시민연대 상임대표, 한나라당 정책위 부의장, 17 · 18 · 19대 국회의원
▶ **e주소** _ http://masanjun.tistory.com/

의사이자 NGO 운동가 출신의 친박 의원

대선 기간 동안 박근혜 당선인 캠프의 인재영입위원장으로 활동했다. 각 지역에 인재위원들을 배치하고 임명장 등을 수여해 지역 민심을 끌어오는 컨트롤타워 역할을 했다. 또한 박 당선인 캠프의 보건의료 분야를 담당하는 제4직능본부의 위원장과 경남도당 공동선대위원장을 지냈다. 18대 대선에 대해 "대한민국을 구하기 위해 나라 안정과 경제발전을 선택한 국민들의 승리였다"고 평가했다.

의사이자 비정부기구(NGO) 운동가 출신의 3선 의원이다. 산부인과 의사로서 2004년 총선 때 경남 마산을에 출마해 여의도에 입성한 이후 내리 3선에 성공했다. 17 · 18대 국회에서는 국토해양위, 환경노동위, 보건복지위 등에서 활약했다. 18대 국회 때 남북관계특위 위원으로 활동, 통일 및 남북관계 현안에 대해서도 식견이 있다는 평이다. 19대 국회에서는 외교통상통일위원회 위원장을 맡았다.

상임위 활동 시 화장실 이용 등 특별한 경우가 아니면 좀처럼 자리를 뜨지 않는 '엉덩이가 무거운 의원'으로 정평이 나 있고 이 같은 성실함으로 시민단체가 선정하는 국정감사 우수의원 등을 수상했다. 새누리당 내에서도 정책조정위원장 및 정책위 부의장, 제1사무부총장 등 상대적으로 업무량이 많은 당직을 잇달아 맡으면서도 묵묵히 업무를 수행해 '소리없이 강한 의원'으로 통한다.

언론 인터뷰에서 "정치 입문 전부터 의사이자 시민운동가로서 환경운동, 지방분권운동, 바른선거 운동, 제도개혁 운동, 청소년보호(학교폭력 예방) 운동 등 사회개혁에 앞장섰다"며 "정치를 시작한 이후 마산 시민들과 했던 '깨끗하겠다, 일만 하겠다, 거짓말하지 않겠다'는 약속을 지켰고 한국매니페스토실천본부 최우수의원 선정 등 시민단체들로부터 검증을 받았다"고 말했다.

1975년 부산대 의학과를 졸업하고 1983년부터 1985년까지 인제대 의대 교수를 지냈다. 1986년 중앙자모병원 산부인과 원장, 1987년 부산대·인제대 의대 산부인과 외래교수를 역임했다. 시민운동에도 활발히 참여했다. 1987~1990년 적십자중앙봉사회 부회장, 1995년 언론바로세우기 마산·창원연대회의 상임대표, 1997년 공명선거실천시민운동 경남협의회 상임의장, 1998년 마산·창원·진해 참여자치시민연대 상임대표, 2000년 바른선거시민모임전국연합회 공동대표, 2003년 지방분권운동 경남본부 상임공동대표 등을 거쳤다.

2012년 6월 지역 상공인들을 대상으로 한 강연에서 대선을 겨냥해 야당을 지지하지 말라는 취지의 발언을 해 논란을 일으켰다. 강연에서 자신의 발언에 동의하지 않는 일부 참석자들을 향해 "이민 가시라"는 말을 했다가 야당의 공격을 받았다.

여상규
새누리당 의원

- ▶ **출생** _ 1948년 경남 하동
- ▶ **학력** _ 경남고, 서울대 법학과
- ▶ **경력** _ 18 · 19대 국회의원, 한나라당 법률지원단장, 국세심사위원회 위원, 서울고등법원 판사, 국가인권위원회 위원, 20회 사법고시 합격
- ▶ **e주소** _ yeosk@na.go.kr

지역발전 공약 주도 … 서울대 기숙사서 朴 처음 만나

재선 의원으로 박근혜 당선인의 지역발전 공약을 담당했다. 판사 출신으로서 국토해양위원회, 농림수산해양식품위원회, 지식경제위원회 등 실물경제 분야 상임위에서 활동해온 경험을 바탕으로 선거대책위원회 행복추진위원회에서 지역발전 추진단장을 맡았다. 부산 · 경남(PK) 지역에 신공항 건설과 KAI(한국항공우주산업) 매각 문제 등 쟁점 현안이 몰려 있던 만큼 이 지역 출신인 여 의원이 적임자였다.

박 당선인은 대선 과정 내내 동남권 신공항 추진을 놓고 TK와 PK 민심 사이에서 줄타기를 했다. 경남 밀양을 희망한 TK와 부산 가덕도를 희망한 부산의 갈등이 깊어지면서 이명박정부에서 무산됐던 동남권 신공항 건설이 박 당선인의 공약으로 일단 부활했다. 하지만 박 당선인은 동남권 신공항의 재추진 의사는 밝히면서도 입지를 두고 어느쪽 손도 들어주지 않으면서 갈등에 휩싸이는 상황은 모면했다.

이에 대해 여 의원은 "박 당선인 취임 후 1년 내에 전문가 위원회 구성, 입지, 규모, 재원조달 방법 등을 확정하고 즉시 사업에 착수하기로 돼 있다"며 "지역 갈등은 없어진 셈"이라고 말했다. 하지만 어디로 정하든 또 한번 회오리가 몰아칠 가능성이 있다. 18대 대선 과정에서 삼천포종합시장 앞에서 열린 홍준표 새누리당 경남도지사 후보 지원유세에서 문재인 후보를 향해 "노무현 대통령을 자살로 몰아간 책임이 있는 장본인"이라고 맹비난을 하는 등 저격수 역할도 했다.

박 당선인과의 인연은 대학 시절로 거슬러 올라간다. 서울 법대생이었던 여 의원은 육영수 여사가 운영했던 기숙사인 '정영사' 에서 지냈는데, 기숙사 개방식 때 방문한 박 당선인을 처음 보았다. 이후 2007년 한나라당 대선 후보 경선 즈음에 정영사 출신 동문 일부와 함께 박 당선자와 저녁 자리를 한 것이 두 번째다. 하지만 그가 박 당선인과 가깝게 지내온 것은 아니다. 18대 국회에서 새누리당이 친이 · 친박계로 나뉘어 경쟁했을 때도 여 의원은 중립지대에 속했다. "친이냐 친박이냐고 물으면 지금도 '아무것도 아니다' 고 말하고 싶다"며 "새누리당 소속 의원으로서 새누리당 후보가 당선될 수 있도록 정책을 잘 발굴한다는 차원에서 맡겨진 일에 충실한 것일 뿐이다"고 말했다.

18대 총선에서 박희태 의원이 5선을 하며 다져온 경남 남해 · 하동에서 '리틀 노무현' 으로 알려진 김두관 전 행정자치부 장관을 이겼다. 경남 사천시와 남해 · 하동군이 통합돼 치러진 19대 총선에서는 강기갑 전 통합진보당 의원을 눌렀다.

원유철
새누리당 의원

▶ **출생** _ 1962년 경기도 평택
▶ **학력** _ 수성고, 고려대 철학과 · 정치외교학과
▶ **경력** _ 경기도의원, 경기도 정무부지사, 한나라당 경기도당위원장, 15 · 16 · 18 · 19대 국회의원, 새누리당 재외국민위원장
▶ **e주소** _ wonyoochul@daum.net

재외국민 선거 총괄역으로
'박근혜 대통령 만들기' 에 총력 쏟아

18대 대선에서 처음 실시된 재외국민 선거를 총괄하며 박근혜 당선인의 대선 승리를 견인한 공신으로 손꼽힌다. 평소 부지런하기로 소문난 그는 가까운 일본, 중국, 동남아 등은 물론 미주, 유럽, 중앙아시아까지 직접 훑었으며 각 나라별로 연고가 있는 의원들을 배치하는 등 총괄역을 훌륭히 소화해낸 것으로 평가받는다. 특히 2012년 11월 27일부터 12월 2일까지 재외 유권자가 가장 많이 거주하는 미국 동부지역을 방문해 '하루 1개 도시' 를 도는 강행군을 펼쳤다.

1962년 경기 평택에서 태어나 수원 수성고, 고려대 철학과와 정치외교학과를 졸업했다. 만 28세에 무소속으로 지방선거에 출마해 경기도의회에서 최연소 의원이 됐다. 이후 역시 무소속으로 15대 국회의원에 당선돼 정계에 입문했다. 당선 직후 신한국당에 입당했으며 16대 총선에서는 한나라당을 탈당한 이인제 의원을 따라 새천년민주당으로 옮겨 재선에 성공했다.

국회 행정자치위원회와 정치개혁특별위원회 간사로 활동하며 친화력을 인정받아 17대 총선에서 한나라당 공천을 받았으나 낙선하는 아픔을 겪었다. 이후 미국으로 건너가 스탠포드대 후버연구소에서 객원연구원으로 연구 활동을 하던 중 2006년 7월 김문수 경기지사의 부름을 받아 정무부지사를 지냈다. 2007년 말 이명박 대통령 후보의 선거대책위원회에서 정무특보로 활동한 뒤 18대 총선에서 자신을 낙선시켰던 통합민주당의 우제항 후보를 꺾고 다시 국회로 돌아왔다.

지역구는 평택갑으로 이곳에는 2010년 3월 폭침된 천안함이 배속돼 있던 해군 제2함대사령부가 있다. 18대 전반기 행정안전위원장을 양보하면서 지역 현안인 평택 주한미군기지 이전과 천안함 사태 등을 고려해 국방위원장을 희망했던 것으로 전해졌다.

18대 후반기에 국방위원장이 되었으며 2011년 사망한 김정일 국방위원장과 자신의 직함이 같다는 데 착안해 "김정일 국방위원장은 내가 상대한다"고 할 만큼 위원장 직에 애착이 컸다. 특히 천안함 폭침, 연평도 포격 사건 등 충격적인 사건이 터진 뒤 우리 군의 사기 진작에 적극 나서면서 '대한민국 국군 응원단장'을 자처했다. 국방위원장 재임 시기에 독도영토수호대책특별위원회 위원장과 한국-불가리아 의원친선협회 회장을 지냈다.

19대 총선에서도 일찌감치 공천을 따냈으며 60.3%의 지지율을 얻어 4선 고지에 올랐다. 그러나 이어 5월 당대표 경선에도 출마했으나 7위로 밀려 지도부 진입에는 실패했다. 굳이 따지자면 친이계로 분류되지만 타고난 친화력으로 친박계와도 사이가 나쁘지 않다. 6월 중앙당 재외동포위원장을 맡은 것도 친박계의 추천이 있었다는 후문이다. 이를 계기로 박당선인의 선대위에서 부위원장 겸 재외선대위원장으로 활약했다.

원희룡
전 새누리당 의원

▶ 출생 _ 1964년 제주 서귀포
▶ 학력 _ 제주제일고, 서울대 법대
▶ 경력 _ 사시 34회, 서울지검 검사, 16 · 17 · 18대 국회의원, 서울지
  검 검사, 한나라당 최고위원, 사무총장, 국회 외교통상통일위원장
▶ e주소 _ heeryong@happydragon.or.kr

원조 소장 개혁파 … 여전히 대표적 차기 주자

소장 개혁파의 원조로 불린다. 한나라당 의원 시절부터 변화와 개혁의 목소리를 강하게 내왔기 때문이다. 이른바 '남(남경필 새누리당 의원) · 원 · 정(정병국 새누리당 의원)'이라는 개혁 브랜드를 얻었다. 그가 유명세를 탄 것은 1982년 대입 학력고사에서 제주도 출신으로 처음으로 전국 수석을 차지하면서다. 고교 시절 전교 1등은 물론 전국 모의고사에서 1등을 놓친 적이 없었다. 서울대 법대에 진학해 학생운동을 주도했으며 1992년 사법시험 수석합격으로 '수재'라는 꼬리표가 붙었다.

짧은 검사 생활을 마감하고 2000년 16대 총선에서 한나라당 후보로 서울 양천갑에 출마해 국회에 입성했다. 18대까지 내리 3선에 성공했다. 초선 시절인 2002년 한나라당 미래연대 공동대표를 맡아 개혁 이미지를 쌓기 시작했다. 소신에 어긋나면 당 · 정의 방침에 반발하는 발언과 행동을 서슴지 않았다.

그러면서 차세대 주자 이미지를 차근차근 쌓았다. 2007년 17대 대선 경선에서 이명박 대통령, 박근혜 당선인에 이어 3위를 차지하면서 대권

주자의 가능성을 보여줬다. 특정 계파에 속하지 않은데다 개혁 성향인 점을 인정받아 2010년 당 쇄신특별위원장을 맡았다.

그렇지만 2010년 6.2 지방선거에서 서울 시장에 도전해 당내 경선 과정에서 나경원 전 의원과 후보 단일화 경쟁에서 져 꿈을 접어야 했다. 정치 인생에서 1차 고비를 맞은 것이었다. 그러나 곧이어 7.14 전당대회 이후 당의 인사와 조직을 책임지는 사무총장에 오르며 재도약의 발판을 마련했다.

또 한번의 고비를 맞은 것은 2011년 4.27 재 · 보선 패배 후다. 선거 패배 책임을 지고 사무총장에서 물러났으며 7.4 전당대회 때 당 대표에 도전했다. 19대 총선 불출마까지 선언하는 등 배수진을 쳤으나 실패했다. 총선 직후인 2012년 5월 영국으로 공부하러 떠나면서 현실정치와 거리를 두었다. 그러다가 대선을 앞둔 11월 박근혜 후보를 돕기 위해 귀국했다. 박 후보의 열세 지역으로 분류되는 서울을 비롯한 수도권 지역에서 지원유세를 펼쳤다. 의원 시절 개혁을 주장하며 박 당선인과 각을 세우기도 했으나 "박 당선인은 자신의 말을 끝까지 지키려 노력하는 '약속을 지키는 정치인'"이라며 "대선공약으로 내놓은 정치 쇄신안을 확실히 추진할 것으로 믿으며, 꼭 그렇게 해달라는 부탁도 함께 드리고 싶다"고 말했다. 대선 직후 다시 영국으로 떠났다.

당내에서 보기 드문 얼리어답터(early adopter)로 불릴 정도로 디지털 정치에 관심이 많다. '트위터 마니아' 소리를 들을 정도로 트위터를 통한 쌍방향 소통에도 강한 의지를 갖고 있다. 차기 주자로 꼽히는 그는 멀지 않은 시기에 차기를 향한 정치 행보에 나설 것으로 예상된다.

유기준
새누리당 의원

▶ **출생** _ 1959년 부산
▶ **학력** _ 동아고, 서울대 법학과, 뉴욕대 법과대학원
▶ **경력** _ 25회 사법시험 합격, 한나라당 원내부대표, 한나라당 대변인, 17 · 18 · 19대 국회의원, 새누리당 최고위원
▶ **e주소** _ www.seogu21c.com

부산 · 경남(PK)의 대표적 친박 3선 의원

변호사 출신의 친박계 3선 의원이다. 새누리당 PK 인사 가운데 대표적인 친박계로 꼽힌다. 대선 기간 중 중앙선대위 부위원장을 맡아 낙동강 벨트 방어에 혁혁한 공을 세웠다. 18대 대선 최대 격전지 중 하나인 부산지역 지지율 확보를 위해 서부산대책위원회 위원장을 맡아 야권 바람 차단에 적극 나섰다. 야풍이 한창 거세게 불어닥칠 즈음 "달라진 선거구도가 형성돼 있기 때문에 이에 대한 철저한 분석을 통해 앞으로 어떻게 하면 우리 새누리당에게 유리한 구도로 갈 것인가 연구하고 그것에 맞는 공약을 내놓는다면 PK 지역에서 우위를 지켜나갈 것"이라고 말했다.

1959년 부산에서 태어나 부산 대신초등학교, 경남중을 거쳐 동아고등학교까지 줄곧 부산 서구에서 지냈다. 서울대 법대 진학 후 시위에 참여했다가 6개월의 유기정학을 맞기도 했다. 이 같은 시위 경력 때문에 사법시험 1,2차에 합격하고도 당시로서는 드문 최종 3차 면접시험 불합격 통보를 받아 인생의 최대 시련을 맞았다. 이런 소식을 전해들은 서구 국회의원 등 지인들이 적극적인 구명운동에 나서 사법시험에 최종합격은 했으나 희망했던 판사에는 임용되지 못했다.

군대도 법무관 대신 사병으로 복무했다. 판사의 꿈이 좌절되자 미국으로 유학을 떠나 미국 변호사 자격증을 획득한 뒤 국내로 돌아왔다. 고향인 부산에서 해양수산 전문 변호사로 활동하며 수산회사의 권리보호에 적극 앞장섰다. 17대 국회에서 한나라당 후보로 출마, 당선돼 정계에 입문했다.

18대 총선에서는 공천을 받지 못했으나 친박연대 후보로 출마해 당선된 후 한나라당으로 복당했다. 18대 국회 동안 지역구인 부산 서구지역에 국제수산물류무역기지와 수산물수출가공선진화단지 건립 예산을 확보하는 등 활발한 의정활동을 보였다. 원외 시절에는 부산경남미래연대 공동대표를 맡아 당 쇄신 등을 주장했으며 원내 진출한 이후에는 원내부대표와 당 대변인, 농림수산식품위원회 위원으로 활동했다.

2012년 5월에는 "애써 이뤄낸 정권교체에도 불구하고 불필요한 계파 논쟁과 기득권 싸움으로 국민에게 불신과 실망을 안기고 있다. 정권 재창출을 위해 진정한 쇄신과 변화를 이루겠다"며 최고위원에 나서 당선됐다.

유승민
새누리당 의원

▶ 출생 _ 1958년 대구
▶ 학력 _ 경북고, 서울대 경제학과, 위스콘신대 경제학박사
▶ 경력 _ KDI 선임연구위원, 여의도연구소장, 17 · 18 · 18대 국회의원
▶ e주소 _ www.ysm21.com

쓴소리 마다않는 친박계 경제통 의원

박 당선인에게 쓴소리도 마다하지 않는 친박계 인사다. 대선 기간 중 중앙선거대책부위원장을 맡았다. 캠프 안팎의 경제 전문가들을 이끌고 박 당선인의 경제정책을 만들었다. 이혜훈 최고위원과 함께 친박계 내 한국개발연구원(KDI) 인맥을 이루고 있다. 차기 정부의 경제수장으로 거론되는 유력 후보 가운데 한 명이다. 2012년 초 새누리당으로의 당명 개정을 반대하고 박 당선인을 공개 비판하며 거리가 멀어졌지만, 박 당선인이 줄곧 경제정책통으로 아이디어가 많은 유 의원을 높게 평가했다는 점에서 가능성이 높다는 관측이다.

7.4 전당대회에서 친박계 후보로 나선 유 의원은 당초 신임 홍준표 대표와 원희룡 후보, 나경원 후보에 밀려 상위권 입성이 힘들어 보인다는 전망을 깨고 당당하게 2위를 차지하며 주목을 받았다. 경제학자 출신으로 '4대강 비판 및 예산 줄이기', '복지예산 확충' 등 이명박정부와 대척점에 있는 정책들을 대거 발표하며 전당대회에 뛰어들어 눈길을 단번에 사로잡았다.

2005년 박근혜 대표 시절 비서실장을 역임했으며, 2007년 대선 후보 경선 당시 박근혜 대표의 브레인으로 활약해 실력을 입증했다. 이후 '친박계 대학살' 로 명명되던 2008년 한나라당 18대 총선 공천 과정에서도 김무성 의원 등 친박계 핵심 인사들이 모두 물갈이 대상에 포함됐을 때 서병수, 허태열 등과 함께 영남권 친박계 의원들과 살아남아 재선에 성공했다.

유 의원은 '박근혜 위기론' 이 일던 2012년 10월 '후보 빼고 모두 바꾸자' 며 선대위 총사퇴를 촉구했다. 연초 '박근혜 비대위체제' 의 활동을 비판하면서 박 후보와 거리가 생겼으나 10월 초 '화합 선대위' 가 출범하면서 남경필 의원과 함께 선대위 부위원장으로 캠프에 전격 합류했다. 이후 줄기차게 '친박 2선 후퇴론' 을 주장하며 당내에 긴장감을 불어넣었다.

13~14대 국회에서 민주정의당 소속으로 국회의원을 지낸 유수호 전 의원이 부친이다. 정책통으로 인정받아 2000년 한나라당 여의도연구소장으로 부임하면서 정치권에 첫발을 내딛었다. 2004년 한나라당 소속 비례대표로 국회위원에 당선됐으나 2005년 비례대표직을 사퇴하고 대구 동구을 보궐선거에 출마해 당선된 뒤 내리 3선을 지냈다. 19대 국회 전반기 국방위원장을 맡고 있으며 '군 공항 이전 및 지원특별법' 을 강하게 추진하고 있다.

유정복

새누리당 의원

▶ **출생** _ 1957년, 인천
▶ **학력** _ 제물포고, 연세대 정치외교학과, 서울대 행정학 석사
▶ **경력** _ 23회 행정고시, 경기 김포 군수 · 김포 시장, 농림수산식품
  부 장관, 17 · 18 · 19대 국회의원
▶ **e주소** _ ilovegimpo@assembly.go.kr

비서실장 지낸 친박 핵심 ··· 대선 때 직능위원장 맡아

박근혜 당선인의 최측근 의원 중 한 명이다. 18대 대선에서 가장 왕성한
조직을 운영했다는 평을 받는다. 캠프에서 직능총괄본부장을 맡아 전국
3만여 개의 직능조직을 엮었다. 여의도 새누리당 당사에는 대선 기간 내
내 각종 직능단체의 지지 선언이 끊이지 않고 이어져 당사에 상주하는 이
들로부터 원성을 살 정도였다. 그러나 이런 유 의원의 활동이 박 당선인
의 승리를 이끌었다는 데는 이견을 달 사람이 없다.

진중하고 과묵한 스타일로 평소 박 당선인의 신임을 얻었다. 2005년
박근혜 한나라당 대표의 비서실장을 지냈다. 박 당선인의 의중을 누구보
다 잘 파악하는 것으로 알려졌다. 비서실장을 맡기 전에는 박 당선인과
특별한 인연이 없었다.

인천 출신으로 김포 시장을 두 번 지냈다. 1979년에 행정고시에 합격
해 1994년에 33대 김포 군수가 됐다. 37세로 재임 중 전국 최연소 군수
였다. 1995년에는 5대 인천서구청장을 지냈다. 역시 재임 중 전국 최연
소 구청장이었다. 이어 초대 민선 김포 군수가 됐고, 1998년에는 초대 김

포 시장을 지냈다. 이 역시 재임 중 전국 최연소 시장이었다.

이 같은 지역 내 명성을 바탕으로 17~19대 김포에서 국회의원에 내리 당선됐다. 박 당선인이 당 대표 시절에 비서실장을 맡았고, 17대 대선 당 내 경선에서는 박 후보의 비서실장으로 활동했다. 2010년에 이명박정부 에서 농림수산식품부 장관을 맡았다. 3선 의원으로 군수, 시장, 장관까지 지내 행정 경험 역시 당내 누구보다 풍부하다는 평이다.

대선에서 가장 큰 비중을 차지하는 곳은 바로 직능 부분이다. 각종 직 능단체들은 소속 회원수가 많고 사안에 따라 이해관계가 첨예하다. 어떻 게 관리하느냐에 따라 표심이 극명하게 갈리는 부분이라 설득과 화합에 능한 인사가 필요하다. 유 의원은 18대 대선에서 직능총괄본부장으로서 역할을 충분히 해 대선 승리의 일등공신으로 평가된다.

유 의원은 주요 직능단체나 인사를 직접 방문해 박 당선인과 새누리당 의 직능 공약의 실현 가능성을 적극 피력했다. 각 단체들이 원하는 현안 문제 해결에도 적극적이었다. 하루에도 수백여 명이 찾아오는 직능본부 에서 이들을 직접 만나며 박 당선인의 지지율 상승에 결정적인 역할을 했 다. 친박 핵심으로 박근혜 시대를 이끌어 갈 핵심 인사로 당과 정부 어디 서나 역할을 할 것으로 예상된다.

윤상현
새누리당 의원

▶ 출생 _ 1962년, 충남 청양
▶ 학력 _ 서울대 경제학과, 조지타운대 외교학 석사/국제정치학 박사
▶ 경력 _ 이회창 한나라당 대선후보 정책특보, 한나라당 대변인, 18 · 19대 국회의원, 인천시당 위원장, 국회 정보위원회 간사, 박근혜 후보 수행단장
▶ e주소 _ shyoon@na.go.kr

대선 때 朴 수행단장 … 대변인 출신 친박 핵심

18대 대선에서 박근혜 당선인을 지근거리에서 수행한 인물이다. 캠프에서 박 후보의 수행단장을 맡아 활약했다. 대선 기간 내내 누구보다 박 당선인을 가까운 곳에서 보좌한 것. 유세 현장에서 돌발 상황에 대응하거나 일정을 조율하는 것이 윤 의원의 몫이었다. 뿐만 아니라 현장에서 홍보 · 공보 · 경호 · 비서실 기능까지 총괄하는 핵심 역할을 담당했다. 당내 후보 경선 때는 캠프의 공보단장을 맡아 '박심(朴心)'을 전하는 데 주력했다.

윤광순 전 한국투자신탁 사장의 아들이다. 신격호 롯데그룹 회장의 조카사위이기도 하다. 1985년 전두환 대통령의 딸인 전효선 씨와 청와대에서 결혼식을 올렸지만 2005년 협의 이혼했다. 2010년 신준호 푸르밀 회장의 딸인 신경아 대선건설 상무와 재혼했다. 결혼식에는 박 당선인도 자리를 함께했다. 윤 의원의 장인인 신 회장은 신격호 롯데그룹 회장의 동생이자 롯데그룹 부회장, 전국경제인연합회 부회장 등을 지낸 대표적인 재계 인사다.

2002년 대선 때 이회창 한나라당 후보의 정책특보를 맡으며 정계와 인연을 맺었다. 2007년 17대 대선 경선 때는 박 후보 캠프에서 활동해 친박계로 분류된다. 이후 2008년 18대 총선 때 인천 남을에서 당선돼 한나라당 원내부대표와 대변인을 지냈다. 당내에서는 원희룡 전 의원, 남경필 의원 등과 친분이 두텁다.

그는 '핵심 친박계'란 말을 듣지만 선거 과정에서 쓴소리도 마다하지 않았다. 18대 대선을 준비하며 추석 전후로 좀처럼 박 당선인의 지지율이 오르지 않자 "1997년부터 지금까지 대선에서 이렇게 안 뛰는 선거조직은 처음 봤다"며 "당내 엔진을 살려 끌고 가야 하는데 엔진은 꺼져 있고 후보 혼자 동분서주하고 있다"고 강하게 비판했다. 특히 "정몽준, 이재오 의원에게 후보 스스로가 손을 내밀어야 한다"며 "박 후보가 소통하지 않으면 대선은 필패"라고 직격탄을 날렸다.

윤 의원에 대해선 "합리적이고 스마트한 인물"이란 평가가 많다. 대선 과정에서도 박 당선인에게 제기된 각종 의혹들에 맞서 사실 관계 여부를 명확히 가리는 등 상황 대처에 능숙했다는 평을 받았다. 윤 의원에게 대변인을 맡겼던 것은 이런 이유에서다. 당초 수행단 없이 지역 유세를 다니던 박 당선인이 현장에서 공보기능이 약하다는 지적에 수행단을 꾸리고 윤 의원을 단장으로 앉힌 것도 이런 이유에서였다. 박 당선인 승리의 공신으로 당과 정부에서 중요한 역할을 맡을 가능성이 높다는 관측이다.

이성헌
전 새누리당 의원

- ▶ 출생 _ 1958년 전남 영광
- ▶ 학력 _ 명지고, 연세대 교육학과, 연세대 행정대학원 석사, 성균관
  대 언론학 박사
- ▶ 경력 _ 연세대 총학생회장, 김영삼 통일민주당 총재 비서, 김영삼
  전 대통령 비서실 정무비서관, 16 · 18대 국회의원
- ▶ e주소 _ 21sh_lee@naver.com

비서실장 출신 친박 핵심 … 대선 때 국민소통위원장 맡아

박근혜 당선인의 '비서실장 라인' 으로 친박계 핵심으로 꼽힌다. 전남 영광 출신으로 이정현 전 공보단장 등과 함께 박 당선인의 호남 인맥 중한 명이다. 박 당선인의 최대 외곽지지 세력인 국민희망포럼을 이끌고 있고, 18대 대선에서는 캠프 국민소통본부장을 맡아 대선 승리에 일조했다.

연세대에 진학해 1983년 학도호국단 총학생회장을 지냈다. 졸업한 뒤에 김영삼 민주화추진협의회 의장의 비서로 정계에 입문했다. 1993년 청와대 비서관을 거쳐 1996년 신한국당 공천을 받아 서울 서대문갑에 출마했으니 낙선했다. 2000년 16대 총선에서 당시 우상호 새천년민주당 후보에게 신승해 국회에 입성했다. 이때부터 현재 우상호 민주통합당 의원과의 '혈투' 가 시작된 셈이다.

그와 우 의원은 연세대 동문이다. 이 전 의원은 학도호국단 총학생회장을 지냈고 우 의원은 1987년 총학생회장을 맡으며 6월항쟁을 이끌었다. 연세대가 위치한 서대문갑에서 두 사람은 4차례 맞붙어 2승2패 동률을 이뤘다. 16대에는 그가 따낸 배지를 17대는 탄핵 역풍으로 우 의원이 거머쥐었다. 이후 이명박정부에서 치러진 18대 총선에서는 '친박 공천학살'에서 살아남은 그가 배지를 탈환했다. 19대 총선에서는 우 의원이 다시 승기를 잡는 등 질긴 인연이 이어졌다.

이 전 의원은 박 당선인의 최측근 중 한 명으로 꼽힌다. 박 당선인이 한나라당 대표를 맡았던 2004년에는 비서실장을, 2007년 대선 경선에서는 박 후보 캠프의 조직총괄단장을 맡았다. 외곽 지지단체인 국민희망포럼을 주도적으로 만들었다. 비록 19대 총선에서는 낙선했지만 여전히 박 당선인의 지근거리에서 그의 의중을 살피며 두터운 신임을 받고 있다.

18대 대선에서는 국민소통본부장을 맡았다. 호남 출신 인사라는 점이 반영된 것으로 보인다. 언론에 자주 노출되지는 않았지만 물밑에서 수많은 조직들을 관리한 것으로 알려졌다. 대선 과정에서 각종 아이디어도 냈다. 2012년 9월 12일 서울 교육문화회관에서 열린 새누리당 원외당협위원장 워크숍에는 심상정 전 진보정의당 대선 후보가 연사로 참석했다. 큰 화제를 모은 심 후보의 등장은 이 전 의원의 '발칙한 상상력'이었던 것으로 알려졌다.

이운룡
새누리당 의원

▶ **출생** _ 1961년 전북 무주
▶ **학력** _ 대전고, 한국외대 정치외교학과
▶ **경력** _ 민정당 공채(8기), 한나라당 원내행정국장, 한나라당 기획조정국장, 박근혜 새누리당 비상대책위원장 보좌역, 국회 정책연구위원, 19대 국회의원
▶ **e주소** _ unyonglee@naver.com

정통 당직자 출신의 조용한 보좌역

박근혜 당선인이 비례대표를 사퇴하면서 국회에 입성한 초선 의원이다. 전북 무주에서 태어나 대전고를 나와 한국외대 정치외교학과 및 동대학원을 졸업했다. 1989년 새누리당 전신인 민정당 공채 8기로 당에 들어와 원내행정국장, 기획조정국장 등을 두루 거친 당 사무처 출신이다. 평소 조용하고 내성적인 성격으로 자신의 일을 소리소문 없이 꼼꼼하게 처리하는 스타일이어서 당 선·후배들로부터 신망이 두텁다.

박 당선인의 신뢰를 얻어 비상대책위원장 보좌역을 맡았으며, 4.11 총선에서 비례대표 순번 26번을 받아 당 전략기획위원, 선대위 특보단 총괄국장 등으로 활동하다가 2012년 12월 의원직을 승계했다. 특히 박 당선인이 한나라당 대표직을 수행했던 2004년 여의도 천막당사 시절 남들이 꺼려하던 보직을 원만하게 소화해 박 당선인으로부터 일찌감치 눈도장이 찍혀 비대위원장 보좌역에 전격 발탁됐다는 후문이다. 앞서 박 당선인이 정계에 입문한 1998년 재보선 시기에 공천담당 부장이었으며 박 당선인으로부터 직접 공천서류를 받았다.

박 당선인이 소속됐던 상임위(기획재정위), 의원회관 등을 그대로 승계 받았으며, 비서진 역시 박 당선인 사람들로 구성됐다. 친박 핵심인 조원 진 의원의 대학·과 후배이기도 하다.

이자스민

새누리당 의원

▶ 출생 _ 1977년 필리핀 마닐라
▶ 학력 _ 파나보메리놀고, 아테네오 데 다바오대 생물학과 중퇴
▶ 경력 _ 서울시 외국인생활지원과 주무관, 다문화네트워크 물방울나눔회 사무총장, 19대 국회의원
▶ e주소 _ jasmine_lee@naver.com

다문화가정과 이주여성 대변자

박근혜 당선인의 선대위에서 직능총괄본부 산하 다문화본부장을 맡아 활약했다. 현재 유예기간과 심사 대기 기간을 합쳐 총 3~5년이나 소요되는 자녀가 있는 여성 결혼이민자의 국적취득 기간을 1년 이상 단축하고, 다문화 정책을 총괄하는 정부 기구를 신설하겠다는 등의 공약을 발표했다.

필리핀 민다나오섬 다바오(Davao) 출생으로 1998년 대한민국 국적을 취득했다. 방송인 겸 배우 출신으로 19대 총선에서 새누리당 비례대표 15번으로 출마해 당선됐다. 귀화 전의 필리핀 본명은 자스민 빌라누에바 바쿠어나이(Jasmine Villanueva Bacurnay)다.

1993년 고향에 위치한 아테네오 데 다바오대학교(Ateneo de Davao University) 생물학과에 입학해 학교를 다니다가 항해사로 일하던 한국인 이동호 씨를 만나 1995년 결혼했다. 1996년 3월 대학을 중퇴하고 한국에 들어왔다. 이로부터 2년 뒤인 1998년 귀화해 한국인이 됐다. 2005년 한 방송사의 '외국인 주부가요열창'에 출연하면서부터 방송생활을 시작했고 2006년에는 아예 '러브 인 아시아'(KBS)의 고정패널이 됐다. 2009년부터 이주 여성들의 봉사단체이자 문화네트워크인 '물방울나눔회'를 설립하고 사무총장직을 맡아 다문화가정을 위한 활동을 해왔다. 2011년 6월 이 같은 공적을 인정받아 서울시 외국인 공무원 1호(주무관)로 특채됐으며 시 산하 글로벌센터에서 1년여 동안 이주여성들을 위한 정책을 개발하고 지원하는 임무를 수행했다.

2010년과 2011년에 각각 출연한 영화 '의형제'와 '완득이'가 흥행에 성공하면서 주목을 받았다. 특히 '완득이'에서는 주인공인 완득이(유아인 분)의 어머니로 출연해 수많은 관객들의 눈시울을 적셨다. 비록 조연이었지만 이씨의 실제 삶과 대비가 이뤄져 더 큰 감동을 이끌어냈다는 평가를 받았다.

이 같은 경력을 인정받아 19대 총선에서 새누리당 비례대표 후보로 낙점받았으나 곧 허위 경력 의혹 등이 불거져 곤욕을 치렀다. 스스로 언론 등에서 필리핀에서 명문대 의대 출신이라고 밝혔지만 실제로는 생물학과를 중퇴했다는 사실이 드러났다. 이에 대해 "한국과 필리핀의 교육제도 차이에서 빚어진 오해"라고 해명했다. 새누리당에서도 "(이 의원이) 필리핀 의대를 졸업했기 때문에 비례대표 후보로 공천한 것이 아니라 100만 명이 넘는 외국인과 16만 명이 넘는 이주여성을 대변하도록 한 것(조윤선 대변인)"이라고 엄호했다.

아울러 이 의원의 남동생인 제레미아스 주니어 빌라누에바 바쿠어나이가 2002년 1월 말부터 2010년 7월 말까지 약 8년 6개월간 한국에서 불법 체류한 사실이 밝혀지기도 했다. 남편이었던 이씨는 2010년 8월 강원도 영월에서 급류에 휩쓸린 딸을 구하던 중 물에 빠져 심장마비로 사망했다. 이씨와의 사이에서 1남 1녀를 뒀다.

이장우
새누리당 의원

▶ 출생 _ 1965년 충남 청양
▶ 학력 _ 대전고, 대전대 행정학과, 동대학원 정치학 박사
▶ 경력 _ 대전대 총학생회장, 대전대 행정학과 겸임교수, 뉴라이트충
청포럼 집행위원장, 청목회 사무총장, 19대 국회의원
▶ e주소 _ blog.naver.com/jwoo37

지공무사(至公無私)로 朴의 정치쇄신과 국민대통합 실현

18대 대선에서 당 중앙선대위 조직부문 총괄부본부장과 대전 선대위 청년위원장을 맡아 활약했다. 그는 "박 당선인의 정치쇄신 의지와 국민대통합의 의미가 국민들에게 제대로 전달될 수 있도록 다방면으로 노력했다"고 말했다.

1965년 충남 청양에서 태어나 대전고와 대전대를 졸업했다. 1987년 총학생회장을 맡아 민주화 열풍을 직접 체험한 뒤 진정으로 국민을 위하는 길이 무엇인가에 대해 고민하게 됐다고 한다. 군대를 다녀온 후 오응준 대전대 총장의 추천으로 1997년 이양희 전 의원의 보좌진으로 정치에 입문했다. 국회 정책보좌관을 지냈으며 행자·건설·제도개혁특위에서도 일하며 국가정책을 공부했다. 이 외중에도 대전대 행정대학원에 진학해 행정학 박사학위를 취득한 뒤 모교에서 겸임교수로 인사행정, 리더십을 강의했다. 2005년에는 뉴라이트충청포럼 집행위원장, 한나라당 대전시당 대변인을 역임했다.

2006년 지방선거에 출마해 대전 동구청장에 당선됐다. 이때 나이가

만 41세로 대전에서는 최연소 기초자치단체장의 기록을 세웠다. 구청장 시절 동구청사 이전과 고속버스터미널 현대화 사업 등을 추진하면서 능력을 인정받았다. 그럼에도 2010년 지방선거에서 노무현 대통령 서거에 따른 정권 심판 바람을 넘지 못하고 재선에 실패했다.

그러나 이때 낙선이 오히려 약이 됐다. 19대 총선에서 새누리당 공천을 받아 첫 금배지를 단 것이다. 35.1%의 지지율을 얻어 민주통합당 강래구 후보(33.5%)와 현역의원이었던 자유선진당 임영호 후보(29.3%)를 근소한 차이로 누르고 당선됐다. 선거가 워낙 치열한 접전으로 흐르다 보니 상대 후보와의 고소 고발도 난무했다. 이 의원이 각종 토론회 및 인터뷰에서 상대인 임 후보에 대해 '1년에 5억 원밖에 못 가져오는 국회의원' 등의 발언을 했다는 이유로 검찰에 고발당했다.

그는 이에 대해 "있는 그대로의 사실을 TV토론에서 말한 것"이라며 "이미 임 후보의 고발 내용도 사실이 아닌 것으로 판명됐다"고 해명했다. 이어 "선거에서 3등을 차지한 후보가 선거가 끝난 후 6개월이 지났는데도 결과에 승복하지 못하고 끝까지 발목을 잡는 것은 후진적 정치행태"라고 강조했다. 임 전 의원은 선진통일당이 2012년 10월 새누리당과 합당하면서 이제 이 의원과 한솥밥을 먹게 됐다.

그의 좌우명은 '공적인 일을 하면서 결코 사사로움이 없게 하겠다' 는 의미의 '지공무사(至公無私)' 다. 이 의원은 " 항상 초심을 잃지 않고, 국민의 신뢰를 받는 국회의원이 되도록 의정활동에 매진하겠다"고 다짐했다. 대전대 재학 시절 캠퍼스 커플로 만난 김세원 씨와의 사이에 1남 1녀를 두고 있다.

이재오
새누리당 의원

▶ **출생** _ 1945년 경북 영양
▶ **학력** _ 영양고, 중앙대 경제학과, 고려대 교육대학원
▶ **경력** _ 송곡여고 교사, 한나라당 원내총무, 특임장관, 15 · 16 · 17 · 19대 국회의원
▶ **e주소** _ leejo@assembly.go.kr

대선 때 朴 도운 친이명박계 좌장

새누리당 내 친이명박계의 좌장으로 불리는 이재오 의원은 12월 2일 박근혜 후보 지원을 공식 선언했다. 당내 경선과정에서 박 후보와 쌓인 앙금이 적지 않았으나 지지 선언으로 당내에서는 친이 · 친박의 최종 화해가 이뤄졌다는 평가다. 박 후보가 남다른 공을 들여온 당내 화합 행보가 마침표를 찍는 순간이었다. 그는 "정권 재창출에 모든 노력을 다해야 하는 것이 오늘 우리에게 맡겨진 시대적 책무"라며 지지 배경을 밝혔다. 이후 방송 찬조 연설자로 나서 박 후보의 지지를 호소하는 등의 지원활동에 적극 나섰다.

1964년 한일회담 반대 시위 때 이명박 대통령과 인연을 맺으면서 친이계가 되었다. 그후 '63 동지회' 회장과 부회장으로 친분을 쌓았고, 15대 국회의원으로 함께 지내며 신뢰를 확인했다. 2002년 서울시장 선거 때 이명박 후보의 선대본부장을 맡았다. 사석에서는 호형호제를 할 정도로 사이가 가까웠다. 2007년 대선에서는 특유의 뚝심과 돌파력으로 이명박 선대위를 이끌며 승리를 이끌어냈다. 대선 기간 중 한반도 대운하 공약에 대한 야당의 공세가 거세지자 추석 연휴를 반납하고 한반도 대운하 탐방에 나서기도 했다. 4박 5일 일정으로 환경전문가들과 함께 자전거로 대운하 코스 560km를 달렸다.

그는 이명박 캠프의 '악역'을 자처하며 최전선 공격수로 활약했다. 한나라당 경선 경쟁자였던 박근혜 대표 측과 일전도 불사했다. 그는 그 갈등으로 대선 막판에 2선으로 후퇴했다. 토의종군(土衣從軍: 옷에 흙이 묻을 정도로 몸을 낮춰 뛰겠다는 의미)이라는 신조어를 만들어내며 이 대통령의 유세를 후방에서 지원했다.

이 대통령 취임 이후 종종 독대 자리를 갖고 정국 현안에 대해 의견을 교환하며 신뢰를 유지했다. 자연스럽게 당내 친이계 좌장역으로 친박계에 맞서면서 박 당선인과 긴장관계를 유지했다. 18대 총선에서 문국현 후보에 밀려 낙선한 후 이명박정부에서 특임장관 등을 맡으며 원외에서 힘을 길렀다. 2012년 4월 총선에서 은평을에서 승리해 4선 고지에 올랐다. 이후 친이계 대표로 당내 경선에 뛰어들었지만 '박근혜 대세론'에 밀려 고배를 마셨다.

경선과정에서 박 후보에 대한 쓴소리를 마다하지 않던 이 의원의 지지선언이 박 당선인에게 누구보다 큰 힘이 됐다. 박 후보의 당선으로 이 의원은 차기 정부에서도 정치적 활로를 모색할 수 있는 공간을 마련했다. 친이·친박을 뛰어넘은 연대를 구축할지, 아니면 차기 대권 도전을 위해 일정 기간이 지난 후 다시 독자 세력화를 위한 세 구축에 나설지, 이 의원의 정치인생에 중대 기로가 될 전망이다.

이종혁
전 새누리당 의원

▶ 출생 _ 1956년 부산
▶ 학력 _ 부산 동성고, 동아대 법학과, 연세대 행정대학원 졸업
▶ 경력 _ 민주화추진협의회 특별위원, 국회의원 보좌관, 18대 국회의
원, 한나라당 원내부대표
▶ e주소 _ ljh921@yahoo.co.kr

문재인 정면 겨냥했던 공격수

박근혜 당선인의 주변인 중 대표적인 공격수다. 18대 대선에서도 선대위 종합상황실 부실장을 맡아 문재인 민주통합당 후보를 직접 겨냥해 공격했다. 동아대 법대 재학 시절 민주화선거혁명추진 운동을 하던 중에 학교 선배인 서석재 전 의원의 권유로 정치에 입문했다. 12대 국회 때부터 10여년 동안 보좌관으로 활동했으며 2009년 서 전 의원이 세상을 떠나자 빈소를 지키며 사실상 상주 역할을 할 정도로 그를 따랐다.

김영삼정부 출범과 함께 정계에서 발을 뺐다. 이후 중국과 러시아를 넘나들며 기업가로 활동했다. 기업 인큐베이션 비즈니스가 그의 '먹을거리' 였다. 기술 기업을 발굴해 잘 성장할 수 있도록 컨설팅을 하고 지원하는 일을 맡았다. 18대 총선에서 부산진갑 지역구에 출마해 국회에 입성했다. 미래 성장동력 찾기를 강조해 국회에서 로봇쇼와 항공우주전시회를 열기도 했다.

19대 총선 때는 현역 25% 컷오프 규칙에 걸려 공천을 받지 못했다. 컷오프 기준이 불합리하다고 반발했지만, 비상대책위원장으로서 당을 이끌던 박 당선인에게 부담을 줄까 우려해 결국 공천 탈락을 수용했다. 문 후보에 대한 공세는 공천 탈락 전부터 시작했다. 2010년 3월 기자회견을 열고 문 후보가 속해 있는 법무법인 부산이 노무현정부 시절 지역 저축은행 한 곳으로부터 59억 원의 사건 수임을 받았다는 사실을 공개하며 "정상적인 거래라기보다 뇌물 성격의 예우이며 청탁 로비의 성격이 크다"고 주장했다. 이와 관련해 법무법인 부산과 법적 공방을 벌이기도 했다.

대선 기간 때도 문 후보와 부산저축은행의 관계에 대한 공세를 이어갔다. 그 덕분에 당 관계자들 사이에서 '18대 대선 최고의 공격수'라는 평가를 받았다.

이종훈
새누리당 의원

▶ 출생 _ 1960년 서울
▶ 학력 _ 배명고, 서울대 경제학과
▶ 경력 _ 19대 국회의원, 한국개발연구원(KDI) 연구위원, 명지대 경영
학과 교수, 중앙노동위원회 공익위원, 최저임금위원회 공익위원,
기획예산처 기금운용평가단 복지노동팀장
▶ e주소 _ rhee@na.go.kr

고용재난지역 선포 공약의 숨은 공로자 … 노동공약 주도

박 당선인의 노동정책 브레인이다. 박 당선인의 선거대책위원회 국민행복추진위 산하 행복한일자리추진단을 이끌면서 노동공약을 주도했다. 선거운동 기간 중 발표된 '고용재난지역 선포', '휴일근로의 연장근로 포함 등 근로시간 단축을 통한 일자리 나누기', '최저임금 인상' 공약 등은 그의 작품이다.

명지대 경영학과 교수 출신으로 한국개발연구원(KDI) 연구위원을 지냈으며 노사관계, 노동시장 분야를 주로 연구했다. 노사관계개혁위원회 책임전문위원을 비롯해 최저임금위원회와 중앙노동위원회의 공익위원으로 활동한 노사관계 전문가다.

박 당선인과 인연을 맺은 것은 2006년. 한나라당 대표였던 박 당선인에게 경제 전반과 노동정책에 대해 자문을 하기 시작하면서부터다. 2007년 한나라당 대선 후보 경선에서는 박 당선인의 정책 자문을 했다. 박 당선인이 경선 패배 이후 당직에서 물러나 경제공부를 하던 시절에는 안종범 의원, 김광두 서강대 경제학과 교수 등과 함께 '교사' 역할을 했다.

2010년 박 당선인의 싱크탱크인 국가미래연구원 출범 시 발기인 78명에 포함된 대표적인 친박 정책통이다.

2012년 4.11 총선에서 경기도 성남 분당갑에서 전략공천을 받아 국회에 입성했다. 그는 2007년 대선 경선 토론회를 준비했던 일화를 소개하며 박 당선인에 대해 "디테일에 강하다"고 평가했다. 당시 그가 조금 튀는 정책을 제안하자 박 당선인이 조목조목 따지면서 왜 필요한지 묻자 "이명박 후보와의 차별화를 위해 필요하다"고 답했다. 그러자 박 당선인은 "국민에게 실질적으로 도움이 되고 실현 가능하느냐가 중요하지 차별화하기 위한 목적으로 공약을 낼 수는 없다"며 딱 잘랐다.

이 의원은 "겉으로 화려해도 실질적으로 도움이 안 되고 부작용이 큰 공약이 있고 겉으론 화려하지 않지만 부작용이 작은 공약이 있다"며 "박 당선인은 항상 후자를 많이 생각했는데 그러기 때문에 실무적으로 자문하는 입장에서는 굉장히 어려웠다"고 소회를 밝혔다.

박 당선인의 경제 참모 가운데 상대적으로 개혁성이 강한 편이다. 새누리당이 발의한 사내하도급 조항을 직접 만들었다. 경제계의 반발을 샀던 '수급업체 변경 시 고용승계'와 '징벌적 배상제도 도입', '한 사람이라도 차별이 인정되면 모두 적용받는 대표소송제' 도입을 이끌었다.

그는 "박근혜정부의 노동정책은 이명박정부와 차원을 달리할 것"이라고 내다봤다. "박 당선인이 노동·복지에 관해서는 보수적이지 않다. 오히려 과감하다"며 "민주통합당의 경제민주화 일자리 공약이 상대적으로 화려하게 보이지만 실현 가능성을 따져보면 그렇지도 않다. 결국 약속을 지키느냐 안 지키느냐의 문제"라고 말했다.

이주영
새누리당 의원

▶ 출생 _ 1951년 경남 마산
▶ 학력 _ 경기고, 서울대 법대
▶ 경력 _ 사법시험(20회) 서울동부지원 판사, 서울고법 판사, 대법원 재판연구관, 16 · 17 · 18 · 19대 국회의원, 경남도 정무부지사, 경남도 부지사, 국회예산결산특별위원장(18대), 한나라당 정책위 의장, 새누리당 18대 대선 특보단장
▶ e주소 _ newmasan@na.go.kr

판사 출신 신주류 4선 의원 … 중도 친박의 정책통

중립 성향의 인물이었다가 18대 국회 말부터 친박으로 무게를 실은 신친박계 대표 인물이다. 경남 마산(현 창원) 출신으로 경기고와 서울대 법대, 동 대학원을 나와 사법시험에 합격한 뒤 15년간 판사 생활을 했다.

1994년 부산지방법원 부장판사를 끝으로 변호사로 변신했다. 가족의 만류에도 불구하고 정계 입문의 시동을 걸었다. 홍준표 경남지사가 1985년 청주지검에서 검사로 근무할 때 청주지법 판사로 근무한 것이 인연이 됐다. 홍 검사가 '꼬마민주당'에 동반 입당할 것을 권유했고, 이 의원도 이를 받아들인 것이다.

하지만 홍 지사는 입당 전날 김영삼 대통령의 전화를 받고 신한국당으로 진로를 바꿨고, 이 의원만 홀로 민주당에 입당해 경남 창원을에서 지구당 위원장을 맡으며 정계에 입문했다. 그러나 곧 한나라당으로 옮겨 2000년 창원을에 출마해 16대 국회의원이 됐다. 노무현 대통령 탄핵 역풍과 경쟁자인 권영길 전 의원의 돌풍으로 17대 총선에서는 고배를 마셨다.

정치적 공백기인 이때 경남도 정무부지사를 맡았다. 당시 경남지사는 김태호 의원이었으며 김 의원이 정치계 선배인 이 의원을 찾아가 도움을 요청했다. 정무부지사로 일하다가 2006년 경남 마산갑에서 치러진 보궐선거를 통해 재선에 성공해 국회에 재입성했다.

2007년 당 정책위 의장을 맡았다. 이는 그의 이미지를 '정책통(通)'으로 자리매김하는 계기가 됐다. 2008년 18대 국회에서 3선에 성공하고, 2009년에 한나라당 경남도당 위원장을 맡으며 중진의원이 됐다.

이명박정부 기간에는 중립 성향을 지켰다. 국회 사법제도개혁특별위원장을 맡으며 검찰과 법조계 개혁안을 조율하며 주목을 받았고, 2011년에는 황우여 의원과 원내대표-정책위 의장 러닝메이트로 당내 경선에 나와 정책위 의장으로 선출됐다. 이때부터 민생에 기반을 둔 정책을 추진하고, 정부 정책에 반대하는 등 'MB정부와의 정책적 선긋기'에 들어가며 2012년 총선 승리에 발판이 된 총선공약 등을 총괄했다. 2012년 19대 총선에서 4선고지에 올랐고, 이후 당 경선에서 원내대표에 도전했지만 실패했다.

남의 말을 잘 들어주는 판사 출신 특유의 성품을 갖고 있다. 이념에 크게 개의치 않고 민생정책이라면 받아들이는 온건주의자라는 평가를 받는다. 홍준표 지사의 원래 이름이 홍판표였는데 개명(改名)을 권유한 인물이 바로 이 의원이다. 18대 대선에서는 박 당선인의 중앙선대위원회 특보들을 총지휘하는 특보단장을 맡았다.

이진복

새누리당 의원

▶ 출생 _ 1957년 부산
▶ 학력 _ 부산기계공고, 한국방송통신대 행정학과
▶ 경력 _ 대통령 민정비서실 행정관, 부산시 동래구청장(한나라당),
　제18·19대 국회의원, 국회 정무위원회 위원, 새누리당 부산시당
　위원장, 2012년 국회 지식경제위원회 위원, 새누리당 제18대 대선
　기획단 부산 선대위 총괄본부장
▶ e주소 _ www.leejinbok.co.kr

승부처였던 부산에서 선대위 총괄본부장 맡아 朴 당선 견인

18대 대선에서 승부 지역 중 하나인 부산에서 선대위 총괄본부장을 맡아 박근혜 당선인의 승리에 기여한 공로를 인정받고 있다. 당초 1차 저지선으로 내세운 35%(문재인 민주통합당 후보의 지지율) 방어에는 실패했지만 2차 저지선(40%) 사수에는 성공했기 때문이다.

격전지 중 하나인 부산은 전통적으로 보수 여당의 텃밭이었지만 18대 대선에서는 양상이 크게 달라졌다. 특히 야권 후보였던 문 후보와 안철수 전 서울대 교수가 모두 PK 출신이라는 점이 여권에 불리하게 작용했다. 이런 와중에 현영희 전 의원과 현기환 전 의원의 돈공천 의혹 사건이 불거지면서 새누리당과 부산 표심에 부정적 영향을 미쳤다. 박 당선인이 지역 최대 현안인 신공항 문제에 대해 초기에 명확한 입장을 내놓지 않는 사이에 민주당이 '가덕 신공항'을 먼저 들고 나온 것도 불리한 요인이었다.

이 때문에 여론조사에서는 한때 야권 후보 지지율이 40% 중반까지 치솟으며 박 당선인과의 지지율 격차가 오차범위까지 좁혀지기도 했다. 하지만 선거가 가까워질수록 다시 격차를 벌려 결국 부산에서 박 당선인은 59.8%의 지지율로 문 후보(39.8%)를 20%포인트 차로 이겼다. 그는 부산 선거전을 진두지휘하며 승리로 이끈 주역으로 평가받는다. 특히 기존 시당 조직 외에 원로 정치인, 외부 영입인사들로 얽혀 있는 지역 선대본부에서 특유의 뚝심과 리더십을 발휘해 조직이 일사불란하게 움직이도록 했다.

선거 후 "야권에서는 줄기차게 40%를 득표하겠다고 했고 우리는 방어선 상에서 선거를 했다"며 "야권 두 후보가 모두 PK 출신이다보니 생각보다 쉽지만은 않은 게임이었다"고 털어놨다. 그러면서 "시대 흐름과 선거 분위기 탓에 초반 고전했지만 다양한 노력으로 새누리 지지자들의 결집을 이끌어내면서 애초 목표한 부산 득표율에 근접하는 결과를 이끌어냈다"고 자평했다. 특히 "문 후보의 지역구인 사상구에서도 박 당선인이 55.8%의 득표율로 앞섰다는 것은 부산 민심이 새누리당을 선택했다는 결정적인 증거"라고 말했다.

박관용 전 국회의장 보좌관으로 정치권에 입문해 지역에서 뿌리내린 정치인이다. 김영삼정부 때 청와대 민정비서실 등에서 경험을 쌓은 후 2002년 동래구청장에 한나라당 후보로 도전해 선출됐다. 하지만 2006년에는 공천을 받지 못하고 무소속으로 출마했으나 재선에 실패했다.

18대 총선에서 친박계 무소속 후보로 출마해 당선, 한나라당에 복당했고 19대 총선에서 재선에 성공했다. 현재 부산시당위원장을 맡고 있다. 정무위원회, 예산결산특별위원회, 지식경제위원회 위원 등으로 활동하며 의정활동의 성실성과 정치력을 인정받았다. 선거에서는 새누리당 대선기획단 위원 등을 맡으며 박 당선인의 측근 중 한 명으로 자리매김했다.

이철우
새누리당 의원

▶ 출생 _ 1955년 경북 김천
▶ 학력 _ 김천고, 경북대 수학교육과, 연세대 행정대학원 정치학 석사, 대구대 경영학 명예박사
▶ 경력 _ 상주 화령중고 교사, 국정원, 경북도 정무부지사, 18·19대 국회의원, 새누리당 원내대변인
▶ e주소 _ lcw619@hanmail.net

박 당선인을 포함한 이공계 출신 의원 '21인회' 멤버

박근혜 당선인을 포함한 이공계 출신 의원 '21인회' 멤버 중 하나다. 18대 국회에서 박 당선인의 핵심 측근인 서상기 의원이 회장을 맡았으며 정례 모임을 통해 친목을 다졌다. 1955년 경북 김천에서 태어나 김천고, 경북대 사범대 수학교육과를 졸업했다. 이후 중학교 교사(경북 의성 신평·단밀중)를 하다가 1985년 국가정보원 전신인 국가안전기획부에 공채로 입사해 국장(이사관)까지 지내고 퇴임했다.

퇴임 직후인 2005년 이의근 전 경북지사의 부름을 받아 51세의 나이로 정무부지사에 발탁됐다. 이 전 지사는 임기를 6개월 남겨놓고 있어 새 도지사가 취임하면 이 의원도 물러날 것이란 전망이 지배적이었다. 그러나 이례적으로 후임인 김관용 지사는 이 같은 예상을 깨고 이 의원을 부지사에 유임시켰으며 전국에서 단체장이 바뀐 뒤에도 중용된 첫 정무부지사라는 기록을 남겼다.

2년여의 재임 기간 중 뛰어난 친화력과 부지런함을 바탕으로 2009년 세계로봇올림피아드 유치를 비롯한 각종 외자 유치, 지역 현안 해결 등에 능력을 발휘하면서 원활한 도정 운영에 기여했다는 평가를 얻었다. 이 같은 업적을 인정받아 대구대에서 명예 경영학 박사학위를, 정부로부터 홍조근정훈장을 받았다.

18대 총선 출마를 위해 부지사에서 물러난 뒤 대구 달서갑을 노렸지만 공천에 실패하고 대신 고향인 김천에서 전략 공천돼 금배지를 달았다. 18대 국회에서는 수학교사 경력을 살려 전반기 2년간 교육과학기술위원으로 활동했다. 후반기에는 국정원을 관할하는 정보위에서 초선으로는 이례적으로 여당 간사를 맡아 활약했다.

19대 총선을 앞두고 이 같은 공로를 인정받아 한국과학기술단체총연합회, 대한변리사회 등 전국 22개 과학기술단체로 구성된 대한민국 과학기술대연합으로부터 서 의원과 함께 이공계 공천 후보로 추천을 받았다. 실제 자신의 지역구인 김천에서 재공천된 이 의원은 전국 최다 득표율인 83.45%의 지지를 얻어 재선에 성공했다.

19대 국회에 들어와서는 원내대변인으로 임명돼 '새누리당의 입'으로 촌철살인의 논평과 브리핑을 쏟아냈다. 아울러 선거기간에는 동료인 정문헌 의원과 함께 2007년 남북정상회담 시에 노무현 대통령과 김정일 국방위원장의 비공개 대화록이 있다는 의혹을 제기했다. 이 대화록에 "서해 북방한계선(NLL)을 포기하겠다"는 노 대통령의 발언이 담겨 있다고 주장해 문재인 민주통합당 후보의 집권을 우려한 보수층을 결집시켜 대선을 승리로 이끌었다는 평가다.

그러나 이에 반발한 민주당으로부터 공직선거법 위반 혐의로 정 의원, 박선규 새누리당 선대위 대변인 등과 함께 검찰에 고발당해 현재 수사가 진행 중이다. 검찰은 국정원 자료를 토대로 NLL 관련 발언 내용 등 사실관계를 확인한 뒤 향후 사법처리 여부를 결정한다는 계획이다.

이학재

새누리당 의원

▶ 출생 _ 1964년 인천
▶ 학력 _ 부평고, 서울대 축산학과, 중앙대 대학원 경제학 박사
▶ 경력 _ 구의원, 인천시 서구청장, 18 · 19대 국회의원
▶ e주소 _ hjv6465@Λlssembly.go.kr

옆에서 묵묵히 일하는 영원한 비서실장

여의도 정가에서 박 당선인의 '영원한 비서실장'으로 통한다. 박 당선인을 3년 전부터 늘 지근거리에서 수행하며 각종 공식 및 비공식 업무를 처리했고 뒤치다꺼리를 해왔다. 입이 무겁고 책임감이 강한 데다 인품이 훌륭해 박 당선인이 100% 믿고 맡긴다는 평이 나온다. 그는 박 당선인에 대해 "곁에서 보니 준비가 잘된 대통령"이라고 평가한다.

이 의원은 인천 지역에서는 유명인사다. 1995년 이립(而立: 30세)의 나이에 지방선거에 출마해 구의원이 됐고, 민선 3기 최연소 구청장(인천 서구청장)에 당선됐다. 2년 뒤 구청장 자리를 내놓고 18대 국회의원(인천 서구강화군을) 선거에 출사표를 던졌을 때 당내 주요 세력이었던 친이명박계는 공천을 반대했다. 그는 "무소속으로라도 출마하겠다"며 배수진을 치는 배짱을 보였고, 여론조사에서 1위가 나오자 당 공천심사위는 그에게 공천을 줬다. 53.77%의 압도적인 득표율로 국회에 입성했다.

인천에서는 이름이 알려졌지만 박 당선인의 비서실장이 되기 전까지 여의도 정치권에서는 '정치 신인'에 불과했다. 박 당선인의 비서실장이

된 것은 2010년이다. 8.8 개각 시에 박 당선인의 비서실장이던 유정복 의원이 농림수산식품부 장관으로 입각하면서 바통을 넘겨받게 됐다. 박 당선인은 이 의원에게 전화를 걸어 의향을 먼저 물었다고 한다.

박 당선인이 대선 후보로 선출되면서 또다시 비서실장이 됐다. 누구나 예상했던 결과였다. 박 당선인을 대통령으로 만든 지 이틀 뒤 그는 백의종군을 선언해 주변에 충격을 줬다. 이 의원은 "그동안 맡아왔던 '비서실장 이학재' 역할에서 물러나 오늘 이 순간부터 일체의 임명직 직책을 맡지 않겠다"고 밝혔다. 대통령직 인수위원회는 물론 차기 정부 내각에도 참여하지 않고 국회의원 신분으로 남겠다는 선언이었다. "인수위에 들어가고 안 들어가고와는 전혀 상관없이 어느 위치에서든 성공한 정부를 만들어야 한다"는 게 그의 생각이다.

성격이 꼼꼼하고 세심하며 신중하다. 대중들과의 스킨십이 뛰어나며 말이 많지 않은 대신, 신뢰감을 주는 언행으로 유명하다. 구청장 재임 시에 '마을 이장식' 접근으로 언론의 호평을 받았다. 정치 철학은 "모든 일은 사람이 하는 것이기 때문에 격려하고 칭찬하면서 분위기를 잡아 시민들의 생활 만족도를 높이는 것"이라고 생각한다.

18대 대선을 치르면서 가장 기억에 남는 일로 박 당선인이 과거사 문제로 괴로워할 때 옆에서 묵묵히 지켜봐야 했던 일을 꼽았다. 과거사 논란 사건을 겪었던 박 당선인에 대해 "'아! 이것은 옆에서 내가 도와드릴게 없구나' 라는 생각이 들어 마음이 아팠다"고 회상했다. 그는 입이 무겁다는 평가를 듣는다. 그만큼 박 당선인의 신뢰가 두텁다. 향후 새정부에서 행정 관련 부처나 지자체단체장 등으로 진출할 가능성이 점쳐진다.

이한구
새누리당 의원

▶ 출생_ 1945년 경북 경주
▶ 학력_ 경북고, 서울대 경영학과, 미 캔자스주립대 경제학 박사
▶ 경력_ 1969년 행시 합격(7회), 재무부 이재과장 · 외화자금과장, 대우경제연구소 소장, 16 · 17 · 18 · 19대 국회의원, 한나라당 정책위원회 의장, 국회 예산결산특별위원회 위원장, 새누리당 원내대표
▶ e주소_ e219@e219.or.kr

대우경제연구소 지낸 경제통 … 원내대표로 朴의 경제교사

박근혜 당선인의 '경제교사' 라는 별칭을 가진 친박계 핵심 4선 정치인이다. 보수 성향의 경제통으로 '미스터 쓴소리' 라는 별명답게 이명박정부의 경제정책에 반하는 '소신 발언' 으로 눈길을 끌었다. 대선 기간 중에 김종인 국민행복추진위원회 위원장과 경제민주화 공약을 놓고 대립하며 감정싸움을 벌이기도 했다.

김 위원장이 대기업의 순환출자 금지 등 강력한 규제를 주문한 데 대해 이 의원은 경제 상황이 어려운 현실에서 기업을 옥죄는 것은 바람직하지 않다는 입장을 견지했다. 이와 관련해 김 위원장이 제안한 공약 중 하나인 '대기업의 기존 순환출자 해소' 는 최종적으로 공약에 포함되지 않아 이 의원이 판정승을 거뒀다는 평가도 있다.

1969년 행정고시에 합격한 뒤 재무부에서 관료로 출발했다. 재무부 시절 밤늦게까지 일하다가 통행금지에 걸려 아예 새벽에 트럭을 타고 퇴근할 정도로 일벌레로 유명했다. 김용환 전 자민련 수석부총재의 동서로 1980년 신군부가 집권하자 '김종필 라인' 으로 분류돼 공직을 떠났다.

1985년 대우그룹 회장실 상무로 옮겨 김우중 회장을 보좌했다. 김 회장의 신임을 얻어 1989년 대우경제연구소장으로 발탁됐고, 이때 대우증권 리서치팀을 국내 최강으로 키워냈다.

외환위기로 대우그룹이 공중분해된 뒤 2000년 한나라당에 입당해 정치인으로 변신했다. 16대 총선에서 한나라당 전국구 의원으로 금배지를 달았다. 17대에서는 대구 수성갑 지역구에 출마해 조순형 민주당 대표를 누르고 재선에 성공했다. 당 정책실장과 정책위 부의장, 정책위 공약개발위원장을 맡았다. 17대에서는 정책위의장을 두 번 맡아 정부의 행정수도 이전 계획, 여당인 열린우리당이 추진한 국가보안법 폐지 등 이른바 '4대 개혁입법'에 맞서는 정책을 총괄했다. 또 국회 재정경제위원회, 예산결산특별위원회, 기획재정위원회 등에서 활동하며 경제 전문가로서의 입지를 다졌다. 18대와 19대에서도 대구 수성갑에서 당선돼 내리 4선에 성공했다.

특히 박 당선인이 2004년 당 대표 재임시절에 정책위의장과 여의도연구소장을 겸임시키려 할 정도로 신임을 받았다. 경제관료 생활을 거쳐 경제정책과 실물경제에 밝은데다, 의정활동을 통해 입법 경험까지 더한 화려한 경력으로 대선가도에서 박 당선인의 집권 경제 구상인 '박근혜 노믹스' 입안에 중요한 역할을 했다. 박 당선인의 싱크탱크인 국가미래연구원 출범 시에 현역의원으론 유일하게 발기인으로 참여한 핵심 멤버이기도 하다. 친박계의 지지로 2012년 5월 새누리당 원내대표에 당선된 후 첫 임무인 19대 국회 개원협상에서 민주통합당 박지원 원내대표와의 '기싸움'에서 밀리지 않았다는 평가를 받으며 내공을 과시했다.

매일 아침 국민체조로 몸을 풀면서 건강관리를 하는 것으로 유명하다. 부인 나임구 씨와의 사이에 2녀를 두고 있다.

이혜훈
새누리당 최고위원

▶ **출생** _ 1964년 부산
▶ **학력** _ 마산 제일여고, 서울대 경제학과, 미 UCLA 경제학 박사
▶ **경력** _ 미 RAND연구소 연구위원, 한나라당 원내부대표, 여의도연구소 부소장, 한나라당 제1사무부총장, 17·18대 국회의원, 새누리당 최고위원
▶ **e주소** _ http://twitaddons.com/leehyehoon

朴의 정책라인 ··· 엘리트 코스 밟은 경제학자

박근혜 당선인의 정책라인 중 핵심 측근으로 꼽힌다. 미국의 대표적 싱크탱크인 랜드(RAND) 연구소 연구위원과 국책연구기관인 한국개발연구원(KID) 연구위원 등 엘리트 코스를 밟아왔다. 경제 전문가로 학자와 교수의 삶을 살아온 그가 정치를 시작하게 된 것은 시아버지인 고 김태호 전 의원의 영향이 컸다. 맏며느리인 그는 시아버지의 선거를 돕는 과정에서 정치에 눈을 떴다. 내무부 장관과 신한국당 사무총장을 지낸 4선의 김 전 의원이 갑자기 타계하자 가족들은 고인의 유지를 이어야 한다는 일념으로 이 최고위원을 가족 대표로 출마시켰다. 비록 첫 공천에서 탈락했지만 포기하지 않았다.

시아버지를 통해 정치에 접하게 되었으나 정치를 깨닫게 된 것은 박 당선인 덕분이었다. 17대 총선에서 최병렬 대표의 공천을 받아 서초갑에 출마한 이 최고위원은 당선증을 받으러 국회에 와서야 박 당선인을 처음 만났다. 정신없이 선거를 치르는 사이 최 대표가 사퇴하고 박 당선인이 대표로 나선 것이다. 이후 늘 박 당선인과 함께였다. 박 당선인은 초선인이 최고위원에게 제4정책조정위원장을 맡긴 데 이어 제3정책조정위원장까지 맡겼다. 이 최고위원은 "제4정책조정위원장이란 직책 안에 상임위의 많은 분야가 들어 있다. 그러다보니 대표가 농촌을 가든, 바닷가를 가든 지역 일정은 거의 수행할 수밖에 없었다"고 말했다.

제3정책조정위원장을 맡았던 이 최고위원은 박 당선인에게서 〈대국민 약속 실천 백서〉 발간이라는 어려운 숙제를 받았다. 그는 "국민들께 약속한 만큼 그 결과를 보여줘야 한다는 박 당선인의 확고한 신념에 얼마나 수많은 밤을 지새웠는지 모른다"라며 당시를 회상했다.

박 당선인과의 인연은 계속됐다. 19대 총선에서 공천을 받지 못한 이 최고위원이 정치를 그만둘 생각으로 미국행 비행기표를 끊었으나 박 당선인이 손을 내밀었다. 그리고 박 당선인과 함께 총선을 치렀다. 선대위 종합상황실장을 맡아 총선의 일등공신으로 꼽힌다. 그가 5.15 전당대회에서 2위라는 기염을 토한 것도 이와 무관치 않다. 돌아온 이 최고위원은 결국 박 당선인 옆에 섰다. 박 당선인의 경제 스터디 5인방 중 한 명인 김영세 연세대 교수는 이 최고위원의 남편이다. 부부가 박 당선인과 인연을 맺고 있는 셈이다.

임태희
전 청와대 대통령실장

▶ 출생 _ 1956년 경기 성남
▶ 학력 _ 경동고, 서울대 경영학과
▶ 경력 _ 행정고시 24회, 재정경제부 산업경제과장, 16~18대 국회의
  원, 한나라당 대표 비서실장, 여의도연구소장, 이명박 대선 후보
  및 당선인 비서실장, 한나라당 정책위의장, 고용노동부 장관, 대통
  령실 실장
▶ e주소 _ yim@manforyou.co.kr

의원 · 장관 · 실장 지낸 차세대 리더

그에겐 항상 '조커'라는 별칭이 따라다닌다. 한나라당 시절에나 이명박
정부 개각 때 주요직 하마평에 꾸준히 오르내렸다. 그만큼 활용폭이 넓다
는 의미다. 경력을 보면 '조커'로 불리는 이유를 잘 알 수 있다. 행정고시
를 거쳐 관료생활을 재무부 관세국과 재무정책국, 청와대 금융담당 행정
관 등 재정 · 세정 · 금융 분야에서 했다.

2000년 16대 총선(성남 분당을)에서 한나라당 후보로 당선돼 정치권에
입문했으며, 전문성과 정세분석력 등을 인정받아 2002년 대선 시에 이회
창 후보의 경제 브레인으로 활동했다. 최병렬 대표 시절에는 비서실장을
지내면서 이른바 '차떼기 정당' 파문 돌파구 마련에 심혈을 기울였다.

한나라당 의원 시절 대변인과 정책위 의장을 비롯한 주요 직책을 두루
거쳤다. 친이명박계 의원으로 분류되지만 박 당선인이 한나라당 대표를
맡았을 때 대변인을 지내는 등 계파색이 그리 진한 편은 아니다. 특히
2007년 경선 과정에서 '중심모임'에 참여하며 중립을 표방했다. 그렇지
만 경선 이후부터 이명박 후보 및 당선인 비서실장을 잇달아 지냈다. 당

선인 비서실장 시절 이명박정부의 골격을 짜고 인선을 하는 과정에서 깊숙이 개입한 것으로 알려졌다. 2009년 9월 노동부 장관에 발탁되면서 이명박정부의 '신실세'로 떠올랐다.

그해 10월 중순에는 고용노동부 장관 신분으로 이 대통령의 특별지침을 받고 싱가포르를 극비리에 방문해 김양건 북한 조선노동당 통일전선부 부장을 만나 남북정상회담 문제를 논의한 것으로 알려졌다. 그만큼 이 대통령의 신임이 깊었다는 뜻이다. 그를 신뢰하게 된 계기는 그가 제안했던 '타운홀 미팅'이었다. 2007년 대통령선거 과정에서 금융채무 불이행자(옛 신용불량자), 대학생, 무주택 신혼부부 등을 이명박 후보가 직접 만나 서민의 고통을 듣도록 한 방식이었다.

이 대통령의 신뢰를 바탕으로 2010년 7월 청와대 대통령실장에 발탁됐다. 지역구 의원 배지도 던졌다. 국회의원 직을 포기한 것에 대해 "서산대사가 입적할 때 읊으신 시 중에 생야일편부운기(生也一片浮雲起: 생이란 한 조각 뜬구름이 일어나는 것)란 구절이 있다"며 "의원직이든 지역구든 원래 내 것이 아니었기 때문에 크게 고민하지 않았다"고 말해 정치권에 잔잔한 화제를 낳았다.

노동부 장관을 지내면서 노동계의 해묵은 과제인 '타임오프제(유급 근로시간 면제제도)'를 시행해 현안 해결 능력도 인정받았다. 10년 의정활동 동안 극단적 선택이나 강경 발언과는 거리를 둬왔다. 야당과 접촉하는 과정에서도 '대화가 되는 상대'라는 평가를 얻었다. 호남 출신 의원이 전무했던 17대 국회에서 이른바 '서진(西進)정책'을 앞장서 실천했다.

18대 대선 경선에 나섰지만 박 당선인에 밀려 고배를 마셨다. 이후 당 중앙선거대책위원회 공동의장으로 박 당선인의 당선을 도왔다. 대선 경선에서는 비록 패했지만 여전히 차기 주자로 손꼽힌다. 권익현 전 한나라당 고문의 사위로 부인 권혜정 씨와의 사이에 2녀가 있다.

장윤석
새누리당 의원

▶ **출생** _ 1950년 경북 영주
▶ **학력** _ 경북고, 서울대 법대
▶ **경력** _ 사법시험(14회), 대검 검찰연구관, 부산지검 공안부장, 서울지검 공안부장, 인천지검 차장, 춘천지검 검사장, 창원지검 검사장, 법무부 법무실장, 17·18·19대 국회의원, 국회예산결산특별위원장
▶ **e주소** _ yschang49@assembly.go.kr

선비 품성의 검사 출신 … 예결위원장 맡아

검사 출신의 3선 의원으로 검사보다는 판사에 가깝다는 평이다. 그만큼 합리적으로 일을 처리하고 보좌진이나 후배 의원들의 말을 잘 들어주는 등 대인관계가 원만하다는 평을 듣는다.

경북 영주에서 태어나 경복고와 서울대 법대를 나와 사법시험에 합격한 뒤 군 법무관으로 가기 전 1년간 변호사를 잠깐 했을 뿐, 이후 정계 입문까지 검찰 요직을 두루 거쳤다. 1977년 서울지검 영등포지청을 시작으로 부산, 대구, 인천, 춘천, 창원 등에서 검사 생활을 했으며 대검 검찰연구관, 대검 공안기획담당관, 법무부 법무실장, 법무부 검찰국장 등을 지냈다.

2003년에 변호사로 돌아와 정계 진출 준비를 해 이듬해인 2004년 17대 총선에서 고향인 영주에서 한나라당 소속으로 당선돼 국회에 입성했다. 검사 경력을 살려 국회 법제사법위원회 간사, 한나라당 법률지원단장, 국회 대법관인사청문특별위원회 간사, 한나라당 인권위원장 등을 지냈다. 2008년 영주에서 재선에 성공한 뒤 국회 가축전염병예방개정특별위원회 간사, 국회 법제사법위원회 간사, 국회 정치개혁특별위원회 간사, 국회 예산결산특별위원회 간사 등을 역임했다. 간사를 도맡아 하면서 '장 간사'로 통한다.

국정감사 NGO 모니터단으로부터 2004년 국회 등원 이래 한 해도 거르지 않고 8년 연속 국정감사 우수의원에 선정되는 진기록을 세웠다. 17대 국회 법제사법위원회와 문화관광위원회 소속으로 있으면서 4년 연속 국감 우수의원에 선정되었으며 재선의원으로 당선된 이후에도 법제사법위원회에서 2년 연속 국감 우수의원으로 선정되었다. 국토해양위원회로 상임위를 옮긴 이후에도 두 차례 국감 우수의원으로 선정됐다.

한 동료 의원은 "합리적인 성품에 남의 말을 잘 들어주면서도 밀리지 않는 협상력을 발휘해 간사를 도맡는 것 같다"며 "모나지 않고 검사 출신답지 않게 날카롭지 않은 친화력도 일품"이라고 평가한다. 2012년 19대 총선에서 3선에 성공했다. 대선에서는 특별한 역할을 맡지 않았지만 지역구에서 박 당선인의 득표를 적극 도왔다. 19대 국회 첫 해에 간사를 벗어나 국회 예산결산특별위원회 위원장을 맡아 예산작업을 주도하고 있다. 종교는 불교, 취미는 테니스이며 좌우명은 진인사대천명(盡人事待天命)이다.

정갑윤
새누리당 의원

▶ 출생 _ 1950년 울산
▶ 학력 _ 경남고, 울산대 화학공학과
▶ 경력 _ 울산대 총학생회장, 울산청년회의소(JC) 회장, (주)해성법인 대표(1995~2003년), 한나라당 울산지부 부위원장, 16·17·18·19대 국회의원, 국회 예산결산특별위원장(18대), 새누리당 상임전국위원
▶ e주소 _ mrjung@assembly.go.kr

울산 4선의 친박 … 예결위원장 지내

울산의 유일한 친박계 다선 의원이다. 울산에서 태어나 울산제일중학교를 나와 고등학교만 부산 경남고를 졸업했다. 대학은 울산공과대학(현 울산대) 화학공학과를 나왔다. 울산대 재학시절 총학생회장을 지냈다. 대학 재학 중에 해성목재공업이란 회사를 세워 1995년까지 대표를 역임했다. 대학 졸업 후에 바로 울산대 총동창회를 만들어 초대 회장을 맡았다. 이후 울산청년회의소(JC)와 경남지구청년회의소 회장 등 지역 모임의 회장을 도맡는 등 청년시절부터 사업과 인간관계에 탁월한 능력을 보였다.

정 의원은 장점을 살려 1996년에 (주)해성을 설립해 대표를 맡았고 대한산악연맹 울산지부 회장에 취임했다. 경남도 의원을 지내다 2001년 한나라당 울산시지부 부위원장으로 본격적으로 중앙정치에 발을 내딛었다. 2002년 지금의 지역구인 울산중구 지구당 위원장을 맡아 그해 열린 울산중구 보궐선거를 통해 16대 국회의원에 당선됐다. 이후 17·18·19대 총선에서 내리 당선되며 울산의 유일한 4선 의원이 됐다.

정치적 성향은 중립친박 정도의 스탠스다. 친박으로 분류되지만 적극적으로 나서지는 않아 18대 총선에서 친박 공천 학살 리스트에서 빠졌다. 18대 국회에서 모든 국회의원들이 하고 싶어 하는 국회 예산결산특별위원회의 위원장을 역임했다. 새누리당 의원뿐 아니라 민주통합당 등 야당 의원과도 관계가 좋은 편이다. 19대 대선 때 직접적으로 직책을 맡진 않았지만 경선 과정부터 당내 중진 의원으로서 박 당선인을 지원했다.

병역은 보충역으로 이등병 제대로 마쳤다. 새누리당 상임전국위원이다. 19대 국회 시작 이후 새누리당 몫의 국회 부의장 선거에 출마했다가 친박계가 국회의장으로 강창희 의원을 밀고 대신 부의장은 친이계인 이병석 의원에게 전략 투표하는 바람에 고배를 마셨다. 존경하는 인물은 이순신 장군이며 취미는 등산과 축구다. 국회 불교 신자들의 모임인 정각회 회장을 맡고 있다.

정몽준
새누리당 의원

▶ 출생 _ 1951년 부산
▶ 학력 _ 중앙고, 서울대 경제학과, 미 존스홉킨스대 국제정치학 박사
▶ 경력 _ 현대중공업 대표이사 사장, 현대중공업 회장, 13 · 14 · 15 · 16 · 17 · 18 · 19대 국회의원, 대한축구협회 회장, 2002월드컵 조직위원회 위원장, 한나라당 대표 최고위원, 18대 대선 새누리당 중앙선대위 공동선대위원장
▶ e주소 _ mjchung@na.go.kr

2002년 대선 출마한 대선주자 … 박 당선인과 장충초 동창

13대부터 19대 총선까지 내리 7선을 기록한 현재 국회 최다선 현역의원이다. 현대그룹 창업주인 정주영 명예회장의 여섯째 아들로 현대중공업 그룹의 최대주주다. 1988년 13대 총선 때 무소속으로 현대중공업이 있는 울산 동구에서 당선되면서 정치에 입문했다. 이후 정주영 명예회장이 대선 출마를 선언하면서 창당한 통일국민당에 입당했다. 1992년 대선 직전 정부기관장들의 지역감정 조장 모의 사건으로 알려진 이른바 '초원복국' 사건과 관련해 도청 논란으로 불구속 기소되는 고초를 겪기도 했다.

무소속 울산 동구 국회의원으로 돌아온 정 의원은 2002년 대선 출마를 선언하고 국민통합21을 창당했다. 대한축구협회장으로서 2002년 월드컵 열풍을 타고 유력 대선 주자로 떠오른 정 의원은 노무현 민주당 후보와 단일화에 합의했지만 여론조사를 통해 노 후보에게 단일후보 자리를 넘겨줘야 했다. 그러나 투표 전날 노 후보가 당선 이후 자신을 배제하려는 듯한 발언을 한 것을 문제 삼아 지지를 철회하면서 논란이 일었다.

노무현 대통령 당선 이후 국민통합21 대표직에서 물러나 다시 무소속 의원을 지내다 2007년 대선을 앞두고 이명박 한나라당 대선 후보 지지를 선언하며 한나라당에 입당했다. 2008년 18대 총선에서는 당의 요청에 따라 5선을 지낸 울산 동구를 떠나 서울 동작을에 출마해 정동영 통합민주당 후보를 누르고 6선 고지에 오르는 데 성공했다.

2008년 7월 한나라당 전당대회에서 최고위원으로 선출됐다. 2009년 박희태 대표가 국회의원 재선거 출마로 사퇴함에 따라 당대표직을 승계했다. 2010년 6.2 지방선거에서 패하자 이에 대한 책임을 지고 대표직에서 물러났다. 2011년에는 2000억 원의 사재를 출연해 '범현대가(家)' 가 5000억 원 규모의 아산나눔재단을 설립하는 데 주도적으로 참여했다.

18대 대통령선거를 앞두고 2012년 4월 말 대선 경선에 출마를 선언해 박 당선인과 경쟁했다. '경선룰' 문제를 놓고 박 당선인과 첨예한 갈등을 빚었다. 정 대표는 경선룰을 고쳐 오픈프라이머리, 즉 완전국민경선제를 도입할 것을 주장했지만 끝내 관철되지 않자 출마를 포기했다. 박 당선인이 후보로 확정된 뒤에는 일찍부터 적극적으로 도왔다. 이후 중앙선대위 공동선대위원장을 맡아 선거를 지휘했다.

박 당선인과는 서울 장충초등학교 동창이다. 그의 자서전《나의 도전, 나의 열정》을 통해 "학교 다닐 때는 서로 알지 못했고, 국회에 들어오기 전 어느 테니스 모임에서 박 당선인을 알게 됐다"고 회고했다. 박근혜 시대에 당을 이끌어갈 핵심 인사로 정부직에 기용될 가능성도 없지 않다.

정문헌
새누리당 의원

▶ 출생 _ 1966년 강원 고성
▶ 학력 _ 경복고, 위스콘신대학 정치학 학사, 시카고대학 정책학 석사, 고려대 정치학 박사
▶ 경력 _ 고려대 연구교수, 이회창 한나라당 대통령후보 특별보좌역, 17·19대 국회의원, 대통령 외교안보수석비서관실 통일비서관
▶ e주소 _ moonhunc@naver.com

노무현 대통령의 NLL 포기 발언 의혹 제기, 대선 승리 공신

18대 대선의 일등 공신 중 한 명이다. 국회 외교통상위원회 새누리당 간사인 정 의원은 10월 국감에서 '노무현 대통령의 북방한계선(NLL) 포기 발언 의혹'을 제기해 대선에 큰 영향을 미쳤다.

선거철이면 어김없이 나오는 북풍(北風)이라는 비판도 일었지만 'NLL 포기 발언 의혹'은 문재인 민주통합당 후보의 해명과 상관없이 선거 기간 내내 입에 오르내렸다. 보수층 결집 효과를 가져왔으며 당내에서는 "성공했다"는 평가를 받았다.

2002년 이회창 한나라당 대선 후보의 특별보좌역으로 정계에 입문했다. 2003년에는 한나라당의 속초·고성·양양·인제 지구당 위원장을 맡았고 17대 국회의원(속초·고성·양양)으로 배지를 달았다. 이명박정부에서 대통령 외교안보수석실 통일비서관을 맡아 대북 강경책을 주도했다. 친이명박계로 분류된다. 19대 총선 공천 과정에서 '친이계 공천 학살' 분위기 속에서도 공천을 받아 국회 입성에 성공했다. 2008년 18대 총선에서 패배를 안겼던 송훈석 민주당 의원에게 설욕을 한 것이다.

대선 국면에 접어들자 박 당선인을 적극적으로 도왔다. 외통위에서 제기한 노 대통령의 NLL 포기 발언 의혹은 큰 파장을 낳았다. 이 논란은 10월 통일부 국정감사에서 정 의원이 "노 대통령은 2007년 남북정상회담에서 NLL 포기를 시사하는 발언을 했다"며 대화록 공개를 주장하며 시작됐다. 이후 김만복 전 국정원장, 이재정 전 통일부장관 등 노무현정부 관계자들이 해당 발언을 전면 부인했지만 논란은 계속됐다.

문재인 후보는 "제가 그 회의록을 최종 감수하고 그것을 보존 기록으로 남겨두고 나온 사람"이라며 "그 회의록 속에 문제되는 발언이 있다면 제가 책임지겠다고 진작에 공언했다"고 했다. 또 "혹시라도 NLL 회의록이 공개되면 저 또는 민주진영에 불리한 점이 있지 않을까라는 염려는 조금도 하지 않아도 된다"고 해명했다.

그러나 이 같은 해명과 상관없이 정 의원과 같은 상임위의 이철우 새누리당 의원, 서상기 국회 정보위원장 등이 잇달아 의혹을 제기했다. 결국 선거 전날인 12월 17일까지 대화록 여부를 쟁점화시키며 문 후보를 압박하는 데 성공했다. 정 의원의 의혹 제기에는 비판도 일었다. 정 의원은 노무현정부 시절인 2005년 11월 대통령기록물은 일정 시점 전까지는 공개열람할 수 없고 그 누구도 제출을 요구할 수 없도록 하는 '예문춘추관 제정법'을 대표발의한 바 있다. 이 법은 현재 '대통령기록물관리법'의 모태인데, 정 의원이 공개를 요구한 2007년 남북정상회담 대화록은 비공개 기록물로 지정돼 있다. 자기모순이란 지적이 나왔다.

그러나 당내에서는 정 의원의 활동에 합격점을 주고 있다. 대선의 이슈를 선도했다는 평이다. 총선·대선에 모두 박 당선인에게 힘을 실어준 강원 지역 출신이라는 점에서 차기 내각에 참여할 가능성도 점쳐진다. 4선의 정재철 전 의원의 아들이다.

정병국
새누리당 의원

▶ **출생**_1958년 경기 양평
▶ **학력**_서라벌고, 성균관대 사회학과, 연세대 행정대학원, 성균관대 정치학 박사
▶ **경력**_통일민주당 김영삼 총재비서, 청와대부속실장, 문화체육관광부 장관, 16·17·18·19대 국회의원
▶ **e주소**_withbg@naver.com

문광부 장관 출신의 홍보미디어 전문가

4선 의원(경기 양평·가평)으로 18대 대선에서 박 당선인의 후보캠프 상임 특보 겸 불교본부 총괄단장을 맡아 '불심 잡기'에 남다른 공을 들였다. 16대에 국회에 입문한 정 의원은 18대까지 12년간 국회 문방위에서 활동하면서 홍보와 미디어 정책 전문가로 역량을 키웠다. 18대 국회에서 문화체육관광방송통신위원회 위원장을 지낸 뒤 문화체육부 장관으로 발탁된 것도 이 같은 전문성을 인정받아서다.

한나라당 홍보기획본부장을 역임했으며 18대 대선에서는 이명박 대통령 재임기간 중 소원해진 불교계와의 관계 회복을 위해 불교본부 총괄단장을 맡았다. 선거기간 중 불교신문에 박 당선인과 불교계와의 인연을 강조하는 글을 기고하는 등 불자들의 표심 공략에 심혈을 기울였다. 불교신문에 기고한 글에서 "박 당선인은 인생에서 가장 어려웠던 시절인 1979년 박정희 대통령 서거 직후 청와대를 떠나 보통사람으로 돌아갔을 때도 〈금강경〉, 〈법구경〉 등 불교 관련 서적을 읽으며 시련을 이겨냈다"고 불교와의 인연을 강조했다. 또 2008년 2월 국보 제1호 숭례문 방화사건을 계기로 박 당선인이 '문화재보호기금법안'을 대표 발의한 내용 등도 상세히 소개했다.

　1958년 경기도 양평군 개구면 부리에서 평범한 농부의 아들로 태어났다. 유신 독재 말기인 1978년 성균관대 사회학과에 다니던 그는 1979년 10.26을 계기로 전국 총학생회부활준비위원회 상임위원장을 맡아 학생운동 전면에 나섰다. 이듬해 강제 징집을 거부하고 해병대에 자원입대했다. 복학 뒤 학생운동으로 안기부에 검거돼 1년 6개월의 실형을 선고받아 복역하던 중 6.29 선언으로 석방됐다.

　1987년 통일민주당에 입당해 김영삼 총재 비서로 상도동 진영에 합류하며 본격적인 정치활동에 뛰어들었다. 1992년 김영삼 대통령이 대선에서 승리한 후에는 청와대 부속실장으로 임명됐다. 당시 그의 나이는 만 34세였다. 청와대 임명직 비서관 중에서는 최연소였다. 그에 대해 김영삼 대통령은 젊지만 겸손함과 탁월한 친화력을 갖춘 인물이라고 평가했다고 한다.

　청와대 임기를 마치고 미국 조지타운대 객원연구원으로 1년간 미국에 머물며 미국 정치에 대한 이해를 넓힌 뒤 정치인의 역할에 대한 고민을 했다. 귀국한 뒤 성균관대 정치학 박사과정을 밟던 중 16대 총선에서 고향인 양평에서 국회의원에 첫 출마해 당선된 후 19대 총선까지 내리 4선에 성공했다. 부인 이상희 씨와의 사이에 1남 1녀를 두고 있다.

정수성
새누리당 의원

- ▶ 출생 _ 1946년 경북 경주
- ▶ 학력 _ 경북고, 육군보병학교(갑종 202기)
- ▶ 경력 _ 육군 소위, 월남전 참전(백마부대 소대장), 55사단장, 수도군단장, 1군사령관(육군대장), 18 · 19대 국회의원
- ▶ e주소 _ www.jss4star.co.kr

박 당선인의 안보특보로 정치 입문 …
백마부대 소대장으로 월남전 참전

박 당선인의 안보특보를 지낸 핵심 측근이다. 1946년 경북 경주에서 2남 3녀 중 막내로 태어난 그는 어릴 때는 병을 달고 살았을 만큼 약골이었지만 초등학교(양동초 44회)를 들어갈 무렵부터 건강 체질로 바뀌었다. 1961년 경주중(22회)을 거쳐 1964년 경북고(45회)를 졸업하고 1966년 육군보병학교(갑종 202기)에 들어가 육군 소위로 임관했다.

군문의 첫 임무는 수색중대 소대장. 월남전에 참전했다. 1967년 10월, 백마부대 소대장으로 베트남에 파병돼 두 다리에 한 발씩 총탄을 맞고도 전장 지휘를 성공적으로 수행했다. 왼쪽 다리의 총알은 결국 제거하지 못해 영광의 상처로 남았다.

4성 장군이 된 그는 국방부 특별진상조사단 단장을 맡아 주요 현안을 명확하게 처리했다는 안팎의 평가를 받았다. 또 러시아 극동군관구사령부를 방문해 한 · 러 군사교류협력 증진에 기여한 것도 주요 업적으로 꼽힌다. 그를 아는 사람들은 '솔직담백하고 선이 굵은 외유내강형 지휘관',

'치밀하면서도 합리적인 성품의 소유자'로 기억한다. 또 대부분의 군생활을 야전에서 보내 '야전교범'이라는 별명을 얻기도 했다.

고등학교를 졸업한 직후 군복을 입은 지 40년이 지나 제1야전군 사령관(육군 대장)을 끝으로 군인 생활을 마감했다. 퇴역하고 1년여가 지난 2007년 63세의 나이로 박근혜 한나라당 대선 경선 후보의 안보특보로 임명돼 정계에 입문했다. 당시 각종 언론 인터뷰에서 "1군 사령관 시절 박 후보가 군 사령부를 방문해 처음 뵙게 됐다"며 "그분의 정직과 원칙, 소신을 느낄 수 있었고 이후 그분의 지도력 때문에 국가 지도자로 모시기로 결심했다"고 말했다.

2009년 4월 경주 재선거에서 무소속으로 출마해 이명박 대통령의 핵심 측근인 정종복 한나라당 후보를 꺾고 국회에 첫 입성했다. 이 선거는 당시 권력 투쟁을 벌이던 친이계와 친박계의 대리전으로 비화돼 논란이 되었다. 승리를 따낸 정 의원은 곧바로 한나라당에 입당해 국회 행정안전위원회에서 활동했다.

19대 총선에서도 새누리당 공천을 받아 서울경찰청장을 지낸 친이계 김석기 무소속 후보를 누르고 재선에 성공했다. 짧은 정치 경력에도 불구하고 재선 의원까지 오른 데에는 역시 박 당선인의 후원이 절대적인 역할을 했다. 18대에서 "박정희 대통령의 위대한 국가 재건을 완수하기 위해서는 선덕여왕에 버금가는 지혜를 가진 박근혜 대표에게 힘을 실어줘야 한다"며 "그 길을 앞당기기 위해 이 한몸 던지겠다"는 서약을 했다.

이복구 씨와의 사이에서 두 아들을 뒀다. 둘째 아들인 성우 씨는 아버지의 뒤를 이어 육군사관학교를 졸업한 뒤 직업군인의 길을 걷고 있다.

정옥임

전 새누리당 의원

▶ 출생 _ 1960년 서울
▶ 학력 _ 성신여대부속고, 고려대 정치외교학과, 동대학원 국제정치
  학 박사
▶ 경력 _ 미국 브루킹스연구소 동북아정책연구센터 연구위원, 선문대
  국제학부 교수, 국방연구원 연구위원, 18대 국회의원, 한나라당 원
  내대변인
▶ e주소 _ www.ochung.or.kr

외교안보 전문가에서 박 당선인의 저격수로 변신

박 당선인의 대선캠프에서 대변인을 맡아 맹활약한 정옥임 전 의원은 굳
이 따지자면 친이명박계로 분류된다. 고려대에서 학사는 물론 석·박사
까지 모두 마쳐 태생적으로 이 대통령의 '고대 인맥'으로 묶일 수밖에 없
었다. 1960년 서울에서 태어나 성신여대부속고를 나와 고려대 정치외교
학과를 수석 입학해 수석 졸업했다. 그러나 상대적으로 이른 나이에 결혼
했던 그는 27세의 나이에 세 딸의 엄마가 되면서 가사와 육아에 전념해
야 했다.

그러다 다시 공부를 시작한 것은 큰딸이 초등학교에 들어가면서부터
다. 모교인 고려대를 졸업한 지 거의 10년 가까이 지난 뒤였다. 국제정치
학을 전공해 박사학위까지 마친 후 홀로 세 딸을 데리고 미국 유학길에
올랐다. 미국 스탠퍼드대 박사후 과정을 거쳐 후버연구소에서 객원 연구
위원으로 일했다. 1999년에는 미국의 대표적 싱크탱크인 브루킹스연구
소의 동아시아정책연구센터에서 연구위원을 역임했다. 동시에 청와대
국가안전보장회의(NSC)에서 정책 전문위원으로 위촉되어 2000년 세종연

구소 연구위원에 임용되면서 귀국했다. 2003년에는 KBS '라디오정보센터 정옥임입니다'를 진행하면서 이름을 알렸고 국가정보원, 외교통상부, 국방부 등 외교안보 관련 부처에서 정책 자문위원을 지냈다.

2004년부터 선문대 국제학부 교수로 근무했으며 2006년 지방선거 공천심사위원을 맡아 한나라당과 인연을 맺었다. 2007년에는 이 대통령의 대선캠프에 참여했다. 2008년 18대 국회에 비례대표로 당선돼 정치계에 입문했다. 원내에 진입해서도 한나라당 국제위원회 부위원장과 국회 남북관계발전특별위원회 위원 등을 지내며 '외교통'으로 자리매김했다.

깔끔하고 단정한 이미지로 방송 활동 경력까지 십분 활용해 '당의 입'인 원내대변인으로도 활동하며 대중적 인지도를 쌓았다. 19대 총선에서 예비후보로 등록한 서울 양천갑이 비례대표 공천 배제 지역으로 결정되자 지역구를 서울 강동을로 변경해 출마했다. 하지만 심재권 민주통합당 후보에게 밀려 고배를 마셨다.

18대 대선을 앞두고는 박 당선인 캠프의 정치쇄신특별위원회 위원으로 임명돼 핵심 공약인 정치쇄신안을 만드는 데 일조했다. 이어 선거 막판에는 대변인으로 추가 투입되면서 기존 이상일·조윤선·안형환·박선규 대변인과 함께 박 당선인의 저격수로서 대선 승리를 견인했다는 평가를 받았다.

트위터를 통해 활발히 활동하다가 최근 "여성 대통령을 강조하는 당에서 여성에 대한 작은 배려조차 전혀 없는 남성문화가 솔직히 씁쓸했다"고 트윗글을 남겼다가 논란이 일자 트위터를 자진 탈퇴했다.

정우택
새누리당 최고위원

▶ 출생 _ 1953년 부산
▶ 학력 _ 경기고, 성균관대 법대, 서울대 행정대학원, 미국 하와이대 대학원 경제학박사
▶ 경력 _ 행정고시 22회, 경제기획원 법무담당관, 15 · 16 · 19대 국회의원, 자민련 정책위의장, 아 · 태환경개발의원회의 집행위원장, 해양수산부 장관, 충북지사
▶ e주소 _ wtc0218@gmail.com

의원 · 장관 · 도지사 지낸 충청권 차세대 주자

충북지사를 지낸 충청권의 대표적 친박계 인사다. 국회의원, 장관, 도지사, 대학총장 등을 두루 거쳤다. 행정고시를 거쳐 경제기획원에서 관료 생활을 시작했던 그는 1992년 국회의원 도전에 실패했다. 여기서 멈추지 않고 1996년 자민련 공천을 받아 충북 진천 · 음성에서 15대 국회의원에 당선되면서 정치에 입문했다. 2000년 16대 총선에서 재선에 성공하며 자민련 정책위의장을 지냈고, 김대중정부 시절 이른바 'DJP공조'로 2001년 40대의 나이에 해양수산부 장관으로 발탁되는 등 승승장구하는 듯했으나 공조 파기로 5개월만에 물러났다.

이후 정치 인생에 다소 곡절을 겪었다. 2004년 노무현 대통령 탄핵 역풍으로 3선에 실패한 그는 2006년 지방선거 때 한나라당 후보로 충북지사 선거에 출마해 당선됐다. 그렇지만 2010년 지방선거에서는 재선에 실패했다. 세종시 원안을 고수했고, 당론과 달리 초 · 중등학교 무상급식을 대표 공약으로 제시했으나 이시종 민주당 후보에게 고배를 마셨다. 2012년 4.11 총선에서 새누리당 후보로 충북 청주 상당에 출마해 당선됐으며

5.15 전당대회를 통해 최고위원으로 당 지도부에 입성했다.

농림부장관과 5선 국회의원을 지낸 정운갑 전 의원의 아들이다. 공직에서 잘나가다가 정치인의 길을 택한 것에 대해 "정치하는 집안에서 태어나 어릴 적부터 정치에 관심이 많았다. 정치인들이 우리 집에 모이면 항상 거실 바닥에 엎드려 귀를 대고 무슨 말을 하나 엿듣곤 했다. 고시공부도 집에서 했는데 아버지가 몸담았던 10대 국회의 의원들 프로필을 모두 외울 정도였다"고 회고했다.

1992년 첫 국회의원 도전에 실패한 후 절치부심했다. 그는 "그때 햇볕을 너무 많이 쬐고 다녀 피부병이 생겼다. 고시공부나 박사 공부할 때보다 더 열심히 뛰어다녔다. 산등성이건, 논두렁 밭두렁이건 사람이 보이기만 하면 미친 듯이 달려가 손을 붙잡고 매달렸다"고 했다.

그는 친박이지만 대선 과정에서 최고위원으로 쓴소리도 마다하지 않았다. 대선을 두 달 가량 앞두고 "새누리당 최대의 적은 오만한 인식이다. 주류가 된 몇 사람이 당을 움직인다는 생각을 하게 된다"며 "이런 차원에서 이재오·정몽준 의원도 긴밀히 접촉하는 등 뭉치는 모습을 보여야 한다"고 박 당선인에게 건의했다. 박 당선인의 윤창중 수석대변인 인선에 대해 "보수 논객으로 알려진 분을 택한 것이 대통합과 어떻게 맞아떨어져 매칭할지 의문을 일으킬 수 있다"고 비판했다.

토론에 강하고 대인관계도 원만하다는 평을 듣는다. 문화활동도 열심히 한다. 패션쇼에도 출연했고, 음악회 무대에도 자주 올라 색소폰을 연주한다. 충북지사 시절에는 150억 원 규모의 문화재단과 문화예술포럼을 만들었다. 메세나운동에도 나서 14개 기업체와 예술인들을 맺어줬다.

정희수
새누리당 의원

▶ 출생 _ 1953년 경북 영천
▶ 학력 _ 대구상고, 성균관대 사회학과, 미국 일리노이대 경제학 석·박사
▶ 경력 _ 한나라당 경북도당위원장, 한국-핀란드 의원친선협회 회장, 국회 쇄신특별위원장, 17~19대 국회의원
▶ e주소 _ www.happy01000.net

박 당선인의 숨은 경제 가정교사

박근혜 당선인의 숨은 경제 가정교사로 평가받는다. 박 당선인과 정기적으로 경제정책에 관해 토론하는 모임을 가졌던 것으로 전해진다. 1953년 경북 영천에서 태어나 대구상고와 성균관대 사회학과를 졸업했다. 미국으로 건너가 일리노이대에서 경제학 석·박사 학위를 받았다. 이후 대우경제연구소에 입사해 지방산업경영센터 본부장으로 활약했다. 당시 연구소는 지금 새누리당 원내대표인 이한구 의원이 소장을 맡아 이끌고 있었다.

새누리당 비례대표로 19대 국회에 입성한 안종범 의원과 강석훈 의원도 각각 재정팀장과 금융팀장을 맡아 활발한 연구활동을 벌였다. 대우그룹이 1999년 워크아웃에 들어가자 대우경제연구소도 해체 수순을 밟았고 이들 멤버는 학계와 타 연구소 등으로 뿔뿔이 흩어졌다. 이 원내대표는 16대 한나라당 비례대표 의원으로 국회에 진출했고 정 의원은 민간 연구소인 백상경제연구원장으로 자리를 옮겼다. 안 의원은 한국조세연구원을 거쳐 성균관대 경제학과 교수가 됐고 강 의원은 곧바로 성신여대 경제학과에 임용됐다.

정 의원이 정치권에 첫발을 내딛은 것은 2005년으로 4.30 재보선에서 박 당선인의 전폭적 지원을 받아 국회에 입성해 주목을 받았다. 박 당선 인이 골목골목을 다니며 유권자들에게 지지를 호소한 일화는 지금까지 회자될 만큼 유명하다. 정 의원은 정치 입문 계기에 대해 "민간연구소 등 에서 실물경제를 많이 연구했다"며 "제 경험과 역량을 바탕으로 조금이 나마 국가 발전에 기여하고 싶었다"고 설명했다.

17대 국회에 처음 들어와 줄곧 국토해양위원회에서 활동하며 6년 연 속 국정감사 우수의원으로 선정되는 등 주로 국토해양 전문가로서 입지 를 쌓았다. 그러나 3선 의원이 된 19대 국회에서부터는 국방 전문가로의 변화를 시도했다. 지역구인 영천에 육군3사관학교, 제2탄약창, 항공대 대, 공병단 등 군 관련 시설이 많다는 점을 고려해서였다. 군 관련 시설로 인해 지역 주민이 재산권 행사에 제한을 받고 있다는 점도 국방위를 선택 하는 계기가 됐다.

국감 첫날부터 대한민국 국군 장병의 끼니당 배정 식비가 2,051원으 로 서울 중학생 급식비의 63%, 미군 사병 급식비의 54%에 불과하다고 지적해 언론의 스포트라이트를 받았다. 방위사업청에 대한 국감에서는 국산 명품무기로 불리는 K2 전차에 검증이 안 된 독일산 파워팩 장착을 무리하게 강행해 600억 원의 예산을 낭비했다고 비판했다. 이밖에 여성 인력 확대의 일환으로 육군3사관학교에서도 여생도 모집을 즉시 허용해 야 한다고 주장해 김관진 국방부 장관으로부터 "적극 검토하겠다"는 답 변을 이끌어내는 성과를 거뒀다. 아울러 18대 대선에서는 당 중앙선대위 에서 중소기업·소상공인 벤처기술협력단장을 맡아 활약했다.

조명철

새누리당 의원

▶ 출생 _ 1959년 평양
▶ 학력 _ 김일성종합대학교 경제학 준박사
▶ 경력 _ 김일성종합대학 경제학과 교수, 대외경제정책연구원 국제개
　발협력센터 소장 · 통일국제협력팀장, 한국경제신문 객원논설위원,
　21대 통일교육원 원장, 19대 국회의원
▶ e주소 _ blog.daum.net/cho-1011

탈북자 1호 국회의원

여러 개의 '최초' 타이틀이 따라다닌다. 2011년 6월 통일부 산하의 통일
교육원장(가급 · 구 1급)에 임명되면서 탈북자로서 최초로 남한 정부의 고
위공직자가 됐다. 2012년 4.11 총선에서는 새누리당 비례대표 후보 4번
으로 국회의원에 당선되면서 '탈북자 출신의 첫 번째 국회의원'이라는
기록까지 세웠다. 탈북자들의 '코리안 드림'의 가장 대표적인 예가 된 셈
이다.

　1959년생으로 북한 정무원 건설부장(남한의 국토해양부 장관)이던 아버
지와 인민경제대학 통계학 교수인 어머니 사이에서 태어났다. 간부 자제
들만 다닐 수 있는 평양 남산학교(인민반 · 중등반 · 고등반)와 김일성종합대
학을 졸업한 엘리트다. 김정일 국방위원장의 중 · 고교, 대학 후배일 뿐
아니라 현재 북한 권부 내 상당수 인사들과 어린 시절을 함께 보냈다.

　김일성종합대학 경제학부 교수였으나 중국 난카이(南開)대학 교환교수
로 근무하던 1994년 7월 남한으로 넘어왔다. 그의 나이 35세 때다. 탈북
동기에 대해 언론 인터뷰에서 "중국이 개혁 · 개방으로 경제성장을 이루

었는데 북한은 무얼 하고 있나하는 분노가 일었다”며 “북한에 가서 고쳐야 된다는 말을 할 수 없기 때문에 남한으로 가야 (북한 정권에) 타격을 줄 수 있겠다고 생각했다”고 말했다. 이후 경제 분야 전문성을 인정받아 대외경제정책연구원에서 통일국제협력팀장, 국제개발협력센터 소장을 역임하며 북한경제 전문가로 활동했다.

북한·통일문제에 대한 풍부한 경험과 전문성을 인정받아 2011년 6월 통일교육원장에 임명됐다. 탈북자 사정을 누구보다 잘 아는 그이기에 통일교육원장 시절 중국 내 탈북자 북송 문제와 관련해 김일성대학을 졸업한 중국 인사들에게 탈북자 강제북송을 막아달라는 내용의 서한을 발송했다.

남한에서 승승장구해온 그이지만 시련도 있었다. 북한은 남한에서 그의 활동을 곱지 않게 봤다. 통일교육원장에 임명되자 북한 매체들은 그의 실명을 직접 언급하며 ‘인간 쓰레기’ 라고 비난했다. 2000년 2월 대외경제연구소 연구위원 재직 당시에는 중국 출장 중 괴한에게 납치된 뒤 극적으로 탈출했다. 납치 직후 북한 공작원이면 어쩌나 걱정도 했지만 다행히 몸값을 노린 괴한들의 소행으로 드러나 해프닝에 그쳤다.

2012년 4월 19대 총선에서 새누리당 비례대표로 국회에 입성하면서 탈북자의 역사를 새로 쓰고 있다. 지금도 북한에 대한 깊이 있는 분석은 타의 추종을 불허한다는 평가를 받는다. 18대 대선 과정에서도 대북정책과 관련해 외곽에서 박 당선인을 지원한 것으로 알려져 있다. 한반도 분단 상황의 상징적인 인물인 만큼 박근혜정부에서도 통일 준비를 비롯한 대북정책에서 중책을 맡을 것이라는 전망이 나온다.

조원진
새누리당 의원

▶ 출생 _ 1959년 대구
▶ 학력 _ 서울 인창고, 한국외대 정치외교학과
▶ 경력 _ 13대 황병태 국회의원 비서관, (주)대우 북경지사 기획부장,
    (주)북경한샘 대표, 18 · 19대 국회의원, 한나라당 원내부대표, 새누
    리당 전략기획본부장
▶ e주소 _ johj98@assembly.go.kr

원조 친박 재선 의원 … TK 전략통

TK 출신의 친박계 핵심 의원으로 중국통(通)으로 불린다. 원조 친박이다.
대구에서 태어나 서울 인창고와 한국외대 정치외교학과를 졸업한 뒤 13
대 국회에서 황병태 국회의원 비서관으로 정계에 입문했다. 황 의원은 한
국외대 총장을 지냈으며 통일민주당 창당 당시 부총재로 영입되면서 제
자 중 눈여겨본 조 의원을 비서관으로 영입한 것이다.

김영삼 대통령의 최측근으로 꼽히던 황 의원이 주중대사로 임명됐다.
조 의원은 그때 세계경영을 선언하고 해외시장 개척에 적극적이던 대우
그룹으로부터 특채 제안을 받아 1992년 김우중 회장의 직속 회사인 ㈜대
우에 배속돼 북경지사 기획부장으로 일했다. 1993~1996년까지 중국 베
이징에서 지내면서 베이징대 국제정치대학원을 수료했다. 이때부터 중
국통으로 불렸다.

15대 국회에서 처음으로 보좌했던 황병태 의원(신한국당 소속)이 다시
당선되면서 보좌관으로 국회로 돌아왔다. 1998년부터는 독자적으로 정
치인의 길을 걸었다. 그해 고향인 대구에서 실시된 보궐선거에 무소속으

로 출마했으나 낙선했고, 2000년 16대 총선 때도 무소속으로 도전했지만 역시 떨어졌다. 그 후 8년간 중국통으로 돌아갔다. 중국으로 건너가 駐중국한국인회 부회장과 세계한인무역인협회(OKTA) 베이징지부 회장 등을 지냈다. 대우 북경지사 근무시절인 1993년 조 의원의 아이디어로 국내 기업으로는 처음으로 조선족 동포 학생 100명을 뽑았는데, 그게 힘이 됐다. ㈜북경한샘 법인 대표도 역임했다.

2008년에 처음으로 국회의원 배지를 달았다. 18대 총선에서 대구 달서병에 친박연대로 출마해 당선됐다. 이명박 대통령과 이재오 의원 등 친이계들이 친박계 의원들에 대해 '공천 학살'을 하자 친박 의원들은 친박연대로 독자 출마를 했는데, 조 의원도 그 대열에 합류했다. 당선된 뒤 한나라당으로 복당했으며 2010~2011년에 원내부대표를 역임했다.

2012년 4.11 총선에서 재선에 성공했다. 18대 대선에서는 박 당선인의 전략기획본부장과 불법선거감시단장을 맡아 활약했다. 특히 안철수 후보에 대한 검증과 민주통합당의 네거티브 전에 맞서 대선전을 주도했다는 평가를 받는다.

직책에서 알 수 있듯이 겉으로는 매우 공격적이다. 한번 맞다고 판단하면 밀고 나가는 스타일이다. 친이계와 친박계가 충돌하면 앞장서 공격수 역할을 해왔다. 하지만 실제론 보좌진 등의 의견을 폭넓게 수용하고 한번 믿는 사람은 끝까지 챙기는 등 속내는 '부드러운 남자'라는 평가도 동시에 받는다. 국회의원으로서는 특이하게 병역을 육군 하사 만기제대로 마쳤다.

조해진

새누리당 의원

▶ **출생**_1963년 경남 밀양
▶ **학력**_밀양고, 서울대 법대, 서울대 법대 대학원 법학석사
▶ **경력**_한나라당 총재 보좌역, 서울특별시장 비서관, 이명박 대통령 후보 공보특보, 이명박 대통령 당선인 부대변인, 18·19대 국회의원, 한나라당 대변인
▶ **e주소**_www.chohaejin.com

정치권 대표적 공보통, 친이명박계지만 朴 당선에 공

정치권의 대표적 공보통으로 불린다. 이명박 대통령과 인연을 맺기 전 정치적인 운이 그리 좋지 않았다. "안 되는 곳만 골라 다닌다"는 소리를 들을 정도였다. 서울대 법과대학원을 졸업한 후 1992년 박찬종 신정당 대표 보좌역으로 정계에 입문해 6년 반을 보냈다. 이어 이회창 한나라당 총재 보좌관으로 4년을 지냈다.

조 의원이 모신 두 사람은 모두 유력 대선 주자였다. 두 사람이 대권 도전에 실패하면서 눈물을 삼킬 수밖에 없었다. 이 대통령을 만난 것은 2005년 5월. 그는 정치권을 잠시 떠나 정치 발전전략과 관련한 책 집필을 준비하던 차에 서울 시장이던 이 대통령이 강승규 시 홍보기획관을 보내 도와달라고 요청했다. 그는 고심 끝에 이를 받아들였다.

서울 시장 정무 보좌관을 맡아 '이명박 대통령 만들기'에 나섰다. 이 대통령이 조직한 안국포럼에서 실무를 이끌었다. 이 대통령이 서울 시장을 그만둔 2006년 7월부터 본격 대선 플랜 짜기에 들어갔다. 2007년 17대 대선 한나라당 경선에서 공보 특보를 맡아 'BBK 공격' 등을 효과적으로 막는 데 일조했다는 평가를 받았다.

대선 본선에서는 PR팀장과 공보기획팀장으로 최전선에서 네거티브를 막으며 대선 승리의 일등공신이 됐다. 세 번 도전 끝에 대통령 만들기에 성공한 것이다. 이후 이명박 당선인 부대변인으로 지근거리에서 보좌했다. 탁월한 언론 홍보 감각을 가져 이 대통령의 마음을 누구보다 가장 정확하게 전달한다는 소리를 들었다.

2008년 18대 총선에서 이 대통령 곁을 떠나 한나라당 후보로 국회에 입성해 당 대변인을 지냈으며 18대 대선에서도 중앙선거대책위원회 대변인을 했다. 그가 정치권의 대표적 공보통으로 불리는 이유들이다. 대표적인 친이명박계 의원이면서도 선대위 대변인을 맡은 것은 박 당선인이 그의 공보 능력과 정치 감각을 높이 산 때문이다.

나경원, 원희룡 전 의원 등과 함께 정치권의 대표적 82학번이다. 성경과 함께 수첩 2~3권을 들고 다니는 게 습관이다. 독실한 기독교인이자 공보 활동에 따라 기록하는 것이 몸에 밴 데 따른 것이다. 온화한 성품으로 목사님, 장로님 별칭을 갖고 있지만 강단이 필요할 땐 과감히 자기 목소리를 낸다. 2012년 6월 새누리당이 국회 쇄신 방안의 일환으로 국회의원 세비 반납 결의를 했을 때 당 소속 의원 147명이 찬성했으나 이재오, 김성태 의원과 함께 거부 의사를 밝혔다.

그는 "논리적으로 생각할 때 국회가 안 열려서 세비를 반납한다면 정기국회를 제외한 1월부터 8월까지 임시국회 기간 동안은 어떻게 할 것인가. 임시국회가 안 열리면 무노동 무임금의 원칙을 적용할 것인가"라고 비판했다. 두 명의 대통령 만들기에 성공한 그의 꿈은 과연 어디를 향하고 있을까. 부인 송욱 씨와의 사이에 3녀를 두었다.

최 경 환

새누리당 의원

▶ 출생 _ 1955년 경북 경산
▶ 학력 _ 대구고, 연세대 경제학과, 미 위스콘신대학 경제학 박사
▶ 경력 _ 1978년 행시 합격(22회), 재정경제원 국고국 서기관, 청와대
  경제수석실 보좌관, 기획예산처 법무담당관, 한국경제신문 편집부
  국장 · 경제연구소장 · 논설위원, 이회창 대통령후보 경제특별보좌
  관, 17 · 18 · 19대 국회의원, 17대 대통령직인수위원회 경제2분과
  위 간사, 지식경제부 장관, 박근혜 대통령경선후보 총괄본부장, 박
  근혜 대선후보 비서실장
▶ e주소 _ vision2015@assembly.go.kr

명실상부한 박 당선인 최측근 …
한경 출신 지경부장관 지낸 경제통

경제관료 출신으로 박근혜 당선인의 측근 그룹 중 실세다. 당시 박근혜 대선후보 비서실장을 맡았다가 2012년 10월 초 '친박계 퇴진론', '인적 쇄신론'이 불거지자 비서실장을 사퇴하고 백의종군하며 박 후보의 당선을 도왔다. 이명박정부의 대통령직 인수위원회에도 참여했고, 지식경제부 장관도 지내 박근혜정부에서는 대통령실장이나 주요 경제부처 장관을 역임할 가능성이 높다.

연세대 4학년 재학 중 행정고시(22회)에 합격한 뒤 경제기획원, 청와대 경제수석실, 기획예산처에서 근무했다. 관료 시절 미국 위스콘신대학에서 경제학박사 학위를 따고, 국제금융기구인 유럽부흥개발은행(EBRD) 수석이코노미스트로 일했다. 기획예산처 법무담당관을 마지막으로 공직을 떠나 1999년 한국경제신문 논설위원으로 옮기면서 언론인으로 변신했다. 2004년까지 한국경제신문에서 경제연구소장과 편집부국장을 지냈다. 그러던 중 2002년 대선 때 한나라당 이회창 후보의 경제특보를 맡으며 정치와 인연을 맺었다. 이회창 후보의 대선 패배 이후에도 한나라당 제2창당 준비위원회 뉴비전분과위원으로 선임돼 제2창당 실무작업을 담당했다. 제17대 총선에서 고향인 경북 경산·청도에서 한나라당 공천을 받아 당선됐다. 이후 19대까지 내리 3선을 기록했다.

2007년 한나라당 대선후보 경선 때부터 박 후보를 본격 지원하면서 친박계의 핵심으로 자리 잡았다. 그는 친박계이지만 이명박 대통령의 인수위원회에 경제2분과 간사에 발탁됐다. 경제관료와 언론계를 거친 전문성을 인정받은 결과다. 이를 계기로 2009년 9월 개각 때 지식경제부 장관으로 임명돼 2011년 1월까지 장관직을 수행했다. 이명박 대통령이 인수위에서 최 의원의 전문성과 남다른 추진력을 눈여겨봤다가 장관을 맡겼다는 후문이다. 지경부 장관 시절인 2009년 말 40억 달러 규모의 아랍에미레이트 원전 건설을 수주하는 쾌거를 이루었다.

그와 함께 일한 지경부 관료들은 전문성, 추진력, 보스 기질 등 리더로서의 3박자를 모두 갖췄다고 입을 모은다. 관료에서 언론인, 언론인에서 정치인으로 변신하는 과정에서도 그런 리더십으로 자신만의 영역을 확고히 구축했다는 평가다. 김인호 전 청와대 경제수석과는 공무원 시작 때부터 상사로 모셔 지금도 멘토처럼 가깝게 지낸다. 김 전 수석은 1997년 외환위기 책임자로 몰려 있던 시절에도 다른 사람과 달리 자신을 챙겨준 후배 관료로 그를 기억하고 있다.

미국 위스콘신대 유학 시절에는 새누리당 유승민 의원, 안종범 의원, 강석훈 의원 등과 비슷한 시기에 함께 공부했다. 그중에서도 안 의원과 강 의원은 최 의원이 아끼는 후배들로 알려져 있다. 안 의원과 강 의원은 모두 박 대선후보의 캠프 비서실에서 정책을 다듬는 핵심 역할을 했다. 부인 장인숙 씨와의 사이에 1남 1녀를 두고 있다.

한선교

새누리당 의원

▶ 출생 _ 1959년 서울
▶ 학력 _ 대일고, 성균관대 물리학과, 성균관대 국가전략대학원 정치학 석사
▶ 경력 _ 문화방송 아나운서, 아나운서협의회 사무국장, 17~19대 국회의원, 한나라당 공동대변인, 한국농구연맹(KBL) 총재
▶ e주소 _ hansunkyo@assembly.go.kr

유명 아나운서 출신의 원조 친박, 무소속 출마 당선 '뚝심' 도

대표적인 친박계로 꼽힌다. 방송가에서 유명세를 떨친 아나운서 출신으로 2004년 17대 총선에서 경기 용인을 지역에서 한나라당 후보로 당선되면서 정치권에 진출했다. 박근혜 당선인이 한나라당 대표를 맡고 있던 시절 당 대변인을 지내는 등 두터운 신임을 받았다.

'친박' 꼬리표는 그의 정치인생에서 큰 걸림돌이 되었다. 이명박정부 출범 직후인 2008년 4월 총선을 앞두고 '친박계 대학살'로 불리는 공천에서 탈락했다. 무소속 출마를 감행해 대표적인 친이명박계였던 윤건영 전 의원을 제치고 재선에 성공하는 뚝심을 보여줬다. "단기필마로 거대 여당과 싸운다는 게 너무 힘들었다"면서도 "수지의 아파트촌을 발로 뛰며 선거구민들에게 진심을 보인 것이 주효한 것 같다"고 당선 소감을 말했다. 이후 친정인 한나라당에 복당했다.

공천 탈락 뒤 무소속으로 출마하며 "한나라당에 탈당계가 아닌 외출계를 제출한다"고 말해 화제가 됐다. 또 "형식적인 탈당으로 몸은 떠났지만 마음은 한나라당에 있었다"며 "복당해 한나라당을 살리고 5년 뒤 박근혜 대통령을 만들겠다는 약속을 지키겠다"고 공언했다. 그는 당선 뒤에도 "'살아 돌아오라' 는 박근혜 대표의 바람에 호응했다"고 할 만큼 골수 친박으로 통한다. 18대 대선에서 박 당선인이 승리하는 데 일조를 하면서 약속을 지킨 셈이다.

2012년 4.11 총선에서 용인병 지역에서 3선에 성공했다. 20여 년의 방송인 경험을 살려 국회 문화체육관광위원회에서 오래 활동했다. 2011년 6월 23일 KBS 수신료 인상 문제와 관련한 민주당 최고위원들과 문방위 소속 국회의원들 사이의 비공개 연석회의 내용을 다음날 열린 문방위 전체회의에서 공표해 논란이 일었다. 그렇지만 그는 결국 문방위원장으로 선출됐다.

2011년 9월부터 한국농구연맹(KBL) 총재까지 맡아 동분서주하고 있다. 또 2008년 주요 기업 임원을 비롯한 사회지도층 인사들과 함께 '같은 세상' 이라는 모임을 꾸려 다문화가정을 돕고 있다. 그는 "국제결혼으로 이주한 여성들을 우리 가족으로 여기고 살펴준다면, 상대국 국민들도 한국을 형제의 나라 또는 친척의 나라로 여기지만, 그렇지 않다면 그 나라 국민들 사이에 한국에 대한 혐오감만 커질 것"이라고 모임 결성 배경을 설명했다.

베트남어와 필리핀어로 된 한국어 학습 교재 〈사랑해요 대한민국〉을 펴내 전국 201개 다문화센터에 배포했다. 2012년 6월에는 다문화가정의 자녀들과 함께 1박 2일간 독도를 다녀왔다. 2010년부터 시작한 뒤 벌써 세 번째 일이다. '독도는 우리땅' 이라는 편지 글 공모행사를 통해 뽑힌 중국, 태국, 필리핀, 베트남, 일본 등지의 이주여성 자녀 20여 명이 참가했다.

허원제
전 새누리당 의원

▶ 출생 _ 1951년 부산
▶ 학력 _ 부산고, 서울대 물리학 · 정치학과
▶ 경력 _ 국제신문 · 부산일보 · KBS · SBS 기자, 한나라당 박근혜 대선 예비후보 특보 겸 방송단장, 17대 대통령직인수위원회 자문위원, 18대 국회의원(부산 진갑), 새누리당 중앙선대위 미디어발전본부장
▶ e주소 _ http://www.benhur.kr/main3/index.php

'백의종군' 선택했던 친박계 방송전문가

언론인 출신으로 2007년 한나라당 대선 경선 때 박근혜 후보 캠프에 몸담으며 정치생활을 시작했다. 친박계로 18대 국회의원을 지냈다. 18대 대선에서도 박 당선인 캠프에서 미디어발전본부장을 맡았다. 18대 부산 진갑 국회의원이었던 그는 2012년 4월 19대 총선을 앞두고 당의 공천을 받지 못했다. 지역구에는 당시 비례대표 초선이던 나성린 의원이 공천을 받았다.

공천에서 탈락했다는 소식을 듣자 기자회견을 갖고 "정권 재창출을 위해 당의 결정에 깨끗하게 승복하고 백의종군하겠다"며 불출마를 선언했다. 그는 "지난 4년간 내 능력과 지혜를 다 바쳐 여한없이 일했다"며 "목전의 총선과 박근혜 비대위원장의 대선 승리를 통한 정권재창출을 위해 노력하겠다"고 강조했다. "무엇보다 깨끗한 정치풍토 조성을 위해 최선을 다했다"고 덧붙였다. 김무성 전 의원과 함께 백의종군을 선언한 그의 태도에 박 당선인이 크게 감동했다는 후문이다.

그는 중앙일보 정치부장 출신인 이상일 의원, SBS 출신 홍지만 의원,

서울신문 논설위원 출신인 박대출 의원 등과 함께 언론인 출신 친박계로 꼽힌다. 이들은 18대 대선에서 민주통합당의 네거티브 공세에 효과적으로 대응하며 대선 승리에 일조했다는 평가를 받는다. 특히 2007년 대선 경선 때부터 박 당선인과 호흡을 맞춰온 그가 중심 역할을 한 것으로 알려졌다.

서울대 물리학과 졸업 후 같은 대학의 정치학과로 학사편입한 이력을 갖고 있다. "대학 2학년 때 인문·사회·자연과학이 혼재하는 문리대 생활은 큰 의식의 변화를 초래했다"며 "자연과학의 중요성에만 무게를 두고 있었던 나는 자연스럽게 사회문제의 중요성에 눈을 뜨기 시작했고 그것이 내 인생에 일대 전기가 됐다"고 회고했다.

대학 졸업 후 부산의 국제신문에 입사해 기자생활을 시작했다. 1980년 5월 신군부에 저항해 국제신문사가 전국에서 처음으로 제작 거부를 시작했을 때 앞장섰다. 그해 8월 언론통폐합으로 국제신문이 부산일보에 흡수되자 중앙지인 경향신문으로 옮겼다. 1981년에는 KBS 공채기자에 지원해 합격한 뒤 방송기자 생활을 시작했다. 1991년에는 신생 공중파 방송인 SBS로 이직해 독일 특파원 등으로 활동했다. 이후 전국부장과 기동취재부장, 사회부장, 국제부장 등을 거쳤다.

2007년 SBS 이사직을 사임하고 박근혜 경선 캠프에 들어가 박근혜 후보 특보 겸 방송단장을 맡았다. 경선 과정에서 TV토론을 준비하는 역할을 담당했다. 그는 "박 후보와는 정치부장 시절 인연이 있었다"며 "원칙과 정도를 걸어온 모습이 좋았다"고 말했다.

현기환

전 새누리당 의원

▶ 출생 _ 1959년 부산
▶ 학력 _ 대동고, 연세대 행정학과, 연세대 행정대학원 졸업
▶ 경력 _ 한국노총 대외협력본부장, 부산시장 정책특보, 한나라당 부대변인, 이명박 대통령 후보 정책특보, 18대 국회의원
▶ e주소 _ khhyun59@assembly.go.kr

부산 출신 친박, 18대 총선 공천 때 실세 역할

친박계 핵심으로 분류됐지만 공천헌금 수수 의혹이 불거지면서 최근에는 박근혜 당선인과 거리를 두고 있다. 2007년 대선 경선 때부터 박 당선인을 지근거리에서 보좌했고, 18대 총선에서 부산 사하갑에 출마해 국회에 입성했다. 친박연대 엄호성 후보와 맞붙어 '친박 대 친박' 구도를 만들어내기도 했다. 그 이전에는 한국노총 대외협력본부장과 부산시장 정책특보 등을 지냈다. 한나라당 부대변인과 이명박 대통령 후보 정책특보 등도 역임했다.

18대 국회에서는 김태호 경남지사(현재 새누리당 의원)가 국무총리 후보자로 내정되자 "박근혜 대항마가 아니냐"며 앞장서서 반발했고, 이명박 정부의 공정사회 화두와 개헌 시도 등에 대해 강도 높게 비판하는 등 박 당선인을 위해 몸을 던지는 모습을 보였다. 친박계 인사들과 두루 잘 지냈고, 박 당선인의 신임도 받아 "젊은 친박계 의원 중에서는 최고의 핵심 친박"이라는 말도 들었다.

2011년 말 당내에서 친박계가 자발적으로 용퇴해야 한다는 목소리가 나오자 "기득권을 내려놓겠다"며 19대 총선 불출마를 선언했다. 이후 새누리당 공직후보자추천위원회 위원으로 선출됐고, 권영세, 최경환, 유정복 의원 등과 함께 공천 과정에서 상당한 영향력을 발휘한 것으로 전해졌다. 18대 총선 공천 시에 실세였던 정종복 사무부총장을 빗대 '현종복'이라는 별명이 붙기도 했다. 총선 이후에도 부산 지역 핵심 친박으로 분류되며 당내에서 상당한 영향력을 행사했다.

그의 이름이 다시 거론된 것은 중앙선거관리위원회가 검찰에 수사 의뢰를 하면서다. 선관위는 "공천을 대가로 헌금을 받은 의혹이 있다"고 주장했다. 당 지도부가 자진 탈당을 권하자 최고위원회의에 참석해 "의혹이 하나라도 사실로 밝혀지면 자살하겠다"고 말하는 등 강경한 태도를 보였다. 당 지도부는 결국 그를 제명했다.

부산지검은 2개월의 조사를 마치고 2012년 9월 무혐의 처분을 내렸다. 검찰의 수사 결과 발표 이후에도 외부 활동을 일절 하지 않고 있다. 블로그와 트위터 등 인터넷 활동도 접은 상태다. 박 당선인 측근들 사이에서는 선거운동에 부담을 주지 않기 위해 자중하는 모습을 보였다는 해석이 나왔다.

박근혜정부에서는 청와대에서 일할 수 있다는 전망이 나온다. 검찰이 무혐의 판정을 내린 상황이라 공직 활동을 하는 데 지장이 없고, 현역의원이 아니기 때문에 오히려 부담 없이 기용할 수 있다는 이유에서다. 무엇보다 박 당선인과 가장 가까운 친박계 중 한 명이기 때문에 박 당선인을 도울 것이라는 예상이 지배적이다.

홍문종
새누리당 의원

▶ 출생 _ 1955년 경기 양주
▶ 학력 _ 고려대 교육학과, 고려대 영어교육학 석사, 스탠퍼드대 문학
  석사, 하버드대 교육학 박사
▶ 경력 _ 시민일보 회장, 경민학원 이사장, 15 · 16 · 19대 국회의원,
  경기도당 위원장, 박근혜 선대위 조직총괄본부장
▶ e주소 _ mjhong2004@na.go.kr

경기 승리 이끈 조직 달인 … 朴 핵심 측근

'조직의 달인' 이라는 평가를 듣는다. 15 · 16(의정부) · 19대 국회의원(의
정부을)을 지내며 선거를 많이 치른 경험이 있어서다. 이를 바탕으로 박근
혜 당선인 캠프에서 조직총괄본부장을 맡았다. 여의도 새누리당 당사 옆
에 조직본부를 만들어 경기 지역 시 · 도의원 출신인사와 과거 당 사무처
인맥들을 끌어모아 '맨파워' 를 과시했다.

　박 당선인의 최대 외곽조직인 국민희망포럼의 경기지역 대표를 맡고
있다. 국민희망포럼은 강창희 국회의장(충청) 이성헌 전 의원(호남 · 서울)
홍 의원(경기)이 이끌고 있다. 전국 16개 시도에 조직을 꾸려 활동하고 있
고 약 50만 명의 회원이 있는 것으로 알려졌다. 박 당선인의 조찬모임 '7
인회' 의 멤버인 강 의장은 국회의장을 맡으며 사실상 조직 일선에서 물
러났다. 19대 총선에서 우상호 민주통합당 의원에 밀려 낙선한 이 전 의
원과 함께 조직을 이끌고 있다. 홍 의원이 국민희망포럼의 사실상의 좌장
역을 맡고 있다.

　경민대학교 총장을 지냈고 현재 경민학원의 이사장을 맡고 있다. 경민

학원의 설립자인 홍우준 박사의 아들이다. 의정부에서는 '학원재벌'로 유명하다. 자금과 조직력을 갖춘 홍 의원이 박 당선인의 최대 외곽 지지 단체를 이끈 이유다. 대선 기간 동안 조직총괄본부장으로 저인망식 유세를 펼쳤다. 자신의 지역구가 있는 경기지역은 특별히 공을 들였다. 대선의 최대 승부처이자 야권세가 강한 수도권에서 승기를 뺏기지 않은 것도 홍 의원의 조직선거전 덕분이라는 이야기도 나온다.

특히 홍 의원과 함께 다닌 연예인 유세단은 호응이 좋았다. 개그맨 남보원, 김한국, 가수 이자연 등 연예인 50여 명으로 구성된 유세단을 이끌었다. 홍 의원은 "영국은 엘리자베스 1세 여왕 때 해가 지지 않는 나라를 건설하고, 대처 수상은 철의 여인으로 명성을 떨쳤으며, 독일의 메르켈 총리는 유럽을 리드하고 있다"며 "하나 되는 대한민국의 또 다른 비상을 위해 준비된 여성 대통령 만들기에 모두가 손잡고 나서자"고 강조했다. 새누리당 경기도당 선거조직을 총괄한 이재영 의원(경기 평택을)과 남양주 출신의 윤재수 전 시의원, 화성 출신의 김성회 전 의원이 홍 의원을 따르고 있다. 대선 네거티브 대응팀에 이름을 올린 유영하 당협위원장(군포)도 그의 인맥이다.

홍 의원은 1997년과 2006년 두 차례 선거법 위반으로 각각 200만원, 250만원의 벌금형을 받은 적이 있다. 2006년에는 수해 지역에서 골프를 치다가 한나라당 윤리위원회에서 제명을 받았지만 18대 대선을 거쳐 명실상부한 박 당선인의 측근으로 자리매김했다.

홍사덕

전 새누리당 의원

▶ 출생 _ 1943년 경북 영주
▶ 학력 _ 서울사대부고, 서울대 외교학과
▶ 경력 _ 중앙일보 기자, 한국기자협회 부회장, 롯데평화건설 기획실장, 11 · 12 · 14 · 15 · 16 · 18대 의원, 신한민주당 대변인, 통일민주당 부총재, 민주당 대변인, 정무1장관, 국회 부의장
▶ e주소 _ saduk@chol.com

친박 중진의 대표 ··· 박근혜의 영원한 조언자

6선을 지낸 친박 원조다. 경북 영주 출신으로 서울대 외교학과를 나와 중앙일보에서 8년간 기자생활을 했다. 7년차 때 한국기자협회 부회장을 했고, 기자를 그만두고 기업인으로 전환했다. 삼양관광 전무와 롯데평화건설 기획실장 등을 지냈다.

정계에 입문한 것은 1981년이다. 11대 총선에서 고향인 경북 영주 · 영양 · 영풍 · 봉화 지역구에서 민주한국당으로 출마해 당선됐다. 민한당에서 정책연구실장 등을 지냈다. 1985년 신한민주당으로 옮겼다. 1984년 정치활동 규제에서 풀린 인사들을 중심으로 신한민주당이 창당되자 신민당으로 옮겨 12대 총선에 같은 지역구에서 당선됐다. 대변인을 역임했고 이후 통일민주당으로 옮겨 부총재까지 했다.

13대에서는 지역구를 바꾸고 무소속으로 서울 강남을에 출마했으나 낙선했다. 14대인 1992년에는 다시 무소속으로 강남에 출마해 당선됐다. 당선 후 민주당에 입당해 대선에서 김대중 후보 진영의 대변인으로 활약했다. 1993년 다시 민주당을 탈당해 무소속으로 15대 국회의원에 입성했다. 1997년에는 김영삼정부에서 무소속 의원으로 정무장관에 발탁되었다. 16대 총선에서는 한나라당 후보로 출마해 국회의원에 당선됐다. 한나라당 원내총무(현 원내대표)로 원내를 이끌었다. 2004년 17대 국회에서 노무현 대통령 탄핵 후폭풍으로 낙선했고, 이듬해에는 재보선 공천에서 탈락한 뒤 한나라당을 탈당했다. 2007년 한나라당 대통령 후보 경선 때 복당해 박 후보의 선대위원장을 맡았다. 박 후보가 패하고 친박 의원들에 대한 '공천 학살'이 이뤄지자 친박연대 간판으로 대구 서구에 출마해 당선됐다. 19대 총선 때 서울 종로에 출마했으나 정세균 민주당 의원에 패하고 야인 생활을 하다 2012년 박 당선인이 대선 후보로 나서자 공동선대위원장으로 복귀했다.

그만큼 박 당선인의 두터운 신임을 받았으나 공동선대위원장을 맡았던 때 박정희 대통령의 유신독재를 두고 "수출 100억 달러를 달성하기 위한 불가피한 조치였다"고 역사관 후퇴 발언을 해 논란을 일으켰다. 한 중소기업 대표로부터 3000만 원의 불법 정치자금을 수수한 혐의로 중앙선관위로부터 검찰에 고발당한 뒤 박 당선인에게 부담을 줄 수 없다며 자진 탈당했다. 법정에서 불법 정치자금 수수 사실을 인정하고 법원의 선처를 구해 벌금 1000만 원과 추징금 3000만 원을 구형받은 상태다.

그는 법정에서 "제 잘못은 제가 모두 떠안고 가겠다"며 "앞으로 정치에 관여하지 않고 그동안 국민으로부터 입은 은혜를 갚으며 살아가려 한다"고 말했다.

홍일표
새누리당 의원

▶ 출생 _ 1956년 충남 홍성
▶ 학력 _ 홍성고, 건국대 법학과
▶ 경력 _ 사법시험(23회) 대구지법 판사, 인천지법 판사, 서울남부지법 판사, 서울고법 판사, 인천시 정무부시장(2006~2007년), 18·19대 국회의원, 새누리당 대변인
▶ e주소 _ hip211@hanmail.net

판사 출신 대변인 … 학자풍의 온건보수

대표적인 '온건 보수'로 통한다. 충남 홍성에서 태어나 중고등학교(홍성중·고)를 홍성에서 나와 건국대 법학과를 졸업했다. 사법시험(23회)에 합격한 이후 대구·인천·서울남부지법·서울고등법원 등에서 판사 생활을 했다. 대법원 재판연구관도 지냈다. 판사를 그만둔 것은 1998년 인천지법 근무 때였다. 변호사를 개업한 뒤 한나라당의 인천 남구갑 당협을 책임지면서 정치에 발을 들여놓았다.

그의 이념 지도는 출신지와 직업에서 출발한다고 주위에서 말한다. 죄를 단죄해야 하는 검사 출신이나 말로 규정하는 기자 출신들과 달리 판사 출신들은 정치인이 돼서도 주위 얘기를 늘 귀담아 듣는 편이다. 판결을 하기 위해선 남의 말을 들어야 하고, 받아들일 게 있으면 받아들여야 하는 문화에서 기인했다는 것이다.

이런 직업적 습성이 정치인 홍 의원에 도움이 됐다는 평가다. 2006~2007년 안상수 인천 시장 시기에 정무부시장을 지냈고 2008년 18대 국회의원으로 국회에 들어온 뒤 '있는 듯 없는 듯'이 조용한 행보를 이어갔다. 2010년 당 대표 특보를 맡으며 이름을 알리기 시작했다. 19대 총선에서 재선에 성공한 뒤 원내부대표와 원내 대변인, 당 대변인으로 활약했다. 온건 보수로서 당내에서도 무난하다는 평가를 받지만 원칙에 어긋났을 땐 단호한 모습을 보이며 주위를 놀라게 하기도 한다. 대표적인 사례가 18대 대선 당시 '인혁당 사건'이다.

박근혜 당선인이 후보 시절 MBC 라디오와의 인터뷰에서 인혁당 사건을 두 개의 판결이 있다고 잘못 얘기했고, 이 논란이 커지자 홍 의원은 당 대변인 신분으로 "인혁당과 관련해 박 당선인의 표현에 일부 오해의 소지가 있었다는 점을 인정하고 사과 드린다"고 논평했다. 이에 당은 발칵 뒤집혔다. 주류인 친박계와 대선 후보인 박 당선인의 눈치를 보지 않고 단독으로 진행한 일이어서다. 이상일 대변인은 "홍 의원의 개인 견해이고, 박 당선인과 전혀 얘기가 되지 않았다"고 선을 그었다. 논란이 커지자 홍 의원은 당 대변인직 사의를 표했다. 이에 홍 의원의 옆 지역구로 친하게 지내는 황우여 대표가 사의를 만류해 대변인 직은 잠시 유지됐지만 결국 얼마 가지 않아 사퇴했다.

홍 의원을 잘 아는 새누리당 관계자는 "이런 사건이 홍 의원의 성격을 보여주는 것"이라며 "문제가 있어도 당내에서 아무도 말을 하지 못할 상황이었는데, 홍 의원은 그걸 사심없이 얘기했고, 그에 따른 책임도 졌다"고 평했다. 기자들과의 관계도 원만한 편이다. 한국경제신문 등에 칼럼을 연재하는 등 글쓰기에도 출중한 능력이 있다는 평이다. 병역은 만성간염으로 면제받았다.

홍지만
새누리당 의원

▶ **출생** _ 1968년 경북 성주
▶ **학력** _ 덕원고, 연세대 철학과
▶ **경력** _ SBS 사회부 · 기동취재부 · 국제부 · 경제부 · 전국부 기자,
SBS 주말 8시뉴스 앵커, SBS 모닝와이드 아침뉴스 앵커, 한나라
당 부대변인, 19대 국회의원
▶ **e주소** _ http://blog.naver.com/atjiman

박근혜의 언론 · 방송계 주류 인맥

박근혜 당선인 캠프에서 공보위원으로 활동했다. 15년간 SBS에서 기자
와 앵커로 활동해온 홍 의원은 박 당선자의 언론 · 방송계 인맥으로 분류
된다. 18대 대선에서는 박 당선인의 과거사 문제 등에 대한 야당의 공격
을 방어하는 역할을 충실히 수행했다는 평가를 받고 있다. 2012년 9월
19일 국회 본회의 자유발언을 통해 "박근혜 후보가 인혁당 사건과 유신
이 잘못됐다는 것을 모르겠는가"라며 "꼭 본인 입으로 돌아가신 아버지
를 욕해야 하는가. 그것은 부모에게 할 짓이 아니다"고 말했다.

또한 "노무현 대통령은 후보 시절 장인의 '좌익 문제'가 거론되자 '나
보고 아내를 버리라는 것이냐'라고 말하지 않았느냐"라며 "박 후보는 관
련된 질문이 나올 때마다 회피하지 않고 '사과한다, 죄송하다, 미안하다'
는 말을 몇 번이나 했다"고 강조했다. 그는 "헌법 13조에는 '모든 국민은
자기의 행위가 아닌 친족의 행위로 인해 불이익한 처우를 받지 아니한
다'고 되어 있다"고 강조했다,

안철수 후보에 대한 저격수 역할도 했다. 안 후보가 대선 출마를 선언

하자 “(안 전 원장은) 20대 선셋집 논란 · 증여세 탈루 · 불법취득 의혹 (등이 있다)”며 “그가 국정 총괄 능력이 된다고 생각하는가”라고 말했다. “시중에 떠도는 말이 안 원장이 야당과 연대해 ‘책임 총리’를 한다고 한다”며 “민주통합당이 지금 와서는 안 원장의 입만 쳐다보고 있다. 안 원장이 민주당을 아주 우습게 보고 있다”고 비판했다.

연세대 철학과를 졸업하고 1993년 SBS에 입사해 사회부 · 기동취재부 · 국제부 · 경제부 · 전국부 등을 거쳤다. 1996년 동해안 무장공비 침투사건 현장취재를 했고 1997년에는 대한항공 괌 추락사고를 취재했다. 2001년에는 미국 9.11테러 현지특파원, 아프가니스탄전쟁 종군기자 등을 거쳤다. 2002년 경제부에 있으면서 SBS 주말 8시뉴스 앵커로 활동했고 2004년에는 17대 총선 방송을 진행했다. 같은 해 SBS 모닝와이드 아침뉴스 앵커도 맡았다.

2008년 18대 총선 때 대구 달서갑에 한나라당 공천을 받아 출마했다. 하지만 지역구 의원이었던 박종근 전 의원이 공천 탈락에 반발해 친박연대로 출마했고 홍 의원은 그에게 패했다. 박 전 의원은 총선 승리 후 다시 한나라당에 복귀했다. 홍 의원은 2010년 한나라당 부대변인을 거쳐 2012년 다시 한번 대구 달서갑에서 새누리당의 공천을 받았다. 박 전 의원은 다시 공천에 불복하고 무소속 후보로 나섰다. 이번에는 홍 의원이 승리를 거둬 국회에 입성했다.

황영철

새누리당 의원

▶ **출생 _** 1965년 강원도 홍천
▶ **학력 _** 홍천고, 서울대 정치학과
▶ **경력 _** 강원도의원, 한나라당 강원도당위원장, 18 · 19대 국회의원,
　새누리당 대변인, 새누리당 대표 비서실장
▶ **e주소 _** blog.naver.com/hhhyc

새누리당 비대위 체제 때 '박근혜의 입'으로 신뢰 얻어

박근혜 당선인이 비상대책위원회를 이끌 때 박 당선인의 '입'으로 활약한 핵심 측근이다. 그는 스스로를 '풀뿌리 정치인'으로 자부한다. 1965년 홍천에서 태어나 홍천초 · 중 · 고와 서울대 정치학과를 졸업했다. 졸업하자마자 고향인 홍천으로 내려가 언 땅에 비닐하우스 사무실을 내고 1991년 군의원 선거에 도전했다. 그 결과 만 25세의 나이로 전국 최연소 군의원에 당선됐다. 1995년 제1회 전국동시지방선거에서도 최연소 도의원으로 선출됐다.

도의원을 2차례 지낸 뒤 2000년 홍천 · 횡성 지역구 당협위원장을 맡아 16대와 17대 총선에 내리 출마했으나 1000여 표 차이로 아쉽게 낙마하는 아픔을 겪었다. 세 번째 도전인 18대 총선에서는 당선돼 국회에 첫 입성하는 기쁨을 누렸다.

16대 국회에서 권영진, 권택기, 김성식, 정태근 전 의원 등 소장파 정치인들과 미래연대를 결성했으며 18대에 들어와서는 당내 개혁 성향 초선의원들을 모아 '민본21'을 만들었다. 민본21은 이명박정부가 종합부동산세 과세기준을 6억 원에서 9억 원으로 상향 조징하는 내용의 세제 개편안을 내놓자 반대성명을 내놓는 등 '여당 속 야당' 역할을 수행했다. 특히 황 의원은 2012년 한미 자유무역협정(FTA) 비준안 표결에서 유일하게 반대표를 던져 화제가 되었다.

18대 후반기 황우여 당 대표가 원내대표 시절 원내 대변인을 맡아 호흡을 맞췄다. 2012년 당이 서울시장 보궐선거에서 패한 뒤 홍준표 대표가 사임하고 박 당선인의 비상대책위원회 체제로 전환되자 쇄신파 의원 7명과 함께 박 당선인을 만나 '재창당에 준하는 쇄신' 약속을 받아냈다. 박 당선인은 당 쇄신 의지를 보여준다는 차원에서 황 의원을 비대위 대변인으로 임명했다.

19대 총선에서는 지역구인 홍천·횡성에서 재공천을 받아 16대부터 경쟁해왔던 맞수 조일현 민주통합당 후보를 물리치고 재선에 성공했다. 당초 접전이 예상됐으나 뜻밖에도 5.1%포인트 차로 승리를 거둘 수 있었던 것은 박 당선인의 지원 유세가 결정적인 역할을 했다는 평이다. 박 당선인은 자신의 입 역할을 해온 황 의원의 재선을 위해 선거운동 기간 3차례나 방문해 그의 손을 들어줬다.

총선 직후 열린 전당대회에서 황우여 대표가 선출된 뒤 비서실장으로 발탁됐다. 대선 과정에서 투표시간 연장 문제가 논란이 되자 당초 농림수산식품위원이었던 그가 행정안전위원회 법안심사소위원장으로 급파돼 관련 법안 통과를 무산시키는 공(?)을 세우기도 했다.

아울러 대선 TV 토론회에서 이정희 통합진보당 후보의 막말 논란이 일자 토론회 참가 자격을 제한하는 일명 '이정희 방지법'을 발의해 화제를 낳았다. 그가 발의한 공직선거법 개정안은 선관위가 주관하는 TV 토론회 참가 자격을 '국회 교섭단체를 구성한 정당 후보자 또는 여론조사 평균지지율이 15% 이상인 후보자'로 제한하는 내용이다.

황우어
새누리당 대표

▶ 출생 _ 1947년 인천
▶ 학력 _ 제물포고, 서울대 법학과, 서울대 헌법학 박사
▶ 경력 _ 1969년 사법시험 합격, 서울지법 · 고등법원 판사, 춘천 · 제
주지법 수석 부장판사, 감사원 감사위원, 15 · 16 · 17 · 18 · 19대
국회의원, 이회창 선거대책위의장 비서실장, 한나라당 사무총장,
새누리당 원내대표 · 대표 최고위원, 18대 대선 새누리당 중앙선대
위 공동선대위원장
▶ e주소 _ hwangwygrace@empal.com

무색무취의 판사 출신 5선의원 … 원내대표 이어 당 대표 꿰차

판사 출신의 5선 의원이다. 원래 당내에서 계파 색채가 엷은 중립 성향으
로 분류됐다. 그러나 2012년 말 새누리당 쇄신 논의 과정에서 박근혜 당
선인이 비상대책위원장을 맡자 당연직 비대위원으로 호흡을 맞추면서
박 당선인의 신임을 얻었다. 2012년 5.15 전당대회에서는 9명의 당 대표
경선 출마자 가운데 득표 1위를 기록하며 대표 최고위원으로 뽑혔다. 18
대 대선에서는 중앙선거대책위 공동 선대위원장으로 활동해 승리에 기
여했다. 특히 광주에 머물며 호남득표력 제고에 한몫을 했다.

1947년 인천에서 태어나 인천중학교와 제물포고, 서울대 법대를 나왔
다. 1969년 제10회 사법시험에 합격한 뒤 서울지법, 서울고법 판사, 춘
천 · 제주지법 수석부장판사를 지냈다. 이후 헌법재판소 헌법연구부장,
감사원 감사위원 등을 역임했다. 이회창 한나라당 총재의 감사원장 시절
감사위원으로 인연을 맺었고, 이 총재가 15대 총선 시에 한나라당 선대
위의장을 맡으면서 비서실장으로 발탁돼 정계에 입문했다.

15대 총선에서 비례대표로 국회에 입성했다. 16대 총선부터 현재까지

인천 연수구에서 내리 당선됐다. 국회 내에서는 헌법 전문가로 손꼽힌다. 그러나 국회 상임위원회는 줄곧 교육 분야에서 활동했다. 17대 국회 전반기에는 교육위원장으로서 열린우리당이 추진한 사학법 개정안의 통과를 저지하는 뚝심을 보였다. 사회 전반의 인권보호, 특히 북한의 인권 문제에도 관심이 깊다. 2006년 출범한 강재섭 대표 체제에서 1년여 사무총장으로 활동하며 친이-친박계 간 물밑 조율을 자임해 경선룰을 만드는 등 대선후보 경선을 관리했다.

2009년 원내대표 경선에 친박계 최경환 의원을 러닝메이트로 출마했으나 고배를 마셨다. 18대 국회 때는 2011년 5월 소장파들의 전폭적인 지지를 받으며 원내대표로 선출됐다. 원내대표에 선출된 뒤 한 달 가까이 소득세·법인세 추가감세 철회안을 놓고 정부와 대립하면서 여당 전수조사 카드를 빼들며 철회를 관철시켰다. 또 마지막 본회의에 이르기까지 여야 간에 치열한 입장차를 보이며 처리에 난항을 겪었던 개정 국회법(일명 국회선진화법)과 한미 자유무역협정(FTA) 비준안을 처리하는 뚝심을 보였다. 이때 같이 일한 의원들은 "모나지 않은 성품으로 겉으론 한없이 부드럽게 느껴지지만 강단 있는 전투력을 지녔다"고 평가했다.

18대 대선 기간 중에는 박 당선인의 여론 지지율 하락과 당내 패배 위기감이 확산되면서 인적 쇄신 대상으로 꼽히기도 했지만 이를 극복하고 당연직으로 선대위 공동선대위원장에 임명됐다. 대선 승리에 따라 대표로서 당을 이끌어 갈 것으로 예상된다. 독실한 기독교 신자로 여야 기독교인 의원들로 구성된 국회조찬기도회 회장을 맡았다. 평소 신의, 정의, 평화를 정치 원칙으로 삼고 있다. 취미는 등산과 검도다. 2006년 세상을 떠난 부인 이선화 씨 사이에 1남 2녀를 뒀다.

재계와 외부 영입인사 그룹

김경수
넥스트칩 대표이사

▶ 출생 _ 1965년 인천
▶ 학력 _ 인천 송도고, 서강대 전자공학과
▶ 경력 _ 대우통신 수출부 근무, 케이코스모 이사
▶ e주소 _ kskim@nextchip.com

박 당선인의 재계 인맥, 중견기업 대표

창업 16년 만에 회사를 연매출 500억 원 규모의 중견기업으로 키운 사업가다. 박 당선인이 2010년 만든 싱크탱크 국가미래연구원에 발기인으로 참여했다. 박 당선인과 서강대 전자공학과 동문이기도 하다.

김 대표는 대우통신 수출부에서 근무하다 회사를 그만두고 1992년 케이코스모라는 회사를 창립했다. 5년 뒤 대학 때부터 알고 지낸 친구들과 동업을 결심했고, 넥스트칩이라는 이름으로 본격적인 사업을 시작했다. 대학생 때부터 사업을 꿈꿨는데 그것을 현실화한 것이 넥스트칩이다. 하숙집에서 만난 친구들이 누가 먼저랄 것도 없이 동업을 제안했다.

초기에는 화면 분할기능, 줌과 화면속화면 등의 시스템을 갖춘 비디오 콘트롤러를 개발하는 데 집중했다. 당시에 흔치 않았던 기술이라 회사는 승승장구를 거듭했다. 김 대표의 남다른 순발력과 기획력이 빛을 발했다는 평가다. 이후에도 터치센서와 조도센서, 자동차용 영상처리 관련 반도체, 보안카메라용 영상신호처리반도체(ISP) 등 다양한 분야의 기술을 개발해내는 데 성공했다. 회사는 특별한 부침 없이 성장했고, 코스닥 상장도 손쉽게 이뤄졌다.

김 대표의 경영원칙도 남다르다. 감성을 강조하는 게 특징이다. 기술개발만 신경 쓰다가는 소비자들에게 외면 받는다는 게 그의 지론이다. 소비자 입장에서 감성적인 제품을 만들자는 원칙이 있다. 어려운 사람들을 위한 봉사활동에도 적극적이다. 회사가 만들어진 초기에는 성장에 집중할 수밖에 없지만 그 이후에는 사회적 책임도 다해야 한다는 차원에서다. 규모가 큰 시장만 보고 몰려가기보다는 자기 회사가 맡은 영역에서 1등을 해야 한다는 것도 김 대표가 내세우는 경영철학 중 하나다.

회사를 꾸려나갈 때도 이 원칙은 적용된다. 직원들이 편안하고 즐거운 분위기에서 일할 수 있도록 만들자는 게 그의 방침이다. 넥스트칩의 비전도 '활짝 넥스트칩'으로 정했다. 웃으면서 일하자는 설명이다. 그러다보니 직원들끼리 회식을 하다가 김 대표를 갑자기 부르는 가족같은 분위기다. 신입사원이 들어오면 김 대표가 직접 교육을 한다. 전체 직원 중 절반 이상이 연구인력인 것도 특징이다.

김 대표와 박 당선인의 인연에 대해 알려진 내용은 많지 않다. 박 당선인과 서강대 동문이고, 국가미래연구원 발기인이라는 사실 때문에 박 당선인의 재계 인맥에 포함될 뿐이다. 이와 관련해 박 당선인 측근들은 "김 대표에게 벤처나 중소기업 지원 정책과 관련해 조언을 구했을 것"이라며 "박 당선인이 생생한 현장의 목소리를 중요하게 생각하기 때문에, 김 대표의 생각이 향후 정책에 다양한 방식으로 반영될 것"이라고 전망한다. 김 대표가 박근혜정부에서 일할 가능성도 점쳐지고 있다.

김병기

애플민트플랫폼 대표이사

▶ 출생 _ 1963년 서울
▶ 학력 _ 한성고, 서강대 컴퓨터학과
▶ 경력 _ 삼성전자 소프트사업팀, 지오인터랙티브 대표이사
▶ e주소 _ help@applemint.co

박 당선인의 재계 인맥, 벤처 1세대

우리나라의 대표적인 1세대 벤처인이자 박근혜 당선인의 손꼽히는 기업 인맥 중 한 사람이다. 김 대표는 박 당선인의 벤처 정책과 관련해 많은 조언을 하고 있는 것으로 알려졌다. 서강대 컴퓨터학과를 졸업하고 삼성전자에서 12년 동안 근무했다. 1994년 미국 피츠버그 경영대학원에서 연수하면서 소프트웨어 분야를 접했고, 이후 사업기획부를 거쳐 소프트사업팀에서 3년간 일하면서 사업에 대한 꿈을 키웠다.

벤처 열풍이 불기 직전인 1997년에 12년 동안 다니던 회사를 그만두고 지오인터랙티브라는 모바일게임 회사를 설립했다. 동료 8명과 2억 원의 자본금으로 시작한 회사였다. 1998년 세계 최초로 마이크로소프트 윈도CE용 골프 시뮬레이션 게임 '팜골프'를 개발했다. 개인휴대정보단말기(PDA)용 게임이었다. 이 게임으로 일본 카시오에 수출계약을 따내 5억 원의 로열티를 받는 등 예상을 뛰어넘는 성공을 거뒀다. '지오'라는 이름이 한때는 모바일게임을 상징하는 단어로 쓰일 정도로 모바일게임이라는 장르를 개척했다는 평가를 받는다.

2000년 미국 시장에 도전했다가 실패하는 등 어려움을 겪었지만 그가 이끄는 지오인터랙티브는 10년 이상 승승장구했다. 내놓는 게임마다 선풍적인 인기를 거뒀다. 대중적 인지도도 얻었다. 삼성생명 TV광고에 아내와 장을 보는 남편 역할로 출연한 것이다. 모교인 서강대를 비롯한 여러 대학 강단에 오르기도 했다.

회사를 떠난 뒤에는 벤처사업에 뛰어든 후배들을 돕는 일에 매진했다. 지주회사인 애플민트홀딩스를 설립해 게임 관련 사업을 기획하는 콘텐츠 기업들과 협력관계를 맺고, 이들의 시장진입 및 성장을 돕는 역할을 했다. 특히 스마트폰 애플리케이션과 소셜네트워크게임(SNG) 등에 집중 투자를 했다. 젊은 벤처인들의 네트워크를 지원하는 역할도 자임했다.

김 대표는 2011년 다시 '필드'로 돌아왔다. 회사명을 애플민트홀딩스에서 애플민트플랫폼으로 바꾸고, 콘텐츠 플랫폼 사업에 집중하겠다고 선언한 것이다. 모바일 게임과 스마트폰 앱, 소셜웹서비스를 아우르는 플랫폼 구축을 목표로 삼았다. 아울러 스마트폰 케이스 사업에도 뛰어들었다.

박 당선인과의 관계가 주목받은 것은 2010년 박 당선인의 싱크탱크인 국가미래연구원에 이름을 올리면서다. 국가미래연구원이 교수를 주축으로 구성됐기 때문에 현직 기업인이 발기인 명단에 포함되면서 눈길을 끌었다. 박 당선인과 서강대 동문인 점도 주목받고 있다. 김 대표가 박 당선인과 어떤 관계를 맺고 있는지는 구체적으로 알려지지 않은 상태다. 다만 박 당선인이 향후 벤처 관련 정책을 펴나갈 때 김 대표의 조언을 참고할 것이라는 것은 박 당선인 측 관계자들의 공통적인 전망이다.

김 성 주
성주그룹 회장

▶ 출생 _ 1956년 대구
▶ 학력 _ 이화여고, 연세대 신학 · 사회학과, 로잔비즈니스스쿨 명예
  박사
▶ 경력 _ 블루밍데일 회장직속기획팀, 성주인터내셔널 사장, MCM
  Holding AG 회장, 성주그룹 대표이사 및 회장, 성주재단 이사장,
  박근혜 선대위 공동선대위원장
▶ e주소 _ sungjoo@sungjoogroup.com

성주그룹 일군 '재벌 좌파' …
대선 때 튀는 언행으로 2030에 어필

박근혜 당선인에게 공동선대위원장으로 부름을 받기 전까지는 정치권에 발을 들인 적이 없는 '새 얼굴'이었다. 한켠에서는 김 회장을 발탁한 것은 경제민주화 이슈로 소외받은 재벌 대기업을 달래기 위한 인사라는 이야기도 나왔다. 김 회장이 재벌 2세에 세계적인 기업을 소유하고 있기 때문이다.

대성그룹의 창업주인 김수근 회장의 막내딸로 태어났다. 1979년 연세대 신학과를 졸업하고 외국으로 도망치듯 떠났다. 수중에는 돈이 한 푼도 없었다고 한다. 재벌가의 자제로 집안이 정해준 결혼을 하지 않고 반대하는 결혼을 했다는 이유에서였다. 미국 뉴욕의 블루밍데일백화점에서 월 18만 원을 받으며 일을 배웠다. 접시닦이, 웨이트리스, 화장실 청소 등 궂은일도 마다하지 않았다. 김 회장 스스로 "재벌이 지겨웠다"고 말했다.

2005년 독일 가죽제품 브랜드인 MCM을 인수해 한국산 브랜드로 키웠다. 또 여성의 사회활동 지원, 빈곤가정 학생과 탈북 주민을 돕는 일도

했다. 노무현정부 인수위에서는 글로벌 자문위원을 맡았다. 여성기업인의 대표주 자격으로 2030세대 여성층에게 '닮고 싶은 인물'로 꼽히기도 했다. 이들을 대상으로 한 강연의 단골 초청연사였다. 김 회장은 "남성과 여성이 서로 '윈-윈' 해서 경쟁력을 가져야 한다", "남자들을 억울하게 2~3년 군대에 붙들어놓지 말고 직업군인제를 도입해 여성도 군대에 갈 수 있도록 해야 한다" 등의 소신 발언으로 주목받았다.

김 회장은 화려한 외모와 튀는 언행으로 정치권에 발을 들이자마자 주목을 받았다. 임명 직후부터 "나는 재벌 좌파"라며 "욕을 바가지로 얻어먹을 각오가 됐고, 그걸 칭찬으로 생각하고 있다"며 거침없는 발언으로 눈길을 끌었다. 이후 "경제민주화를 강제로 하는 건 역사에 역행하는 것"이란 발언으로 박 당선인의 경제민주화 기조에 역행하는 것 아니냐는 지적을 받았다. 그 외에도 젊은 남성 당직자에게 "나 영계 좋아하는데 가까이 와서 같이 사진 찍자"거나 청년층의 적극적인 창업 의지를 강조하며 "주부들이 애 젖먹이면서 주방에 앉아 진생쿠키를 만들어 구글에 올리면 세계에서 주문을 받을 수 있다"고 말해 논란이 일기도 했다. 대선 후보 TV토론에서 불거진 '6억 논란'에 대해서도 "당시 소녀가장이었던 박 당선인이 전두환 대통령에게 6억을 받은 게 무슨 잘못이냐"고 두둔했다.

김 회장은 2030세대, 특히 여성층에 박 당선인을 어필하는 데 큰 역할을 했다는 평을 받는다. 서울여대 강연 등 젊은 여성층과의 만남에서는 항상 박 당선인과 함께 했다. 대선이 끝난 뒤 당을 떠나 일상으로 복귀했다.

김윤종

꿈희망미래 재단 이사장

▶ 출생 _ 1949년 서울
▶ 학력 _ 서강대 전자공학과, 캘리포니아 주립대 전자공학 석사
▶ 경력 _ 파이버먹스 대표, 자일랜 대표, 알카텔벤처스 대표, 꿈희망
미래 리더십센터 대표이사
▶ e주소 _ ask@thedhf.com

朴의 서강대 인맥 … 벤처신화 일군 '아시아의 빌 게이츠'

박근혜 당선인의 '서강대 인맥'이다. 미국에서 통신장비업체 자일랜을 창업해 벤처신화를 이룬 IT 전문가인 김 이사장은 18대 대선에서는 캠프 중소기업소상공인벤처협력단에 참여했다. 1949년 서울에서 태어나 1973년 서강대 전자공학과를 졸업했다. 전자공학과 69학번으로 박 당선인(서강대 전자공학과 70학번)의 한 해 선배다.

1976년 군복무를 마치고 미국으로 건너가 1979년 미국 캘리포니아 주립대학에서 정보통신학과 석사를 받았다. 2009년 2월에는 서강대 졸업생 최초로 서강대 명예박사학위를 받았다. 1984년 파이버먹스를 창업해 광섬유네트워킹 업계의 선도 기업으로 성장시켰다. 1991년 파이버먹스를 약 540억 원에 매각하고 1993년에는 대기업들의 컴퓨터네트워킹시스템을 제작·제공하는 자일랜을 창업했다. 이후 1999년 프랑스 알카테에 2조 원에 매각하기 전까지 CEO와 이사장직을 맡았다.

자일랜을 창업한 지 3년 만에 미국 나스닥에 상장시켰고 창업 5년 만에 직원 1500명, 전 세계 60여 곳에 판매 지사망을 구축하고 연매출 3억

5000만 달러 규모의 회사로 성장시켰다. 자일랜은 1998년 사우스캘리포니아 최고속 선장기술기업으로 뽑혔고, 김 이사장은 1996년 매년 미국 최고의 벤처기업인을 선정하는 ERNST&YOUNG사의 기업인상을 수상했다. 이때 '아시아의 빌 게이츠'라는 별칭도 얻었다.

김 이사장은 2000년 자선사업가로 변신했다. 사회복지법인 꿈희망미래 재단을 창립했다. 이 재단은 국내외 형편이 어려운 학생들을 위해 매년 200명의 장학생을 뽑아 장학금을 지급하고 있다. 또 중국 옌볜 지역의 장학 및 복지사업 등 다양한 자선사업을 펼치고 있다. 북한에 대한 지원도 이어가고 있다. 미국에서 한국으로 돌아온 이유에 대해 방송 인터뷰에서 "행복을 찾아왔다"며 "미국에서 성공을 했지만 누구 하나 궁금해 하지 않았다. 시간과 돈이 가장 귀하게 쓰일 곳을 찾아 왔고 지금 나는 가장 행복한 삶을 살고 있다"고 답했다.

김 이사장은 10월 선대위에 참여하기 전까지 한국에서 각종 강연의 연사로도 나섰다. 그의 성공기와 자선사업가로의 변신은 많은 이에게 귀감이 됐다.

김종인

전 새누리당 국민행복추진위원회 위원장

▶ 출생 _ 1940년 서울
▶ 학력 _ 중앙고, 한국외국어대 독일어과, 독일 뮌스터대학교 경제학 박사
▶ 경력 _ 1974년 서강대 교수, 11·12·14·17대 국회의원, 국민은행 이사장, 보건사회부 장관, 노태우정부 청와대 경제수석, 새누리당 국민행복추진위원회 위원장
▶ e주소 _ tdsi@hanmail.net

경제민주화 만든 원조, 5년간 박 당선인 경제 멘토

박근혜 당선인의 경제민주화 선생님이라 할 수 있다. 2012년 12월 새누리당 비상대책위원회 출범과 함께 비대위원으로 참여하면서 박 당선인을 돕기 시작해 18대 대선에서는 정책공약을 총괄하는 국민행복추진위원회 위원장을 맡았다. 비대위 시절부터 새누리당의 정강·정책에 경제민주화 개념을 주도적으로 삽입하는 등 정치권의 경제민주화 논쟁에 불을 붙인 주인공이다.

1940년생으로 중앙고와 한국외대 독일어과를 졸업했고, 독일 뮌스터대학교 대학원에서 경제학 석사·박사 학위를 취득했다. 출생지가 서울이지만 초대 대법원장을 지낸 조부 김병로 선생이 전북 순창 출신이라 호남 인맥으로 분류된다. 1973년부터 10여년 동안 서강대에서 경제학 교수를 지낸 이른바 '서강학파'의 핵심 인물이다. 1974년에는 국무총리실 평가교수단 소속으로 활동했으며 1975년에는 재무부 조세제도심의위원으로, 1976년에는 제4차 경제개발계획 위원으로 활동했다.

1981년 11대 총선에서 민정당으로 정계에 발을 들였다. 12대(민정당 전국구), 14대(민자당 전국구), 17대(새천년민주당 비례대표) 등 비례대표로만 4선 의원을 지냈다. 1987년 개헌 당시 이른바 '김종인 조항'이라 불리는 헌법 119조 2항에 '경제민주화' 개념 반영을 주도한 것으로 알려져 있다. 노태우정부 시절 보건사회부 장관을 거쳐 청와대 경제수석을 맡아 강도 높은 재벌개혁을 진행했다. 특히 경제수석을 지내며 재벌의 문어발식 확장의 문제점을 지적하고 업종 전문화와 비업무용 토지에 대한 과세를 추진했다. 이 과정에서 전국경제인연합회 등으로부터 견제를 받았다. 앞서 박정희정부에서는 서강대 교수로 재직하면서 정책 논의에 참여해 의료보험제도를 강력히 건의했다.

노무현정부에서는 대통령 경제정책을 자문하는 '국민경제자문회의'에 참여했다. 이명박정부에서는 헌법연구자문위원회 위원장을 지냈다. 야당 경력과 1993년 동화은행 사건 때 2억1000만 원의 뇌물을 받아 징역 2년 6월에 집행유예 4년을 선고받았던 점 등은 비대위 시절부터 일부 소속 의원들의 반발을 사기도 했다.

박 당선인과 김 위원장의 인연은 2007년 박 당선인이 한나라당 대선 경선에서 이명박 대통령에게 패하면서 시작됐다. 박 당선인이 깨끗하게 경선 결과에 승복한 모습을 본 김 위원장은 호감을 갖고 먼저 박 당선인에게 만나자고 연락했다. 박 당선인을 만난 자리에서 독일의 앙겔라 메르켈 총리를 벤치마킹할 것을 주문했다. 실제 1990년 독일 통일 시기에 정계에 입문해 2005년 총리에 오른 메르켈 총리와 1998년 보궐선거로 정계에 입문해 2013년 대통령에 오르는 박 당선인의 행보는 유사한 측면이 많다. 이후 두 사람은 매주 또는 매달 한 번씩 만나며 여러 현안에 대해 의견을 나누면서 박 당선인의 경제 멘토가 된 것으로 알려졌다.

남기춘
전 서울서부지검 지검장

▶ 출생 _ 1960년 서울
▶ 학력 _ 홍익사대부고, 서울대 법학과
▶ 경력 _ 서울중앙지검 특수2부 부장검사(사시 25회, 연수원 15기),
    울산지방검찰청 지검장, 서울서부지방검찰청 지검장, 새누리당 클
    린정치위원장
▶ e주소 _ kicnam@naver.com

정치쇄신 이미지 높인 '검객'

18대 대선 과정에서 박 당선인의 이미지 제고에 기여한 일등공신 중 하
나로 꼽힌다. 검찰 내 대표적인 '강골 검사'로 불린다. 그의 별명은 '남
검객(劍客)'. 심대륜 전 고검장이 이끄는 서울지검 강력부 창설 멤버로 조
양은·김태촌 등 조폭 두목을 잡아들였다. 1998년 심 고검장이 김태정
총장을 겨냥해 '항명 파동'을 일으키자 대구에서 서울 서초동 대검청사
까지 심 고검장을 수행했다. 이 일로 감찰조사를 받고 한직을 떠돌아야
했다.

그는 정파를 가리지 않는 뚝심 있는 수사로 '국민검찰' 호칭까지 얻었
다. 대검찰청 중앙수사1과장으로 있던 2003년 대선자금 수사에서 집권
세력인 노무현 대통령 쪽 수사를 맡아 현직 대통령의 최측근인 안희정 현
충남지사와 여택수 청와대행정관을 구속했다. 그를 두고 안대희 중수부
장(현 새누리당 정치쇄신위원장)은 "대선자금 수사가 성공한 것은 남기춘 검
사가 있었기 때문"이라고 말했을 정도다.

서울중앙지검 특수2부장이었던 2005년에는 친노 핵심이었던 김희선 열린우리당 의원을 수사했다. 한직으로 분류되는 서산지청장으로 옮겨 가서도 문석호 열린우리당 의원의 정치자금을 뒤졌다. 때문에 민주당과 깊은 '악연'이 있다는 평가도 나온다. 새누리당과도 좋은 관계는 아니었다. 2004년 대검 중수1과장으로서 한나라당의 대선자금 수사를 맡았다. 새누리당에 계속 따라다니는 '차떼기당'이라는 꼬리표가 생긴 것이 바로 그때다.

그의 칼날이 정계로만 향한 것은 아니다. 명동 사채시장을 훑어 삼성 그룹의 무기명 채권 등을 찾아낸 것도 그다.《삼성을 생각한다》라는 책에서 검찰의 치부를 비판한 김용철 변호사가 "삼성에서 뇌물을 받지 않은 검사"로 꼽기도 했다. 김 변호사와 그는 사법시험 동기다. 그의 뚝심 있는 수사스타일은 때로는 불협화음을 일으키기도 했다. 서울서부지검장으로서 지휘했던 2011년 한화그룹 비자금 의혹 사건이 대표적이다. 과잉 수사 논란 끝에 "살아있는 권력보다 살아있는 재벌이 더 무섭다"는 글을 남기고 사표를 던졌다.

새누리당에 둥지를 튼 것은 앞서 정치쇄신특위위원장을 맡은 안대희 전 대법관의 제안이 계기가 됐다. 새누리당 정치쇄신특별위원회 산하 클린검증제도소위원회 위원장으로서 후보 및 친인척, 측근 관리를 맡았다. 그의 동참은 박근혜 당선인의 정치쇄신 노력을 상징적으로 보여주는 사건이 됐다. 존재만으로도 박 당선인의 이미지 제고에 도움이 됐다는 평가가 나온다.

안대희
전 대법관

▶ **출생** _ 1955년 경남 함안
▶ **학력** _ 경기고, 서울대 행정과 중퇴
▶ **경력** _ 1975년 사법시험 합격, 서울지검 검사, 대검 중앙수사부장, 서울고검장, 대법관, 새누리당 정치쇄신특별위원회 위원장
▶ **e주소** _ inininh3@hanmail.net

박 당선인이 삼고초려 영입한 대쪽 검사 …
새누리당 정치쇄신 주도

박근혜 당선인이 삼고초려 끝에 영입한 대표적 '깜짝 인사'다. 그가 2012년 8월 27일 새누리당의 정치쇄신특별위원장으로 오자 정치권은 의외라는 반응을 보였다. 새누리당의 전신인 한나라당에 '차떼기당'이라는 오명을 안긴 인물이기 때문이다.

서울대 행정학과 3학년 때인 1975년 17회 사법시험에 최연소로 합격했다. 군 법무관을 마치고 바로 검사로 임용되는 바람에 대학은 졸업하지 못했다. 학력에 '서울대 행정과 중퇴'라고 나오는 이유도 이 때문이다. 서울지방검찰청 검사로 시작해 대검 중수 1·3과장, 서울중앙지검 특수 1·2·3부장 등을 거쳐 2003년 대검 중수부장에 올랐다. 사시 동기인 노무현 대통령이 그를 중수부장으로 발탁했다. 나중에 대법관에 앉힌 이도 노 대통령이다.

그는 이때부터 대중에 이름을 알렸다. 중수부장으로 착수한 첫 수사는 노 대통령의 '왼팔'인 안희정 현 충남지사와 관련된 '나라종금 사건'이었다. 이어 2003년 8월부터 대선자금 수사를 시작했다. 한나라당은 소위 '차떼기'로 수백억 원을 받은 것이 드러나 큰 타격을 입었다. 안 전 대법관은 이 일을 계기로 '국민검사'라는 별명을 얻었다.

박 당선인은 만신창이가 된 한나라당의 새 대표를 맡고 '천막 당사'를 만들어 당의 어려움을 수습했다. 한나라당은 그를 "노무현 대통령의 주구(走狗)"라고 공격했다. 그는 이어 부산고검장, 서울고검장을 거쳐 2006년에는 대법관에 올랐다. 차떼기 수사를 한 지 9년만에 박 당선인의 러브콜을 받고 새누리당으로 왔다. 7월 10일 대법관을 퇴임하고 미국 스탠퍼드대에 방문연구원으로 가기로 돼 있었으나 박 당선인의 설득으로 새누리당의 정치쇄신특별위원장을 맡았다.

법조계를 떠난 지 48일만에 정치권에 발을 들여놓은 것이다. 이를 두고 비판 여론이 일기도 했다. 이에 대해 언론과의 인터뷰에서 "국민 모두가 바라는 깨끗한 정부를 만들어보자는 대의(大義)를 따른 것"이라며 "당장은 비난을 받더라도 이것이 운명이라면 받아들여야지 벗어나려고 고고한 척하며 지낼 수 없다"고 담담하게 심경을 밝혔다.

한광옥 전 민주당 상임고문이 새누리당의 국민대통합위원회 수석부위원장으로 영입되자 "잘못된 인선"이라며 "인사가 취소되지 않으면 사퇴하겠다"고 강력 반발했다. 한 고문은 2003년 9월 나라종금 퇴출저지 청탁과 함께 김호준 전 보성그룹 회장으로부터 불법 정치자금을 받은 혐의로 구속기소된 바 있으며, 당시 그가 대검 중수부장으로 수사를 지휘했다. 서울 서대문구 아파트에 24년째 살고 있는 등 재산도 많지 않아 청렴한 공직자로 꼽힌다. 정부직에 기용될 가능성이 높은 것으로 관측된다.

장흥순
전 벤처기업협회 회장

▶ 출생 _ 1960년 충북 괴산
▶ 학력 _ 충북고, 서강대 전자공학과, KAIST 공학박사
▶ 경력 _ 테보테크 사장, 벤처기업협회장, 국민경제자문회의 위원, 한국무역협회 부회장, 서강대 전자공학과 특임교수, 새누리당 박근혜 대통령후보 벤처특보
▶ e주소 _ www.jangventure.com

벤처의 대부 … 박 당선인의 벤처특보로 활약

대선 기간에 박근혜 당선인의 벤처특보로 활약했다. 벤처산업 육성 정책과 관련해 박 당선인을 보좌하는 역할을 맡으며 대선 공약 성안에도 참여했다. 박 당선인과는 대학은 물론 학과도 동문으로 당선인의 '서강 학맥'으로 분류된다.

그는 벤처기업 1세대 대표주자다. 그에겐 늘 '벤처의 대부'란 별명이 따라다녔다. 젊은 나이에 터보테크를 창업해 매출액 1000억 원대의 중견기업으로 성장시키면서 스타급 경영인으로 인정받았다. 국내 CEO 중 처음으로 세계경제포럼(WEF)의 아시아 차세대 지도자 100인에 선정되면서 국내 벤처업계의 상징적 존재로 떠올랐던 인물이다.

하지만 2003년 휴대전화 단말기 사업 확장으로 적자가 늘어나자 이를 감추기 위해 분식회계를 시도했고, 이 일로 검찰에 구속돼 2005년 징역 2년 6개월(집행유예 4년)을 선고받았다. 당시 실제 보유하지 않은 양도성예금증서(CD)를 가지고 있는 것처럼 꾸미는 수법으로 700억 원대의 분식회계를 했던 것으로 알려졌다. 이 때문에 18대 대선에서 박 당선인의 벤처특보로 임명될 때 당시 전력을 놓고 구설수에 올랐다. 당 안팎에서 "동기야 어떻든 횡령·배임 등으로 형사처벌을 받은 인사를 영입하는 게 맞느냐"는 지적이 나왔다. 이에 대해 그는 "경영자로서 부끄러운 일을 한 만큼 (영입 제의에) 고민이 많았지만 벤처 생태계의 성공을 위해 제 경험을 나눌 때라는 생각이 들었다"고 말했다.

석방 후 터보테크의 회생을 돕다가 2008년부터는 모교인 서강대에서 산학협력 과제를 맡아 새로운 영역을 개척했다. "기존 대학과 기업이 만든 산학협력 회사는 시너지를 내지 못하고 기업 용역만을 받는 고정된 형태를 벗어나지 못했다"며 "대학과 기업이 서로 상생할 수 있는 산학협동의 새로운 모델을 만들기 위해 맡았던 것"이라고 말했다.

새정부 출범 후에도 벤처창업과 일자리 창출 분야에서 나름대로 역할을 맡을 것으로 보인다. 박 당선인이 청년 고용창출을 위한 공약으로 청년벤처 육성을 내세운 만큼 집권 후에는 공약을 구체화한 관련 지원책을 내놓을 예정인데, 이 과정에서 어떤 형태로든 기여할 여지가 있다.

조동원
전 새누리당 홍보기획본부장

▶ 출생 _ 1957년 강원 춘천
▶ 학력 _ 춘천고, 서강대 신문방송학과
▶ 경력 _ 오리콤 카피라이터, 화이트커뮤니케이션 대표이사, 한국문화산업포럼 이사, 스토리마케팅 대표이사
▶ e주소 _ twitter.com/chochocopy

"침대는 과학" 빨간 새누리당 만든 홍보 전문가

보수정당인 새누리당의 기존 이미지를 깨는 데 앞장선 인물이다. 예상을 뛰어넘는 홍보 방식은 물론 본인의 파격적인 행보 역시 화제를 불러일으켰고, 이는 '젊은 새누리당'이라는 이미지를 만드는 데 일조했다.

그는 원래 카피라이터로 유명한 인물이다. '침대는 가구가 아닙니다. 과학입니다', '우리 강산 푸르게 푸르게', 'X세대 화장품', '좋은 사람들의 좋은 옷' 등이 그의 작품이다. 광고업계에서는 새로운 세대가 원하는 카피를 만들었다는 평가를 받았다. '스무 살의 011'이라는 카피로 이동통신회사에 젊은 이미지를 불어넣은 사람 역시 그다.

정치권에 몸을 담은 것은 2012년 1월이다. 한나라당 비상대책위원장이었던 박근혜 당선인의 요청을 받아들여 당 홍보기획본부장을 맡았다. 한나라당이 외부 인사를 홍보기획본부장에 앉힌 첫 케이스였다. 그는 박 당선인에게 진정성을 느껴 영입 제의를 수락했다.

박 당선인도 그의 역할을 꽤 중시한 것으로 알려졌다. 당선인의 한 측근 얘기다. "당시 대표가 불러 방으로 갔더니 홍보본부장을 영입했는데 연락해서 협의할 것이 있으면 하라고 하기에 '네' 라고 대답하고 나오려 했다. 그러자 대표가 '지금 연락하세요' 라고 했다. 그래서 또 '네, 연락하 겠습니다' 라고 뒤돌아섰는데, 다시 목소리를 높여 '지금 당장 전화 거세 요' 라고 했다. 순간 역할이 꽤 중요한 사람이라는 사실을 눈치 챘다."

그는 스스로 "(인터넷 방송) '나는 꼼수다' 를 열심히 듣는 성향"이라고 말할 정도로 야권 지지 성향에 가까웠지만 당 홍보 업무를 시작한 이후에 는 "애당심으로 둘째 가라면 서러울 사람"이라는 평을 들을 정도가 됐다. 그가 정치권에서 만들어낸 최대 작품은 '새누리당' 이라는 당명이다. 또 당을 상징하는 색깔을 파란색에서 빨간색으로 바꾼 것 역시 그다. 처음에 는 당내 반발이 만만치 않았지만 결과적으로는 젊은 보수 정당 이미지를 만들었다는 평가를 받았다.

대선 때는 중앙선거대책위원회 홍보본부 부본부장을 맡아 '민국아 사 랑해' 라는 애국 캠페인을 주도했다. 각계각층 사람들이 "민국아 사랑해" 라고 말하게끔 하는 캠페인이다. '민국' 은 대한민국에서 따온 이름이다. 5060세대의 애국심에 호소하면서 2030세대에게도 국가의 중요성을 상 기시킨 캠페인이라는 평을 받았다.

톡톡 튀는 행보도 그의 트레이드마크 중 하나다. 당 홍보기획본부장으 로 임명된 이후 처음으로 당 공식회의에 참석할 때 검은색 점퍼를 입고 수염을 덥수룩하게 기른 채 등장한 게 대표적 사례다. 정장을 입고 최대 한 깔끔한 모습으로 회의에 참석했던 다른 당 지도부와는 사뭇 다른 모습 이었다. 총선 직후 빨간색으로 머리카락을 염색한 적도 있다. 국민이 새 누리당의 진정성을 알아주고 새누리당을 지지해주면 빨간색으로 염색하 겠다는 약속을 했기 때문이다. 대선 직후 "본업으로 돌아가겠다"며 당사 를 떠났다. 당 안팎에서는 현재 새누리당 내에서 그만큼 젊은 홍보 감각 을 지닌 인물이 없다는 평가가 나오고 있기 때문에 박 당선인이나 새누리 당과 어떤 방식으로든 일할 가능성이 높다는 전망이 나온다.

한화갑
전 새천년민주당 대표

▶ **출생** _ 1939년 전남 신안
▶ **학력** _ 목포고, 서울대 외교학과
▶ **경력** _ 14~17대 국회의원, 국회 운영위원장, 국민회의 총재특보단
장, 새천년민주당 최고위원, 새천년민주당 대표최고위원. 평화민주
당 대표
▶ **e주소** _ http://www.hhgahp.or.kr

'박정희 딸' 지지한 '리틀 DJ'

김대중 대통령 만들기라는 외길 인생을 살아와 '리틀 DJ'라 불린다. 그런 그가 18대 대선에서 박근혜 당선인을 지지한다고 선언해 큰 화제를 모았다. 박 당선인이 강조하는 국민대통합 차원에서 차기 정부에서 일정 부분 역할을 할 것이란 예상이 나온다.

박 당선인 지지를 선언한 이유는 노무현 대통령과 그 측근들에 대한 반감 때문이라는 해석이 지배적이다. 박 당선인 지지를 선언하면서 노 대통령이 정권을 잡자마자 대북송금 특검을 실시하고 민주당 대표였던 자신을 정치자금법 위반으로 기소한 일을 언급했다. 그는 "믿는 도끼에 발등이 찍혔다"며 "노 대통령 주변에 있는 젊은이들이 내가 재판받을 때 대법원에 전화해서 재판을 빨리 끝내라고 했다"고 말했다.

그는 당시 "김대중 대통령의 용서·화해의 뜻을 이어받아 박근혜 새누리당 대선 후보를 지지한다"며 "심청이가 인당수에 몸을 던져 아버지의 눈을 뜨게 한 심정으로 박 후보를 지지하기로 했다"고 강조했다. 자신의 지지 선언이 호남 발전을 위한 결정이라고 했다. "2012년 11월 초 박 후보를 만나 호남 지역 숙원사업 9가지를 해결해 달라고 제안했다”고 소개하면서 “김대중 대통령 때도 못했던 사업을 박정희 대통령의 딸인 박 후보가 전부 해줬다는 말을 반드시 듣도록 하겠다”고 강조했다. 그가 제안한 사업은 새만금 이남 개발계획, 흑산도·홍도 관광지 개발, 완도-광주·여수-광주 고속도로 건설, 광주 아시아문화전당 준공 등이다.

그는 전남 무안·신안에서 14~17대까지 내리 4선 의원을 지낸 동교동계의 상징적 인물이다. 2010년 평화민주당을 창당한 이후 동교동계와 거리를 두어왔다. 권노갑 전 의원과 더불어 동교동계의 ‘양갑’으로 불리며 DJ의 복심 역할을 해왔다. 동교동계는 DJ의 비서 출신 인사들이 주축을 이룬 가신그룹으로 한때 김영삼 대통령의 상도동계와 함께 한국 야당사의 양대 산맥을 이뤄왔다.

그는 대선 후 “처음에는 중립을 지키고자 박 당선인의 지원 요청을 거절했으나 황우여 공동선대위원장과 김무성 총괄선대본부장, 서청원 전 한나라당 대표, 강창희 국회의장 등이 자신을 가만히 놔두지 않았다”고 설명했다. 박 당선인 지지 선언 당시 자신에게 쓴소리를 했던 동교동계 인사들과 노 대통령 측근들에 대해서도 서운한 마음을 나타냈다. 그는 “2012년 김대중 대통령 서거 3주기 행사가 끝나고 동교동계 인사들이 모여 점심을 먹는데 나에게는 연락도 하지 않았다”고 했다. 문재인 후보에 대해서는 “문 후보가 청와대에 있을 때 전라도 출신 인사를 추천받으면 다 그어버렸다(거절했다)”고 말했다.

1967년 총선 때 김대중 후보의 선거운동원으로 참여한 것을 계기로 인연을 맺었다. 이후 동교동 공보비서와 평민당 총재특보 등을 지냈다. ‘김대중 내란음모사건’에 연루돼 옥고를 치르는 등 3차례에 걸쳐 투옥된 경력을 갖고 있다.

현명관

삼성물산 상임고문

▶ 출생 _ 1941년 제주
▶ 학력 _ 서울고, 서울대 법학과, 게이오기주쿠대학원 경제학 석사
▶ 경력 _ 4회 행정고시 합격, 호텔신라 대표이사 부사장, 삼성그룹
　비서실장, 대한상공회의소 부회장, 삼성 라이온즈 야구단 구단주,
　삼성 일본담당 회장, 전경련 상근부회장, 삼성물산 상임고문
▶ e주소 _ hyunnuri@naver.com

삼성 출신 朴 재계인맥 … 싱크탱크 국가미래원 멤버

박근혜 당선인의 대표적인 재계인맥이다. 현 고문은 박 당선인의 싱크탱크인 국가미래연구원 멤버이고, 2007년 대선 당시 박 후보의 경선캠프에서 미래형 정부기획위원장을 맡아 박근혜 대통령 만들기에 나선 바 있다. 18대 대선에서는 7월 경선 때 캠프에서 정책위원으로 기용돼 박 당선인을 도왔다.

전형적인 '삼성맨'이다. 서울고-서울대 법대를 졸업한 뒤 일본으로 건너가 게이오기주쿠대학원에서 경제학 석사를 받았다. 1965년 행정고시(4회)에 합격해 감사원 부감사관으로 출발했다. 이후 1989년 호텔신라 대표이사를 시작으로 삼성종합건설 대표이사를 거쳐 1993년에는 삼성그룹 비서실에서 이건희 회장의 비서실장으로 일했다. 그만큼 이 회장의 신임을 받았다고 볼 수 있다.

이후 한일경제협회 부회장, 대한상공회의소 부회장, 삼성물산 회장, 삼성라이온즈 구단주를 맡았고, 2010년에는 삼성물산 상임고문에 올랐다. 삼성의 요직은 두루 거친 셈이다. 이 때문에 정치권에서는 현 고문이 차기 정부와 재계 간의 가교 구실을 할 것이라는 관측이 나오기도 한다. 박 당선인의 공약 가운데 신규순환출자 제한, 일감 몰아주기 규제 강화 등은 삼성그룹의 최대 아킬레스건으로 꼽힌다.

제주 출신인 현 고문은 2010년 지방선거에서 제주도지사 선거에 출마했다. 한나라당을 탈당해 무소속으로 출마했다. 국민참여경선을 통해 한나라당 후보로 선출됐지만 금권선거 파문으로 공천을 박탈당했기 때문이다. 이후 한나라당 제주도당이 무소속인 현 고문과 '정책연대'를 선언해 사실상 한나라당을 위장 탈당한 것 아니냐는 지적도 받았다.

이에 대해 현 고문은 "금권선거라는 도의적 책임으로 한나라당을 탈당할 수밖에 없었지만 정책공약의 기본 이념은 한나라당과 동일하다"며 "위장 탈당이라는 비판에 동조하진 않지만 이해할 순 있다"고 비판을 수용했다. 하지만 결국 도지사 선거에서 낙선했으며 이후 박 당선인의 대선을 조용히 도왔다.

외곽 자문 그룹

김광두
국가미래연구원장

▶ 출생 _ 1947년 전남 나주
▶ 학력 _ 광주제일고, 서강대 경제학과, 미 하와이대 경제학 박사
▶ 경력 _ 1977년 국제경제연구원 수석연구원, 서강대 교수, 한국은행
금융통화위원회 위원, 서강대 경제대학원 원장, 한국국제경제학회
회장, 국가미래연구원장
▶ e주소 _ chairman@ifs.or.kr

박 당선인의 경제 과외교사 … 5인 공부모임 멤버

박근혜 당선인의 '경제 과외교사'다. 최외출 영남대 교수, 안종범 의원(전 성균관대 교수), 김영세 연세대 교수, 신세돈 숙명여대 교수 등과 함께 박 당선인의 소위 '5인 공부모임' 멤버다. 2007년 한나라당 대선 경선 시절 부터 박 당선인의 경제 구상을 그려왔다. 박 당선인의 경제공약인 '줄푸 세'(세금 줄이고, 규제 풀고, 법질서 세우기)가 김 원장의 작품이었다.

김 단장은 1947년생으로 전남 나주 출신이다. 광주일고와 서강대 경 제학과를 졸업했다. 이후 미국 하와이주립대에서 경제학 박사학위를 받 았다. 서강대에서 교수생활을 하면서 신문에 칼럼을 쓰고, 방송에 출연 하는 등 현실 참여적인 모습을 보였다.

18대 대선에서 박 당선인의 싱크탱크 역할을 한 국가미래연구원을 2010년 말 설립해 원장을 맡고 있다. 국가미래연구원은 안종범 의원과 김영세 연세대 교수 등 각 분야 전문가 200여 명이 참여해 회원제로 운영 되고 있다. 박 당선인도 회원이다. 이한구 새누리당 원내대표도 출범 당 시 발기인으로 참여했다. 이 연구원은 지난 2년 동안 박 당선인의 정책을 뒷받침해 사실상 박 당선인이 4.11총선과 18대 대선에서 내놓은 기본 정책을 만들었다 해도 과언이 아니다.

때문에 이명박정부 초기 백용호 정책특보가 주도한 바른정책연구원과 비교된다. 당시 원장이었던 백 특보는 국세청장, 공정거래위원장, 청와대 정책실장 등 요직을 두루 맡았고, 이 연구원 출신의 적지 않은 인사들이 현 정부에서 주요 요직을 차지했다.

국가미래연구원이 주목받는 것은 14개 분야별로 회원이 구분돼 있다는 점이다. 박 당선인이 분야별로 인재를 뽑아 쓸 수 있는 인재풀 역할을 할 수 있는 셈이다. △재정·복지 △거시·금융 △산업·무역·경영 △외교·안보 △보건·의료 △법·정치 △행정 △농림 수산 △교육·노동 △과학기술·방송통신 △국토·부동산·해운·교통 △문화·예술·사회 △환경·에너지 △여성 등 사회 전반의 각 분야를 총 망라해 분야별로 최고 10명의 회원을 두고 스터디를 해왔다.

김 원장은 18대 대선캠프에서는 힘찬경제추진단장을 맡아 일자리 창출 등의 공약을 다듬었다. 일자리와 관련해 △제조업의 고도화 △지식문화산업 육성 △복지사업 확충 등으로 정책을 나눠 추진하는 게 바람직하다고 말했다. 김 원장은 "독일과 일본처럼 선진국이 된다 해도 제조업은 중요한 국가 산업 기반이므로 고도화해 고급 일자리를 만들어야 한다"며 "한류처럼 지식문화 등의 서비스 산업을 육성하는 것 역시 새로운 일자리 창출에 많은 도움이 될 것"이라고 말했다. 또 "시장경쟁에서 밀려난 사람들을 위한 맞춤형 복지를 제대로 하려면 이를 지원할 전문인력을 키워야 한다"고 덧붙였다. 김 원장은 "이명박정부가 추진해온 세제 지원을 통한 일자리 창출은 실효성이 없다"고 강조했다.

김영세

연세대 교수

▶ 출생 _ 1962년 울산
▶ 학력 _ 중동고, 연세대 경제학과
▶ 경력 _ 영국 런던대 경제학과 조교수(1994~1995년), 연세대 경제
학과 조 · 부교수(1995~2003년), 연세대 경제학과 교수, 국가미래
연구원 발기인, 연세대 기획실장
▶ e주소 _ ykim@yonsei.ac.kr

朴 싱크탱크 5인 공부모임 멤버 … 게임이론 전문가

박근혜 당선인의 '5인 공부그룹' 멤버로 일찌감치 인연이 깊었다. 김 교수의 아내인 이혜훈 새누리당 최고위원 역시 박 당선인의 측근이다. 부부가 함께 친박계 핵심인 셈이다.

김 교수는 연세대 경제학과를 졸업하고 같은 대학원에서 석사를 취득했다. 미국 UCLA에서 경제학 박사를 받고 영국 케임브리지대학과 런던대학에서 조교수를 지냈다. 1995년에 한국으로 돌아와 모교에서 교수생활을 시작했다. 2004년 상경대학 부학장, 2006년에는 경제학부 학부장을 지냈고 2009년부터 2012년 초까지 학부대학 학장으로 일했다. 2012년 2월부터 연세대 기획실장직을 맡아 강의를 하지 않고 있다.

김 교수는 게임이론 분야의 권위자다. 게임이론은 경쟁 주체가 상대편의 대처 행동을 고려하며 자신의 이익을 극대화하기 위한 방법을 합리적으로 선택하는 행동을 수학적으로 분석하는 이론이다. 군사학에서 주로 쓰였으나 현대사회에서는 경제학, 경영학, 사회학, 정치학에서도 폭넓게 다뤄진다.

산업조직과 공정거래, 정치와 공공경제 분야 역시 그의 전공분야다. 정부 부처에서도 다양한 활동을 했다. 국무총리실, 기획재정부, 지식경제부, 공정거래위원회, 금융감독원 등에서 각종 위원 및 자문역으로 일했고 행정고시, 외무고시 등의 출제 및 면접 위원을 맡기도 했다.

김 교수는 연구 업적의 상당 부분을 부인인 이 최고위원의 공으로 돌린다. 그는 자신의 저서《게임이론》의 서문에서 "10여 년의 외국생활을 마치고 귀국했을 때 아내의 강력한 권유로 책을 쓰게 됐다"며 "교내 잡무와 학회사무국 활동으로 집필이 지지부진할 때마다 아내는 따뜻한 격려의 말을 아끼지 않았다"고 적었다. 또 "아내는 KDI 연구위원으로 눈코 뜰새없이 바쁜데도 원고 내용의 문제점을 지적하고 교정을 봐주는 등 동료 경제학자로서의 의무를 다했다"고 말했다.

김 교수와 박 당선인을 연결하는 '5인 스터디그룹'에는 김 교수 외에도 서강대 교수를 지낸 김광두 국가미래연구원장, 안종범 새누리당 의원, 신세돈 숙명여대 경제학과 교수, 최외출 영남대 교수가 있다. 이들은 모두 박 당선인의 싱크탱크인 국가미래연구원 소속이다.

김 교수는 학내에서 평이 좋다. 학부와 학내 요직을 두루 거쳤다는 것이 그 증거다. 교직원, 대학원 조교들과의 사이도 좋은 편이다. 조교들은 "젠틀하고 상냥하다"고 입을 모은다. 자기가 직접 쓴 책으로 '저자 직강'을 하기 때문에 학생들의 수업 만족도도 높다.

김주식

전 새누리당 중앙선대위 정치쇄신특별위원회 정무특보

▶ 출생 _ 1965년 서울
▶ 학력 _ 한성고, 한성신학대, 건국대 행정대학원 행정학 석사
▶ 경력 _ 내외통신 기자, 을지재단 홍보부장, 한나라당 부대변인, 이명박 대통령 당선인 인수위 상근자문위원, 박근혜 대통령 후보 선대위 정치쇄신특위 정무특보
▶ e주소 _ abcz2552@yahoo.co.kr

안대희 전 대법관과 10년 지기 … 끝까지 함께 할 것

정치쇄신특별위원회 위원장이었던 안대희 전 대법관과 10년 지기다. 마포 숭문중 후배인 김주식 전 특보는 약 10여년 전 동문회 모임에서 부장검사였던 안 전 대법관을 처음 만나 친분을 쌓았다. 이어 두 사람을 포함해 전현직 법조인과 언론인들이 모여 '11인회'를 창설했고 현재까지도 꾸준히 모임을 갖고 있다. 특히 안 전 대법관은 당에서 정치쇄신특별위원장 제의가 오자 곧바로 김 전 특보와 상의한 뒤 수락했던 것으로 전해졌다.

1965년 서울에서 태어나 한성고와 한성신학대를 졸업했다. 건국대 행정대학원에서 행정학 석사를 취득했다. 경기도에 있는 한 지방지에 입사해 기자로 사회생활을 시작했다. 내외통신으로 옮긴 후 회사가 연합통신(현 연합뉴스)에 통합된 직후 사표를 내고 언론인 경력을 마감했다. 곧이어 서울신용평가정보 홍보실장, 을지재단 홍보부장을 지내는 등 '홍보맨'으로서의 길을 걸었다. 이후 '한국의 길'이란 포럼을 창설해 기획실장으로 근무하면서 정계 인사들과 교분을 쌓았고 이를 계기로 자연스럽게 한나라당에 합류했다.

2006년 남경필·원희룡·정병국(남원정) 의원으로 대표되는 당내 개혁 그룹의 몫으로 당 부대변인을 맡았다. 이어 오세훈 전 서울시장이 지방선거에 출마할 때 선대위 부대변인으로 활약했다. 아울러 17대 대선에서는 이명박 대선 후보 선대위에서 지방언론팀을 이끌었고 이후 이 대통령의 당선인 시절 인수위에서도 상임자문위원으로 일했다. 그러나 정권 초 친분이 깊었던 정두언 의원이 이상득 전 의원과의 권력투쟁에서 밀려나는 바람에 이렇다 할 역할을 할 기회를 잡지 못했다. 대신 민자 교량운영회사인 ㈜인천대교에서 감사를 맡아 근무하다 안 전 대법관의 영입 후 그를 보좌할 정무특보에 보임됐다.

취미로 골프를 즐기지만 '영백(영원한 100타)'으로 잘 치는 편은 아니라는 게 그의 솔직한 고백이다. 주량은 폭탄주로 10잔 정도다. 친화력이 뛰어나 11인회 외에도 꼬박꼬박 참석하는 개인적 모임이 7~8개나 된다. 기자와 홍보맨으로 일했던 만큼 모임 참석자들의 대부분이 전현직 언론인으로 구성돼 있다는 점도 특징이다. 토박이에 가까울 만큼 마포에서만 오랫동안 거주해 오다 보니 매 총선 때마다 자의반 타의반 국회의원 후보로 거론돼왔다. 그러나 현재까지 예비후보로도 등록한 적이 없다.

그는 이미 안 전 대법관과 사실상 정치 운명을 함께할 뜻을 밝힌 상태다. "안 전 대법관이 지금은 '내 할일을 다했다'며 한 발 물러섰지만 박 당선인의 거듭된 부름을 계속 외면하진 못할 것으로 본다"며 "구체적으로 어떤 역할을 하실지 모르지만 (안 전 대법관과) 계속 함께할 것"이라고 말했다.

박종준
전 경찰청 차장

▶ 출생 _ 1964년 충남 공주
▶ 학력 _ 공주사대부고, 경찰대
▶ 경력 _ 충남지방경찰청장, 경찰청 차장, 새누리당 정치쇄신특별위원
▶ e주소 _

경찰, 충청권 출신 … 정치개혁 드라이브 이끈 숨은 주역

박종준 새누리당 정치쇄신특별위원이 주목받는 이유는 세 가지다. 경찰 개혁을 담당했고, 충청권 인사라는 점, 40대의 젊은 나이라는 점이다. 18 대 대선에서 정치쇄신과 정치개혁을 이끈 당 정치쇄신특별위원회에서 경찰개혁과 검경 수사권 조정 분야를 담당해 내실 있는 정책을 내놓았다 는 평가를 받는다. 새정부에서도 이 분야를 전담할 것으로 보인다.

2012년 4.11 총선 시에 새누리당 공주 지역의 예비후보로 공천 받았으 나 낙선했다. 이후 박근혜 당선인의 대선캠프에 본격적으로 합류해 젊고 참신한 40대 정치인으로 주목받았다. 그는 줄곧 당과 박 당선인에게 정 치쇄신을 주문해왔다. 박 당선인 앞에서도 할 말은 하는 '미스터 쓴소리' 로 유명하다.

경찰대학 2기를 수석으로 졸업한 뒤 26년간 경찰 생활을 쭉 해왔다. 충남지방경찰청장을 비롯해 경찰청 차장 등을 지냈다. 재임 당시 경찰 수 사의 전문성 · 청렴성 · 공정성을 위해 목소리를 내왔으며 신뢰받는 공정 수사를 구현해야 한다고 줄곧 주장했다.

정치에 입문한 계기로는 "1991년 미국 유학 시절 대선에 출마한 40대의 젊은 빌 클린턴 후보가 했던 연설 때문"이라고 말한다. 그는 "클린턴 후보의 연설을 듣는 미국 국민들의 행복과 기쁨에 가득 찬 모습이 신선함과 충격으로 다가왔다"고 회상했다. 정치인이 정치를 잘한다면 국민들의 행복지수를 높일 수 있지 않을까 라는 생각에 경찰직을 벗어던지고 정치인의 삶을 시작했다.

박 당선인에 대한 생각도 비슷하다. 박 위원은 "박 당선인은 국민 행복에 가장 중점을 두고 있는 지도자"라고 평가했다. 정치쇄신특위 활동을 하며 옆에서 지켜본 박 당선인은 모든 준비가 끝났으며 신뢰의 원칙이 있고, 국민과의 약속을 반드시 지킬 줄 아는 정치인이라고 밝혔다.

정치쇄신에 대한 그의 청사진은 이렇다. 대통령을 의장으로 행정 각부 장관, 청와대 수석비서관, 정책 관련자들을 위원으로 하고 각계 전문가, 시민 대표들을 포함한 국정쇄신정책협의회의 공약이 실천되도록 하겠다는 의지를 표명했다. 또 새누리당은 제1당의 책임 정당으로서 실천 가능한 것, 정치가 제대로 가능하도록 하는 것에 방점을 찍겠다고 했다. 부정부패 척결에 대한 강력한 의지도 보였다. 친·인척 비리 같은 부정부패 등이 쇄신돼야 한다고 역설한다.

새누리당에 판·검사, 변호사 등 법조계 출신은 많지만 그처럼 경찰행정을 제대로 꿰뚫고 실무적인 현장 경험까지 갖춘 전문가는 드물다. 경찰개혁과 검경 수사권 조정 등 민감한 분야에 메스를 들이댈 준비가 돼 있다는 게 그의 각오다. 오랜 경찰생활 동안 체화된 국민을 위하는 희생과 봉사정신도 그가 정치권에서 높이 평가받는 이유 중 하나다. 게다가 충청권 출신이라는 점도 박 위원의 경쟁력으로 꼽힌다. 공주시 당협위원장도 맡고 있다.

신세돈

숙명여대 경제학부 교수

▸ 출생 _ 1953년 대구
▸ 학력 _ 경북고, UCLA 경제학과, 경제학 박사
▸ 경력 _ 한국은행, 삼성경제연구소 금융보험실장, 숙명여대 경제학
   과 교수, 국가미래연구원 발기인
▸ e주소 _ seshin@sm.ac.kr

외곽 보수 경제 조력자 … 5인 공부모임 멤버

박근혜 당선인의 대표적인 외곽 경제 브레인이다. 김광두 서강대 명예교수와 함께 박 당선인의 외곽 싱크탱크인 국가미래연구원을 세운 발기인이자 김 교수를 비롯해 친박계 핵심인 이혜훈 새누리당 최고위원의 남편 김영세 연세대 경제학부 교수, 안종범 의원, 최외출 영남대 지역및복지행정학과 교수 등과 함께 '5인 공부모임'의 멤버이기도 하다.

신 교수는 보수 성향의 경제학자다. 1953년 대구에서 태어나 경북고를 졸업한 뒤 고려대에 입학했으나 중퇴하고 미국 UCLA대학으로 진학했다. UCLA 대학원에서 경제학 박사를 취득한 뒤 1984년 귀국해 한국은행 조사부 전문연구원으로 사회 첫발을 내디뎠다. 3년 뒤에는 삼성경제연구소 금융보험실장으로 자리를 옮겼고 2년 뒤에는 숙명여대 경제학과 조교수로 학계로 갔다. 그 이후 지금까지 학생들을 가르치고 있다. 국가미래연구원에서 산업·무역·경영 분야를 맡았다.

또한 KBS 1TV '아침마당' 등에 출연하는 등 다방면에서 활약했다. 주요 저서로는《외천본민》,《20억의 국난과 40억의 극복》등이 있다.

이상민

전 춘천지법 원주지원장

▶ 출생 _ 1965년 서울
▶ 학력 _ 충암고, 서울대 법학과
▶ 경력 _ 1986년 사법시험 합격(28회), 서울형사지법 판사, 서울민사
지법 판사, 서울고법 판사, 춘천지법 원주지원장, 대법원 재판연구
관, 법무법인 율촌 변호사, 새누리당 정치쇄신특별위원회 위원
▶ e주소 _ smlee@yulchon.com

판사 출신의 법조인

판사 출신의 법조인이다. 사법시험 28회 출신으로 서울고법 판사와 춘천
지법 원주지원장 등을 거쳤다. 서울고등법원 재직 시 지적재산권 전담재
판부에서 지적재산권 관련 분쟁을 처리했다. 15년 이상 판사로 재직하다
가 2007년 대법원 재판연구관(부장판사)을 끝으로 법무법인(유한) 율촌 변
호사로 자리를 옮겼다.

박근혜 당선인과 인연을 맺은 것은 2012년 8월 정치쇄신위원회 위원
으로 합류하면서다. 앞서 박근혜 후보 캠프의 정치쇄신특위위원장을 맡
은 안대희 전 대법관의 제안이 계기가 됐다. 이후 정치쇄신특위 산하의
클린정치위원회 부위원장을 맡아 각종 흑색선전을 수사기관에 고소 · 고
발하는 것을 비롯해, 박 당선인 친인척이나 측근 비리 의혹을 예방 · 점검
하고 의혹이 이슈화됐을 때 수사 의뢰를 하는 등 각종 의혹에 적극적으로
대응하는 역할을 맡았다.

윤성규
전 국립환경과학원장

▶ 출생 _ 1956년 충북 충주
▶ 학력 _ 충주공업고등전문학교, 한양대 기계공학과
▶ 경력 _ 한양대 환경공학연구소 연구교수, 기상청 차장, 국립환경과
  학원장, 환경부 환경정책국장, 박근혜 후보 환경특보
▶ e주소 _ sky58@hankyang.ac.kr

30년 환경정책 정부관료 … 독일 병정-朴 환경특보

박근혜 당선인의 환경정책 담당 특보다. 선거대책위원회 국민행복추진
위원회 산하 지속가능국가 추진단장을 맡아 환경과 에너지 분야 정책을
총괄했다. 충주공업전문고를 졸업하고 한양대에서 기계공학을 전공한
뒤 1978년 기술고시(13회)로 공직에 입문했다. 1992년 환경처 폐수관리
과장을 맡았고, 2001년 환경부 수질보전국장을 거쳐 2004년 산업자원부
자원정책심의관으로 파견됐다. 2005년 1월 국립환경과학원장을 맡았고,
2008년 3월 기상청 차장을 역임하다 한양대 환경공학연구소 연구교수로
옮겨갔다.

30년간 정부 관료로 일하면서 '독일 병정' 이라는 별명이 있을 정도로
일을 많이 했다. 빈틈없는 성격으로 후배들이 작성한 보고서를 하나하나
꼼꼼히 따지느라 하루에 연필 한 자루를 사용했다는 일화로 잘 알려져 있
다. 박 당선인과 개인적인 인연은 없다. 다만 선대위에서 만난 박 당선인
에 대해서는 "불통이 아니라 소통이 잘 된다"며 "몇 차례 식사를 같이 했
는데 박 당선인이 그때마다 상황에 맞는 유머를 잘 던졌다"며 "그런데 그

유머가 한 번도 겹친 적이 없다"고 말했다.

환경부의 차세대 핵심 환경기술 개발사업인 '에코스타(Eco-STAR) 프로젝트'를 추진했던 만큼 환경과 에너지의 시장기능 확대에 관심이 높다. 그는 "공장에 오염물질을 내보내는 시설을 한번 설치하면 허가가 지속되다 보니깐 환경기술시장이 다 죽었다"며 "5~10년마다 점검해야 기술개발의 필요성이 생기면서 국내 환경기술시장도 활성화 된다"고 말했다. 박 당선인 정부에서 환경시장 분야의 확대가 점쳐지는 대목이다.

박 당선인의 에너지 분야 공약은 이명박정부가 추진 중인 정책을 발전시키거나 재정비해 안전성과 안정성을 향상시키는 데 초점이 맞춰져 있다. 다만 산업용 전기요금을 인상해 대기업 등이 받은 저렴한 전기요금의 혜택을 정상화하겠다는 입장이다. 이를 위해 윤 전 원장은 행추위에서 관련 태스크포스를 마련했다.

박 당선인은 탈(脫) 원전에 있어서는 신중론을 펼치는 한편 신재생에너지에 대해서는 원론적인 입장을 견지하고 있다. 윤 전 원장은 이명박정부가 국책사업으로 진행한 4대강 사업에 대해서는 "정밀 검토를 거쳐 좋은 부분은 그대로 이용하면서 문제가 있는 부분은 시정해 나갈 것"이라고 말했다.

윤창번
전 하나로텔레콤 회장

▶ 출생_ 1954년 서울
▶ 학력_ 경기고, 서울대 산업공학과
▶ 경력_ 김앤장법률사무소 고문, KAIST 정보미디어경영대학원 겸임
　교수, 하나로텔레콤 회장, 정보통신부 IT산업 해외진출추진위원회
　위원, 정보통신정책연구원장
▶ e주소_ yoon.cb@gmail.com

ICT 공약 주도 … 국가미래연구원 멤버

박근혜 당선인의 정보통신기술(ICT) 정책 공약은 윤창번 전 하나로텔레콤 회장의 작품이다. 그는 경기고와 서울대 산업공학과를 나온 'KS맨'으로 미국 콜럼비아대, 노스웨스턴대에서 각각 경영학 석사와 박사과정을 거치며 기술기반 위에 이론지식을 쌓았다. 이후 산업연구원(KIET) 연구원을 거쳐 정보통신정책연구원(KISDI)에서 기획조정실장, 동향분석실장, 원장직을 차례로 역임하면서 통신 지식과 IT업계를 꿰뚫는 통찰력을 갖췄다는 평가를 받는다. 현재는 김앤장법률사무소 고문과 KAIST 정보미디어경영대학원 겸임교수를 맡고 있다.

하나로텔레콤을 운영하면서 '기술지상주의'를 표방하는 경영자로도 유명했다. 기술직이 아닌 직원들에게도 통신기술 과정을 필수적으로 이수토록 한 대목에서 경영철학을 엿볼 수 있다. 과학기술을 통한 혁신경제를 추구하는 박 당선인의 철학과도 맞닿는 지점이다. 1999년 정보통신정책연구원 부원장 시절 박 당선인을 처음 만났다. 국회 과학기술정보통신위원이었던 박 당선인에 대해 "굉장히 합리적인 분이었다"고 회고했다.

그는 "국회의원들이 보통 상임위에서 거칠게 나오는데 박 당선인의 논리적이고 합리적인 모습이 좋아 보였다"고 덧붙였다. 2010년 박 당선인의 싱크탱크인 국가미래연구원 출범 시 박 당선인으로부터 함께 일하자고 연락이 온 뒤로부터 정책참모 역할을 시작했다.

18대 대선캠프에서는 국민행복추진위원회 방송통신 추진단장을 맡았다. 그가 이끈 방송통신추진단은 △ICT 전담 부처 신설 △통신요금 인하 △콘텐츠 생태계 조성 등 5대 정책과제를 내놓았다. ICT 공약의 초점을 이용자 중심의 건강하고 지속 가능한 생태계 조성에 맞췄다. 정부가 정보를 개방하고 민간이 공유할 수 있도록 하면서 산업이 성장할 수 있도록 만든다는 게 핵심이다. 디지털협업을 통해 더 많은 정보를 집단 지성과 공유함으로써 지식기반의 국정운영을 해나겠다는 것이다.

대선캠프에서 가장 보람 있었던 순간을 박 당선인이 새누리당 대선 후보로 확정된 바로 다음날인 7월 12일 대전 정부통합전산센터를 첫 방문한 것을 꼽았다. 박 당선인은 그곳에서 첫 공약으로 지식기반 국정운영인 '정부 3.0'을 발표했다. 그는 "첫째는 투명하고 유능한 맞춤형 서비스를 하는 정부를 만들겠다는 것"이며 "둘째는 가치 있는 정보를 민간이 활용할 수 있도록 해서 일자리를 창출하는 것"이라고 말했다.

그는 세종행복도시를 기회로 삼아 디지털협업을 본격화한다는 구상도 밝혔다. "서울로 왔다갔다하면 국력이 손실되기 때문에 클라우드 기반의 지식기반시스템을 구축해서 누구나 정보를 공유할 수 있도록 하자는 것"이라고 설명했다.

이상돈
중앙대 교수

▶ 출생 _ 1951년 부산
▶ 학력 _ 경기고, 서울대 법대
▶ 경력 _ 중앙대 법학과 교수, 미국 로욜라대 로스쿨 방문교수, 중앙대 법과대학장, 한나라당 비상대책위원회 위원, 새누리당 정치쇄신특별위원회 위원
▶ e주소 _ sdlkies@netsgo.com

정치쇄신 주도하며 朴 비판적 지지한 '미스터 쓴소리'

대선 기간 박근혜 캠프의 정치발전위원을 맡아 당선인을 도왔지만 사실 선거캠프에서는 '왼쪽 인물' 로 분류됐다. 박 당선인에게 아무도 쉽게 하지 못하는 쓴소리를 대놓고 했고, 특히 박 당선인을 괴롭힌 과거사 문제에서 야당보다 더 당선인에게 비판적 입장을 견지했다. 당선인이 유신 발언에 꼬여 지지율이 하락할 때는 공개적으로 사과해야 한다고 앞장서 강조했다. 박 당선인의 가장 큰 단점이 불통이라고 쏘아붙이기도 했다. 때문에 그에게는 늘 '미스터 쓴소리' 라는 별명이 따라다녔다.

경제 분야에서 '경제민주화' 를 주창하며 '좌클릭' 을 주도했던 인물이 김종인 행복추진위원장이었다면, 정치 분야에서 보수 성향이 강했던 캠프에서 무게추 역할을 한 인물이 그였다. 대선 후 박 당선인의 승리 원인에 대해서도 "박 당선인이 비상대책위원회를 맡았을 때 보수에 기반을 두면서 경제민주화 등을 내세워 제3의 길을 택한 것이 호응을 얻었다"며 "박 당선인의 개인적 매력도 있었지만 보수에 기반을 두면서 외연을 넓히는 것이 성공의 비결이었다"고 평가했다.

정치에 발을 디딘 것은 대선 1년 전인 2011년 12월 19일이다. 당시 박 당선인은 한나라당의 비상대책위원장을 맡고 있었다. 당 내부에 위기감이 감돌던 때 이 교수는 비대위원으로 쇄신 요구를 적극 피력하며 정치판에 뛰어들었다. 비대위 정치(공천)쇄신분과 위원장을 맡으면서도 "매우 유감스럽게도 우리나라에는 존경할 만한 다선 의원들이 별로 없다"며 현실 정치를 비판하는 발언들을 쏟아냈다. 비대위 체제가 대선 체제로 전환된 뒤에도 새누리당 정치쇄신특별위원으로 활동하며 박 당선인의 대선 승리를 도왔다.

언론 인터뷰에서 "보수도 스펙트럼이 다양한 데 교조적인 보수는 박근혜 정권의 주류가 아니다"며 "이미 4월 총선부터 경제민주화와 복지 같은 진보 담론을 일찌감치 받아들였다는 점에서 진화된 보수로 보는 게 맞다"고 말했다. 임기 후반이 측근 비리로 얼룩진 이명박정부에 비해 측근 문제에서 비교적 자유로운 상태로 국정을 시작할 수 있다는 점을 박근혜정부의 가장 큰 장점이라고 본다.

한 인터뷰에서는 1년간 정치 경험에 대한 소회를 묻는 질문에 "정말 홀가분한 심정이다. 벌써부터 앞으로 더 바쁘겠다는 말을 건네는데 아직 이렇다 하고 밝힐 수 있는 것은 없다. 선거 결과에 안도하고 있고 미련이나 후회는 없다"고 말했다. 비대위원 시절에는 "교수가 정치하러 와서 4년간 국회의원을 한 후 다시 강단으로 돌아가는 것은 무책임한 일"이라고 했다. 그의 향후 행보를 가늠할 수 있는 말이다.

이상무
유엔 식량농업기구 한국협회장

▶ 출생 _ 1949년 경북 영천
▶ 학력 _ 경북고, 서울대 농경제학과
▶ 경력 _ 유엔식량농업기구(UN-FAO) 한국대표부 회장, 농림부 기획
  관리실장, UN-FAO 필리핀주재 대표, 세계농정연구원 이사장, 10
  회 행정고시 합격
▶ e주소 _ sangmu00@hanmail.net

농림부 27년 근무 … 국가미래연구원 소속 TK 관료 인맥

박근혜 당선인의 대구·경북(TK) 출신 관료인맥이다. 경북고 출신인 이 회장은 박정희정부에서 공직을 시작해 농림부에서 27년간 일했다. 농업구조정책국장, 농어촌개발국장 등을 지냈으며 1998년 농림부 기획관리실장(1급)을 끝으로 공직생활을 마감했다. 이명박정부 초대 농림수산식품부 장관 물망에 올랐지만 친이명박계 정운천 장관에게 밀려 고배를 마셨다.

농림부를 떠난 뒤에도 중국 옌볜과학기술대학 부설 동북아농업개발원 원장, 유엔식량농업기구(FAO) 필리핀 주재대표, 세계농정연구원 이사장으로 일하면서 농업 현장을 지켰다. 2005년에는 통일농수산사업단 공동대표를 맡아 금강산과 개성에서 협동농장 사업도 했다. 그가 한국 대표를 맡은 FAO는 농업 관련 정책이나 기술을 발전시키고 이를 전 세계에서 교육하는 기관이다. 어려운 나라에 식량을 지원하는 유엔 사업도 FAO를 통해 이뤄진다.

이 회장은 박 당선인의 싱크탱크인 국가미래연구원에서 농업분야를 담당했다. 선거대책위원회에서는 국민행복추진위원회 행복한농어촌추진단장을 맡아 박 당선인의 농림수산식품 공약을 주도했다. 그는 공약을 △농어민 소득증대 △농어촌 복지 확대 △농어업 경쟁력 확보 등 3대 핵심 축에 맞췄다. 구체적인 실천 과제로 안전한 식품의 안정적 공급체계 정립, 과학기술을 접목해 농림수산업 경쟁력 강화, 미래수산기반 구축, 대통령이 직접 챙기는 농정체계 확립 등을 제시했다. 농림수산업 연구개발비를 현재 농림수산식품 예산의 6%에서 10% 수준으로 대폭 늘리는 방안도 그의 작품이다. 여러 부서에 흩어져 있는 농식품 관련 연구개발도 통합해 조정한다는 방침이다.

이 회장의 공직 생활 신조는 '규제는 풀고 불합리한 제도는 고친다'였다. 축산국 기획과장 시절 농림부가 간여하던 소시장 중개수수료(10%)를 지방정부로 내려보냈고, 대규모 소시장에 표준계량기를 설치해 공정거래가 가능토록 했다. 사료과장이 되자마자 수입사료 추천권은 사료협회로 넘기고, 행정처분 권한은 지방자치단체로 보냈다. 그러자 밥 사러 오는 민원인이 사라지고 사료시장은 투명해졌다. 그는 장관의 반대를 무릅쓰고 사료값을 완전히 자율화했다.

이 회장은 "농업을 보호한다는 이유로 농촌에 공장이 못 들어가게 하고, 쌀농사를 보호한다는 이유로 논에는 다른 작물을 못 심게 하고 있다"며 "일종의 사유재산권 침해"라고 지적했다. 그러면서 "중요한 것은 식량 증산이 아니라 농촌을 삶의 터전으로 삼겠다는 사람을 많이 늘리는 것"이라고 강조했다.

이를 위해 땅이 아닌 사람에게 지원해야 한다는 게 그의 생각이다. 노인 모시는 사람에겐 인센티브를 주거나, 노인에게 농촌 주거수당을 주거나 하는 식이다. 이 회장은 "논 가진 사람에게 무조건 주는 쌀직불금 같은 것은 당장 없애야 한다"고 강조했다.

제6장

원로 그룹

강창희

국회의장

▶ **출생** _ 1946년 대전
▶ **학력** _ 육군사관학교 25기
▶ **경력** _ 육군대 교수, 민정당 원내부총무, 총리 비서실장, 자민련 부총재 · 원내총무, 과학기술부 장관, 한나라당 최고위원, 11 · 12 · 14 · 15 · 16 · 19대 의원
▶ **e주소** _ www.kangkorea.com

군 출신 친박 핵심 … 6선 국회의장

박근혜 당선인의 원로 조언그룹 7인회 멤버로 박근혜 시대의 핵심 실세 중 한 사람으로 꼽힌다. 8년간 원외생활을 하다가 2012년 4.11 총선에서 6선(대전 동구) 고지에 오르면서 일찌감치 19대 국회 전반기 국회의장을 예약했다. 당내 의장 경선에서 친박계의 압도적 지지로 정의화 의원을 가볍게 물리치고 의장 자리에 올랐다. 충청권 최초의 국회의장이 된 것이다.

친박계 원로로 경선 출마를 선언한 정몽준 의원(7선)을 제외하면 최다선인 강 의장은 군 출신답게 소신과 원칙을 갖췄다는 평가를 받고 있다. 12.12 쿠데타에 핵심 역할을 했던 '하나회' 출신이다. 충청권의 리더인 JP가 "그는 스트레이트한 성격"이라고 자주 언급한 것처럼 직설화법으로 유명하다. JP에게도 할 말을 거침없이 하는 강단 있는 정치인으로 알려져 있다.

육사 25기로 1980년 5공화국 출범을 앞두고 중령으로 예편해 민정당 조직국장을 맡아 창당 작업에 참여했다. 37세에 전국구 예비후보로 의원직을 승계해 11대 국회에 입성했다. 13대에 낙선했지만 그 이후 16대까지 내리 5선을 했다. 이 기간 동안 과학기술부 장관(1998~1999)과 한나라당 최고위원을 지내는 등 화려한 이력을 쌓았다. 14대에는 무소속으로 출마해 당선되었으며 1995년 자민련으로 당적을 옮긴 이후에도 부총재, 사무총장 등 요직을 맡으며 승승장구했다.

그러나 JP가 DJP연대의 핵심 조건인 내각제를 포기하면서 반JP 노선을 걷기 시작했다. 의원 꿔오기 파동 때 결국 JP와 결별했다. 17석이던 자민련을 원내교섭단체로 만들기 위해 2001년 JP가 민주당으로부터 3명의 의원을 자민련에 입당시킨 이른바 '민주당 의원 꿔오기'에 강력 반발해 끝까지 교섭단체 등록 서명을 거부해 당으로부터 제명됐다. 이후 한나라당에 입당해 부총재, 최고위원, 대전시당 위원장 등을 거쳤고 18대 총선에서는 공천심사위원으로도 활약했다.

17대, 18대 총선에서 연거푸 고배를 마셨지만 충청권 몫으로 박 당선인의 지원에 힘입어 원외 최고위원(2006~2007)을 지내는 등 정치적 존재감을 보여줬다. 2007년 한나라당 대선 후보경선에서 박근혜 캠프 고문단에 합류하며 친박계 색깔을 명확히 했고, 이후 충청권 친박 좌장으로 자리매김했다. 김용환 상임고문이 2선 퇴진한 데 따른 공백을 강 의장이 메워준 것이다.

7인회가 논란에 휩싸이자 "특별한 영향력을 행사하거나 누구에게 건의하거나 한 적이 없다. 그냥 편한 모임일 뿐"이라고 적극 해명했다. 그의 축구 실력은 수준급이다. 국회의장을 맡아 일단 새누리당 당적을 버린 상태지만 입법부 수장으로 박 당선인의 공약을 적극 뒷받침하는 각종 입법을 측면 지원할 것으로 예상된다.

김기춘
전 국회의원

▶ **출생**_ 1939년 경남 거제 출생
▶ **학력**_ 경남고, 서울대 법대, 서울대 대학원 법학과 석 · 박사
▶ **경력**_ 12회 고등고시 사법과 합격, 법무부 검찰국장, 대구고등검
　　찰청장, 검찰총장, 법무부 장관, 15 · 16 · 17대 국회의원

유신헌법 초안 작성에 참여 … 정수장학생 출신

노태우정부 때 검찰총장과 법무 장관을 지낸 김기춘 전 의원은 박근혜 당선인에게 조언하는 원로그룹 7인회 멤버다. 1996년 15대 국회의원에 당선돼 17대까지 내리 3선을 기록했다. 1992년 법무 장관 재직 때는 부산지역 기관장들끼리 모여 지역감정을 조장해 김영삼 후보를 지원하는 내용을 의논했던 '초원복집' 사건으로 기소됐으나 무혐의로 풀려났다. 오히려 이 사건 이후 김영삼 대통령의 총애를 받아 승승장구했다. 이런 전력으로 시민단체에 의해 낙선 대상으로 지목되었다.

노무현 대통령의 탄핵 시에 탄핵을 적극적으로 주도했으며 법제사법위원장으로서 탄핵심판 시 일종의 검사 역할을 했다. 부인 박화자 씨와의 사이에 1남 2녀를 두고 있다. 현재는 새누리당 상임고문을 맡고 있다.

박 당선인과의 인연은 박정희정부 시절로 거슬러 올라간다. 1970년대 초 중앙정보부 파견 검사를 지냈으며, 유신헌법 초안 작성에 참여한 것으로 알려져 있다. 박 당선인이 한때 이사장으로 있던 정수장학회 장학생 출신이기도 하다. 그는 언젠가 언론 인터뷰에서 "1958년 서울대 법대에 들어갔는데 성적이 우수해 문교부에서 주는 국비장학금을 받고 학교를 다녔다”며 “1963년 서울대 대학원에 진학했을 때도 성적이 우수했다. 5.16 직후로 그때 정수장학회가 생겨 우수한 인재를 키운다고 학생들에게 장학금을 줬고 그래서 받았을 뿐”이라고 설명했다.

박 당선인이 한나라당 대표로 있던 2005년 싱크탱크인 여의도연구소 소장을 거쳐 2007년 대선 경선 때는 박 당선인 캠프에서 법률지원단장을 맡았다. 여의도연구소장을 맡았을 때는 일각에서 박 대표와의 ‘코드 인사’라는 오해를 받았다. 하지만 그는 “내가 박 대표와 코드가 맞기 때문에, 능력이 없지만 단순히 코드가 맞기 때문에 (여연 소장을) 맡았다고 한다면 창피하고, 그건 나에 대한 모욕”이라고 강하게 반박했다.

그는 사견임을 밝히며 “박 대표와 개인적인 특별한 인연과 친분보다는 국보법 개정 문제라든지 이런저런 문제가 나왔을 때 비교적 어느 한편에 치우치는 극단적 의견을 내지 않고 모두 공감할 수 있는 합리적 의견을 내왔기 때문에 그런 점을 평가하지 않았을까”라고 추측했다. 그러면서 “자유민주주의 발전과 ‘작은 정부, 큰 시장’이 국가경쟁력을 높이는 것이라는 등 생각과 이념을 같이 하는 사람들 중 신뢰하고 능력 있는 분을 기용하는 것으로 짐작한다”고 박 당선인의 인사 스타일에 대한 의견을 피력했다.

그는 스스로를 ‘진보’로 규정한다. 여의도연구소장 임명 당시 언론 인터뷰에서도 “우리 사회에서 진보·보수라는 이데올로기 논쟁은 이제 필요없는 시대에 이르렀다”며 “민주주의와 사회주의 중 어느 것이 더 효과적이고 발전적이냐는 70년의 실험 끝에 인류가 이미 쓰레기통에 집어넣었다. 난 오히려 진보적인 사람”이라고 밝혔다.

김용갑

새누리당 상임고문

▶ 출생_ 1936년 밀양
▶ 학력_ 밀양 농잠고, 육사 17기
▶ 경력_군 소령 예편, 안기부 기획조정실장, 청와대 민정수석비서관, 총무처 장관, 15 · 16 · 17대 국회의원

장관 두루 거친 원조보수 … 7인 원로회 멤버

군 출신 정치인으로 박근혜 당선인의 원로 조언그룹 7인회 멤버다. 3선 의원을 지낸 원로로 정치를 하는 동안 보수원조로서의 색깔을 유감없이 드러냈다. 육사 17기로 예비역 소령으로 군에서 예편한 뒤 공직에 몸담았다. 5공화국에서 안기부 기획조정실장, 청와대 민정수석비서관을 역임했다. 노태우정부에서 총무처 장관을 지냈다.

1986년 신민당에서 대통령 직선제 개헌을 요구했을 때 개헌추진위 현판식 현장에 참석했고, 1987년 6월항쟁 때 명동성당의 농성장 한가운데에 들어가 최루탄을 뒤집어쓰면서 수집한 현장의 생생한 목소리를 전두환 대통령에게 전달하며 직선제 수용을 주장했다.

총무처 장관 때 공무원 처우 개선에 앞장섰으며 '민속의 명절'로 불리던 '설날'을 부활시켰다. 공무원 출근부를 없앴고 원탁회의를 도입했으며 '와이셔츠 회의'도 그의 아이디어였다. 그래서 그는 인기 있는 장관이었다. 1988년 13대 총선에 나갔으나 패했다. 장관 재직 중이던 1988년 8월 기자회견에서는 "현재 여소야대 구조로는 좌경화를 막기 불가능하고 우리나라가 월남식 공산화 통일이 될 수밖에 없다"고 주장해 논란을 불러 일으켰다. 이 발언이 문제돼 국회에 불려가 야당 의원들로부터 공격을 받았지만 밀리지 않았다. 그는 "이 땅의 우익은 죽었느냐"고 맞받아쳤다. 이로 인해 '우익의 기수'라는 별명이 붙었고 '소신장관', '강성장관'으로 통했다.

1989년 3월 좌익 척결을 명분으로 총무처 장관직을 사퇴한 뒤 보수성향의 시민단체인 민주개혁 범국민운동협의회를 조직했다. 14대 총선 때 무소속으로 서울 서초구에 출마했지만 김덕룡 후보에게 고배를 마셨다. 15대 총선에서 경남 밀양에서 무소속으로 출마해 당선됐다. 그는 국회에 입성하며 "안보 하나만큼은 확실히 챙기겠다"고 다짐했고 그 일환으로 '나라의 안보를 걱정하는 국회의원 모임'을 조직해 대표로 활동했다.

16대 총선에서 재선에 성공했으며 2000년 국회 대정부질문에서 여당인 민주당을 가리켜 '조선노동당 2중대'라고 주장해 파문을 일으켰고 김대중정부의 햇볕정책을 '대북 퍼주기 정책'이라며 강도 높게 비판했다. 이런 목소리로 야당의 공격 대상이 됐지만 다른 한편으로는 소신파 보수 정치인으로 자리매김했다.

17대 총선 때 '5·6공 인사 용퇴론'이 당내에서 불거지자 "5·6공 때 내 역할에 자부심을 갖는다"고 강력 반발해 논란의 한복판에 섰다. 우여곡절 끝에 공천을 받아 3선 고지에 올랐다. 그는 2004년 2월 한-칠레 자유무역협정(FTA) 비준 동의안에 대해 농민을 보호한다며 반대 대열의 선봉에 섰다. 2007년 이명박정부가 출범하자 18대 총선을 앞두고 불출마를 선언하고 정치 2선으로 물러났다. 새누리당 상임고문으로 18대 대선 때 박 당선인을 측면 지원했다.

김용환

새누리당 상임고문

▶ **출생 _** 1932년 충남 보령
▶ **학력 _** 공주고, 서울대 법대
▶ **경력 _** 재무부 이재국장 · 세정 차관보, 대통령 경제수석 비서관, 재무부 장관, 자민련 사무총장 · 부총재 · 수석부총재, 97년 비상경제대책위원회 위원장, 13 · 14 · 15 · 16대 국회의원

박 당선인과 수시 통화하는 멘토 … 7인 원로회 실세

경제관료를 지낸 정치인이다. 박근혜 당선인 원로 조언그룹 7인회의 좌장으로 막후 실세다. 김 고문은 재무부 이재국장을 거쳐 대통령 경제수석, 재무장관에 발탁되는 등 박정희 대통령 시절 관료로 승승장구했다. 박 대통령의 신임이 두터웠다. 어쩌면 박 당선인과의 끈끈한 관계는 이때부터 싹 텄는지도 모른다.

김 고문 하면 떠오르는 것이 두 차례의 국가 외환위기 극복이다. 우선 재무부 장관 시절이던 1974년 1차 오일쇼크로 촉발된 위환위기를 극복하는 데 주도적 역할을 했다. 이어 1997년 발생한 외환위기 때 김대중 대통령 당선자의 비상대책위원장을 맡아 위기 극복의 주역이 됐다.

그는 "1974년 1차 오일쇼크로 촉발된 외환위기를 극복하는 과정에서 겪었던 경험은 한마디로 '처절했다' 는 표현이 어울린다"며 "그때는 유동성 위기뿐 아니라 제조업이 전체적으로 붕괴 직전이었다"고 회고한다. 1973년 10월 6일 제4차 중동전쟁으로 촉발된 오일쇼크는 물가 상승은 물론 무역적자 확대와 외환보유고 감소로 이어지면서 국가부도 경고음이 요란했다. 국가부도 직전의 상황에서 가방 하나 들고 외국에 나가 매일 이 은행 저 은행을 구걸하다시피 찾아다니면서 간신히 국가부도를 면할 수 있었다.

그로부터 23년이 흐른 1997년 12월, 자민련 부총재로 DJ의 요청을 받아 비대위 위원장을 맡아 외채협상을 주도했다. 결국 외환위기 극복의 1등 공신이 됐다. 그는 이렇게 1·2차 외환위기를 한꺼번에 경험했다. 진념, 이규성, 이헌재 등으로 이어지는 재경부 재무라인의 좌장으로 통한다.

정치인 김용환의 역할도 컸다. 잘나갔던 경제관료 못지않다. 1988년 13대 총선에서 당선돼 정치인으로 데뷔했다. 그의 정치역정은 김종필(JP) 전 자유민주연합 총재와 떼어서 생각할 수 없다. 한때 JP의 분신이었다. 김대중-김종필의 DJP연합을 통한 정권 창출도 사실상 그의 작품이었다. 그가 김대중 당선자 시절 외환위기 극복을 위한 비상대책위원장을 맡았던 것은 이런 인연에서다. DJ로부터 경제부총리를 맡아달라는 제안을 받았으나 본인이 고사하면서 장관은 맡지 않았으나 DJ의 그에 대한 신뢰는 대단했던 것으로 알려져 있다.

내각제는 그의 평생의 소신이었다. DJP 연대의 전제조건으로 내각제 추진을 내걸었던 것도 그의 작품이었다. 그런 그에게 내각제는 JP와 갈라서는 결정적 요인이 됐다. JP가 DJ와 약속했던 내각제 추진을 포기하자 수석부총재 자리를 버렸고 결국 JP와 갈라섰다.

이후 한나라당에 합류해 JP와 다른 길을 걸었다. 박 당선인과 친밀한 관계를 맺은 것은 이때부터다. 김 고문은 박 당선인과 전화통화를 수시로 할 수 있는 몇 안 되는 멘토 중 한 사람이다. 세종시 문제로 이명박 대통령과 박 당선인이 정면충돌했을 때 박 당선인에게 세종시 문제를 코치했던 사람도 바로 그였다. 그는 박근혜 시대를 끌고 갈 막후 실력자다.

최병렬

새누리당 상임고문

▶ **출생**_ 1938년 경남 산청
▶ **학력**_ 진주중, 부산고, 서울대 법대
▶ **경력**_ 한국일보 기자, 조선일보 정치부장, 편집국장, 12·14·15·
　16대 국회의원, 노동부 장관, 서울 시장, 한나라당 대표

최틀러 별명 소신파, 당 대표 지낸 7인회 멤버

한나라당 대표를 지냈으며 박근혜 당선인의 원로 조언그룹 7인회 멤버 중 한 사람이다. 경남 산청 출신으로 진주중과 부산고를 나와 서울대 법대를 졸업하고 한국일보 기자로 언론계에 첫발을 내디뎠다. 이어 조선일보로 자리를 옮겨 일선 기자들의 사령관격인 편집국장을 끝으로 5공 때인 1985년 2.12 총선 때 전국구로 12대 민정당 국회의원이 됐다.

당시 당 대표인 노태우 대표위원의 최측근을 자임하면서 13대 대선을 성공적으로 치러 박철언 전 의원과 함께 6공화국 출범의 1등 공신으로 자리매김했다. 노태우정부 시절 최 고문은 청와대 정무수석과 문공부, 공보처, 노동부 장관 등을 잇달아 역임하며 승승장구한 뒤 민자당 3당합당 이후에는 서울 서초갑에 출마해 재선에 성공했다. 이어 같은 부산·경남(PK) 출신의 김영삼 전 대통령을 도와 정권 재창출에 기여해 김영삼정부 때 임명직 서울시장에 올랐다. 동시에 15대와 16대 총선에서 서울 서초와 강남 갑에서 당선돼 4선 중진 의원 반열에 이름을 올렸다.

강력한 추진력에 합리적 성품이 장점인 그는 '최틀러'라는 별명이 따라다닐 정도의 불같은 강공 드라이브가 트레이드마크였다. 김영삼정부 시절 박철언 장관 등 노태우 대통령 측근이 줄줄이 구속되는 상황에서도 그는 살아남았다. 당내에서 '원조 보수주의자'로 불릴 정도로 정계 입문 이후 한번도 보수의 울타리를 벗어난 적이 없다. 5공화국에서 김영삼정부에 이르기까지 승승장구했다. 공직생활을 하면서 업무 능력을 인정받았다는 평이다.

신문사 시절에 붙은 '최틀러'라는 별명이 말해주듯 한번 세운 원칙과 목표는 흔들리지 않고 밀고 나간다. "접시를 닦다가 깨뜨리는 것은 용서할 수 있어도 접시가 깨질 것을 두려워해 먼지 낀 접시를 그냥 놔두는 것은 용서할 수 없다"는 서울 시장 취임 때의 '접시론'은 그의 강한 추진력과 리더십을 단적으로 보여준다.

그가 정치인으로 각인된 것은 노무현 대통령에 대한 탄핵을 주도했다는 점이다. 2003년 한나라당 대표 시절이었다. 헌법재판소에서 탄핵 결정이 받아들여지지 않자 국회에서 탄핵 표결을 주도했다. 결국 탄핵안은 가결됐다. 이때만 해도 최 고문은 차기 대선주자로 떠오르는 것 아니냐는 얘기까지 나왔지만 예상은 빗나갔다. 곧바로 탄핵역풍이 불었다. 그는 나중에 자서전을 통해 탄핵안이 실제로 통과될 것으로 확신하지 않았지만 열린우리당 의원들의 저항이 약해 의외의 결과가 나왔다고 토로했다.

탄핵역풍에 17대 총선에서 공천을 받지 못해 정치권에서 사라졌다가 2007년 경선 시에 박 당선자를 지지하며 복귀했다. 최 고문의 대표직을 이어 받은 사람이 바로 박 당선인이다. 최 고문은 디도스 사태의 최구식 전 의원과 BBK 검사로 유명한 최재경 검사의 삼촌이기도 하다.

현 경 대

새누리당 상임고문

▶ 출생 _ 1939년 제주
▶ 학력 _ 오현고, 서울대 법대
▶ 경력 _ 검사, 한나라당 제주도당 위원장, 국회 문화관광위원회 위원, 민자당 원내총무, 11 · 12 · 14 · 15 · 16대 국회의원, 국회 운영 · 법사 위원장
▶ e주소 _ twitter.com/woori_jejudo

현폴레옹 별명 5선 법조 중진 … 제주 승리 이끌어

율사 출신 5선 의원을 지낸 중진이며 박근혜 당선인의 원로 조언그룹 7인회 멤버다. 자타가 공인하는 박근혜 사람으로 박근혜 시대의 주목 받는 인물 중 한 명이라는 데 이의를 달 사람은 없다. 박 당선인의 승리로 끝난 대선에서 제주에서의 승리를 이끌어낸 주역이다. 민주통합당 현역의원 4명, 다수의 민주당 도의원에 맞서 혈투를 벌인 제주대첩의 선두에 그가 있었다. 새누리당 관계자는 "18대 대선에서 제주 승리는 현 고문의 노력이라는 데 의견을 달 사람은 없을 것"이라며 "추운 날씨에도 불구하고 직접 나서 새누리당의 야전사령관 면모를 진정으로 보여줬다"고 평했다. 경쟁을 벌인 야당조차 이를 인정한다.

현 고문은 11대 때 무소속으로 당선돼 정계에 입문한 뒤 민정당에 합류해 87년 여야합의 개헌안의 산파역을 했다. 1995년에는 집권당(민자당) 최초로 실시된 원내총무 경선에서 당선되는 등 화려한 경력을 쌓았다. 대인관계가 원만하고 적을 만들지 않는 신사스타일이다. 작은 키에 지혜가 많다고 해서 붙은 별명이 '현폴레옹' 이다.

13대 총선 때 고배를 마신 것에 이어 14대 총선에서는 지구당위원장 자리까지 빼앗기는 수모를 당했으나 무소속으로 다시 금배지를 탈환하는 질긴 승부 근성을 보였다. 15대 때 한보조사특위 위원장과 한나라당 헌정수호비상대책위원장 등 굵직한 자리를 맡으며 계속 입지를 넓혔다. 논리가 정연하고 추진력을 겸비했다는 평을 받으며 한나라당 전당대회 의장을 맡았다. 선수를 5선으로 늘리며 국회의장을 눈앞에 둔 듯했다.

거침없이 탄탄대로를 달렸던 현 고문이 시련을 맞은 것은 노무현정부 들어서다. 노무현정부 시절인 2004년 치러진 17대 국회의원 선거에서 자신의 보좌관 출신인 강창일 후보(현 민주통합당 의원)에게 일격을 당했다. 이것이 끝은 아니었다. 정치인생에서 시련의 서막이었다. 4년을 절치부심한 뒤 명예회복을 노린 18대 총선에서 다시 고배를 마셨다. 정치권에서 그의 이름 석 자가 완전히 잊혀지는 듯했다.

2012년 초 박 당선인의 대권 도전과 함께 다시 정치활동을 재개한 그는 70을 넘긴 나이임에도 '박근혜 대통령 만들기'에 진력했다. 이를 명분 삼아 19대 총선에 다시 도전했으나 강 의원에게 또다시 패했다. 이로써 그의 정치인생도 막을 내리는 듯했지만 그는 여기서 멈추지 않았다. 총선에서 완패한 현 고문은 제주도당위원장을 맡아 대선 지원에 들어갔다. 18대 대선에서 제주지역의 승리를 이끌어내면서 다시 정치권으로부터 스포트라이트를 받게 됐다. 제주도당 위원장으로서 다음 지방선거까지 향후 2년은 거칠 것이 없어 보인다. 시련을 딛고 일어선 그는 지방정치가 아닌 중앙정치 무대에서 다시 한번 중요한 역할을 할 것이라는 얘기가 나오고 있다.

7장

비서실·공보·당내 측근 그룹

권영진
선대위 전략조정단장

▶ 출생 _ 1962년 경북 안동
▶ 학력 _ 대구 청구고, 고려대 영문학과 · 정치학 석 · 박사
▶ 경력 _ 통일원 연구원, 서울시 정무부시장, 18대 국회의원, 새누리
　당 중앙선대위 전략조정단장
▶ e주소 _ kyj@assembly.go.kr

돌아온 전략통 쇄신파 …
"후보님, 과거사 사과하십시오" 제안

권영진 전략조정단장은 두 가지로 유명하다. 선거전략통과 쇄신파다. 신동철 총괄본부 여론조사단장, 서장은 종합상황실 부실장과 함께 박근혜 시대를 여는 데 혁혁한 공을 세운 '전략통 3인방'으로 꼽힌다. 캠프 실무 그룹의 실세이기도 하다.

권 단장은 특히 박근혜 당선인이 선거 중반 '과거사 논란'으로 지지율이 흔들릴 때 과감한 사과 및 국민대통합 방안을 위기 타개책으로 제시했던 것으로 알려졌다. 박 당선인은 고민 끝에 그의 제안을 받아들였다. 박 당선인의 정면돌파는 대중들에게 먹혔고, 가장 큰 위기로 꼽혔던 그 시기를 넘길 수 있었다. 결과는 성공적이었다.

사실 그는 18대 국회의원(서울 노원을) 시절 소장파의 대표주자였다. 서울시 정무부시장 출신으로 이명박 대통령의 측근 그룹에 속한다. 정치 노선으로 볼 때 박 당선인과의 공통분모는 없었던 셈이다. 오히려 반대 지점에 서 있었다. 격전을 벌였던 우원식 민주통합당 의원에게 져 19대 국회 입성에는 실패했다.

그러던 그는 2011년 말 박근혜 비상대책위원장의 주도로 시작한 비대위 체제에서 당내 투쟁의 최선봉에 서면서 '박근혜 사단'으로 옮겨와 맹활약하기 시작했다. 박 당선인과 밀접한 관계를 맺게 된 것도 이즈음이다. 정책쇄신분과 위원으로 당 정강정책의 '보수' 용어 삭제 논란의 한 축을 담당했다. 또 이재오 의원 등 당내 친이명박계와의 갈등을 불사하며 연일 이들과의 설전을 불사했다.

이 기세를 몰아 대선 때도 전략가로서의 명성을 높였다. 다른 인사들과 비교할 때 박 당선인과의 인연의 시간은 짧은 편이지만 18대 대선에서 중요한 역할을 했다는 사실에 이의를 제기할 사람은 없다. 당 중앙선대위의 중추 역할을 묵묵히 수행하며 크고 작은 이슈가 불거질 때마다 신속하면서도 현명한 대응을 잘해 야당과의 '프레임 싸움'에서 압도적으로 이겼다는 평가를 받게 했다.

서울시 정무부시장 등 행정을 두루 경험해 차별성이 있으며 신중하고 주도면밀한 일처리로 유명하다. 선거에 대한 감각도 탁월하다. 대중의 심리를 읽고 큰 판을 짜는 상황 판단에 능숙하다는 평가를 받는다. 그럼에도 언변은 거침없고 '미스터 바른말'로 유명하다. 이거다 싶으면 불도저처럼 밀어붙이기도 한다. 입버릇처럼 "언론이나 기자들에게 거짓말 못해 차라리 회의에 안 들어간다"고 말할 정도다.

그는 자신에 대한 평가와 관련해 "새누리당에 소장파가 있느냐"고 반문하면서 "나를 소장파 개혁파라 한다면 부끄러운 일"이라고 일축한다. 끊임없는 쓴소리도 쏟아낸다. 권 단장은 "박 당선자가 국민에게 다가가는 것 이상으로 새누리당이 자기혁신을 통해 국민에게 다가가는 것이 수레의 양 바퀴처럼 같이 가줘야 된다"고 지적했다. 그의 이 같은 일침에 대해 새누리당은 늘 수긍해왔다.

김병호
전 새누리당 의원

▶ 출생_ 1943년 부산
▶ 학력_ 경남고, 육사 중퇴, 고려대 정치외교학과
▶ 경력_ KBS 정치부장 · 보도국장 · 보도본부장, 16 · 17대 국회의원
▶ e주소_ kbh7979@nate.com

방송기자 출신 2선 의원 … 대선 초반 공보단장 맡아

방송기자 출신이다. 18대 대선에서 박근혜 당선인 캠프 선대위에서 방송 토론 관련 실무팀에 몸담았다. 당초 공보단장으로 임명됐지만 말실수 때문에 한 달만에 물러났다. KBS 기자로 활동했으며 이후 정치부장, 보도본부장을 역임했다. 16 · 17대 국회의원(부산 진갑)을 지냈지만 2007년 대법원으로부터 의원직 상실형을 확정받았다. 2004년 지역구 구청장에게 해외출장비, 명절 떡값 등의 명목으로 6차례에 걸쳐 3100만원을 받은 혐의로 벌금 300만원을 선고받았기 때문이다.

2007년 한나라당 대선 경선 때 박근혜 캠프에서 홍보기획단장을 맡는 등 부산 · 경남(PK) 핵심 의원으로 활동하며 박 당선인과 인연을 맺었다. 박 후보가 경선에서 지고 이회창 총재가 대선에 출마하자 한나라당을 탈당해 이회창 캠프에 합류했다. 이로 인해 이명박 캠프는 "박근혜 후보가 이중플레이를 하고 있다"며 격한 반응을 보였다.

의원직을 잃은 뒤 박 당선인의 외곽조직에서 활동했다. 이후 2012년 박 당선인의 선대위에서 공보위원에 임명되면서 부활했다. 대선캠프에

서는 공보단장이란 중책을 맡았다. 그가 공보단장에 임명되자 일각에서
는 우려의 목소리도 나왔다. 몇몇 언론은 그의 임명을 맹비난했다. 임명
된 지 한 달여만에 박 당선인의 과거사 문제와 관련한 말실수로 교체됐
다. 9월 16일 기자들과 만나 박 당선인의 과거사 사과 문제에 대해 "피해
를 본 사람에게 사과해야 하는 것 아닌가? 피해 당사자를 그들의 가족이
나 후손까지로 확대하기 시작하면, 전 국민 중에 사과 안 받을 사람이 있
나"라고 말해 논란이 제기됐다.

그는 박 당선인이 전향적 자세를 보여줘야 한다는 요구가 있다는 말에
"누군가의 요구에 근접해 가는 게 전향적인 것인지 또는 미래를 향해 가
는 것이 전향적인 것인지 표현이 다르다"고 반박했다. 또 박 당선인이
"인혁당 사건은 판결이 두 개"라고 말해 역사에 무지하다는 논란에 대해
"1차 사건(1964년), 재건위 사건(1974년)이 있고 2007년에 재건위 사건에
대한 재심이 있었다"며 "1차와 2차(재건위 사건)를 묶어서 생각하는 분들
도 있다"며 옹호했다.

그러나 이런 발언이 논란이 되자 일주일 뒤인 23일 박 당선인은 그를
사실상 경질하고 이정현 최고위원으로 공보단장을 교체했다.

김철균

대통령중앙선거대책위원회 SNS본부장

▶ 출생 _ 1962년 서울
▶ 학력 _ 연세대 경제학과, 숭실대 IT정책경영 석 · 박사통합과정 재학
▶ 경력 _ 데이콤 DB개발본부 천리안기획팀 근무, 한국경제신문 뉴미디어국 근무, 나우콤 C&C(콘텐츠&커뮤니티) 팀장, 하나로드림 대표이사, 다음커뮤니케이션 동영상플랫폼본부장(부사장), 대통령 국민소통비서관, 대통령 뉴미디어비서관, 한국교육학술정보원 원장
▶ e주소 _ saunakim@keris.or.kr

새누리당의 SNS 승리 가져온 영입 전문가

정치권 내에서 손꼽히는 소셜네트워크서비스(SNS) 전문가다. 이명박정부에서도 청와대에 근무했고, 박근혜 당선인의 선거 캠프에서도 일하는 등 정치권의 끊임없는 러브콜을 받는 인물이다. 데이콤과 한국경제신문, 나우콤 등에서 다양한 경력을 쌓은 뒤 다음커뮤니케이션으로 자리를 옮겼다.

대표적 IT맨으로 승승장구하던 그가 정치권에 들어간 것은 2008년 촛불집회가 전국적으로 일어난 직후다. 인터넷과 대결하는 듯한 모습을 보였던 정부가 인터넷을 활용하기로 전략을 바꾸면서다. 신설된 청와대 국민소통비서관에 채용된 그는 청와대의 소식을 전하기 위해 블로그와 홈페이지를 적극 활용했다. 이러한 전략을 통해 고압적이던 청와대 이미지를 보다 친근하게 바꿨다는 평가를 받았다. 국민들이 자신의 생활과 밀접한 정보를 정부 정책 블로그에서 손쉽게 검색할 수 있도록 한 사람도 그다. 청와대 시절 안철수 전 서울대 융합과학기술대학원장을 특보로 영입하기 위해 노력한 적도 있었다. 이후에는 한국교육학술정보원 원장으로 일하면서 디지털 교과서 시대를 준비했다.

박 당선인과는 대선을 준비하면서 인연을 맺었다. 박 당선인은 그와는 일면식도 없는 사이였지만 SNS 전문가라는 점을 높이 사 발탁했다. 그는 대선전이 시작되자 적극적인 SNS 활용을 강조했다. 새누리당 내부에서 "SNS는 야당에 비해 뒤질 수밖에 없다"는 우려도 나왔지만 결과는 정반 대였다. 특히 카카오톡 플러스친구를 통한 홍보에서는 민주통합당에 압 승했다는 평가를 받았다. 카카오톡 사용자가 대선 후보의 플러스친구 계 정을 친구로 등록하면 후보 측에서 보내는 메시지를 받을 수 있는 시스템 인데, 박 당선인이 문재인 후보에 비해 약 10만 명의 친구를 더 가졌다.

박 당선인의 소탈하고 서민적인 모습을 공개한 것이 흥행의 원인이었 다. 지금까지 공개되지 않은 박 당선인의 사진을 보여줌으로써 유권자들 의 이목을 끌었고, 그의 일상을 가감없이 공개해 박 당선인의 인간미를 강조한 것이다. 각종 정책 메시지와 투표 독려, 상대 진영의 공격에 대한 반박 등도 카카오톡을 통해 이뤄졌다.

이런 방식의 선거운동을 주도한 사람이 바로 김 전 본부장이다. 새누 리당 내 SNS 관련 인력이 부족한 상황이었고, SNS 내 여론 역시 야권에 쏠려 있던 상황에서 예상을 뛰어넘는 결과를 거둔 것이다. 당 관계자는 "허허벌판에 가까운 상황이었는데, 김 전 본부장의 전략과 끈기 덕분에 SNS 전투에서 이길 수 있었다"며 "보수 진영이 SNS 내에서 기선을 잡은 것은 사실상 처음인데, SNS에서의 활약이 대선 승리를 이끌었다 해도 과 언이 아니다"고 말했다.

박대출
새누리당 의원

▶ 출생 _ 1961년 진주
▶ 학력 _ 진주고, 연세대 정외과
▶ 경력 _ 서울신문 기자, 부경대 교수, 19대 국회의원
▶ e주소 _ http://wejinju.co.kr

정치부 기자 출신의 현장 지킴이

경남 진주갑을 지역구로 두고 있으며 18대 대선에서 박근혜 당선인의 유세 현장을 함께 다니며 '현장 지킴이' 역할을 톡톡히 했다. 그의 역할은 박 당선인의 수행부단장. 박 의원은 친박계 샛별로 분류되지만 정치경험은 다른 인사들에 비해 짧은 편이다. 정치부 기자 출신의 초선 의원이다. 그럼에도 불구하고 그에 대한 박 당선인의 신뢰는 깊은 편이다. 대선 선거운동 과정에서 박 당선인을 지근거리에서 밀착 수행하면서 손발 역할을 했다.

서울신문에서 정치부 기자로 국회를 17년간 담당했다. 그는 정치부 기자 생활에 대해 "술자리 같은 곳에서 흥이 오르면 함께한 사람들을 무등 태우고 분위기를 화기애애하게 만들었다"며 "다만 박 당선인은 무등을 태워보진 못했다"고 말했다. 박 당선인을 처음 본 것은 2003년 말 천막당사 시절이었다. 그는 박 당선인에 대해 "아버지 박정희 대통령과 어머니 육영수 여사의 장점을 절반씩 닮은 정치인"이라고 평가했다. 선이 굵은 정치를 하고 싶은 욕심이 있다.

기자 출신답게 대언론 관계가 뛰어나며 정치적 감각이 있는 편이다. 후배들이 잘 따르기로 유명하다. 입심도 뒤지지 않는다. 또 국내 대표적 정치인들과의 인적 네트워크가 탄탄한 점도 경쟁력으로 꼽힌다. 서글서 글한 스타일이지만 완벽을 추구하는 성격이다. 그의 블로그 이름은 '저를 대출해 드립니다' 다. 새정부에서도 공보 관련 업무를 할 것으로 예상된다.

박선규
인수위 대변인

- ▶ **출생 _** 1961년 전북 익산
- ▶ **학력 _** 남강고, 고려대 교육학과
- ▶ **경력 _** KBS 기자, 청와대 언론2비서관, 청와대 제1대변인, 문화부 2차관, 새누리당 공보위원, 새누리당 19대 대선 중앙선대위 공동 대변인
- ▶ **e주소 _** http://sunpark.tistory.com

인수위 대변인 '낙점' ⋯ 4년간 대변인만 네 번

방송기자 출신으로 지난 4년 동안 대변인만 네 번 맡은 특이한 이력을 갖고 있다. 친이명박계로 분류되지만 대선에서 박근혜 캠프 대변인으로 활약한 데 이어 인수위 대변인까지 맡으며 박 당선인과의 인연을 이어가게 됐다. 호남 출신으로 박 당선인의 '대통합 인사'의 수혜자라는 평가도 받는다.

KBS에서 20년 넘게 기자생활을 하며 앵커로도 활동했다. 1999년 정치부 기자 시절 서울 시장에 뜻을 둔 이명박 대통령과 인연을 맺은 것으로 알려졌다. 2008년 6월 이명박정부 출범 초기 미국산 쇠고기 수입 파동으로 위기에 빠지자 언론2비서관으로 청와대에 들어갔다.

박 대변인은 방송 분야 현안을 원만하게 해결했다는 평가를 받으며 2009년 9월 청와대 대변인으로 자리를 옮겼다. 이 대통령의 정례 라디오 연설에 주도적으로 관여하면서 신임을 얻었다. 2010년 8월에는 청와대 대변인에서 물러난 지 한 달 만에 문화체육관광부 제2차관(정부 대변인)에 발탁됐다. 박 대변인은 이 대통령에게 직언할 수 있는 몇 안 되는 인물이라는 평가를 받았다.

2008년 18대 총선 때 서울 관악을에 출사표를 던졌으나 낙선했다. 2012년 4월 19대 총선 때는 서울 양천갑에 공천을 신청했지만 영등포갑에 낙점 받았다. 그러나 김영주 민주통합당 의원에게 패했다. 대선을 앞둔 2012년 9월에는 당 대선기구인 공보단에 소속돼 공보위원으로 활동했다. 과거사 논란 등으로 박 당선인 캠프의 공보 기능 강화 필요성이 제기되자 10월부터 대변인단에 합류했다.

박 대변인은 '토론과 대화의 달인'이라는 별명이 붙을 정도로 토론과 인터뷰에 능하고, 평소에 신중한 언행으로 박 당선인에게 남다른 신임을 받은 것으로 알려졌다. 18대 대선에서 막판에 네거티브와 흑색선전이 난무한 가운데 새누리당 대변인단 내에서 그의 활약이 유독 돋보였다는 평가를 받았다. 선거 기간에 각종 방송 토론과 인터뷰에 다수 출연해 논리적인 언변으로 문재인 후보 측 인사를 압도했다.

전북 익산에서 태어나 남강고와 고려대 교육학과를 나와 1987년 KBS에 입사했다. 사회부·정치부 등을 거쳤고 1991년에는 걸프전 종군기자로 활약했다. 1992~1993년에는 소말리아 내전, 수단 내전, 유고 내전 등을 취재했다. 1999~2000년 한국기자협회 부회장을 지냈고 2001~2002년에는 미국 에드워드 로이스 연방하원의원 인턴입법보좌관을 지냈다. 2006~2007년에는 교육과학기술부 심의위원을, 2006~2007년에는 서울시교육청 자문위원을 거쳤다. 2006~2008년에는 KBS 2TV 뉴스제작팀 '뉴스타임'의 데스크를 역임했고 2007년에는 이화여대 프론티어저널리즘스쿨 방송담당 교수로 활동했다.

박창식

새누리당 의원

▶ 출생 _ 1959년 충북 단양
▶ 학력 _ 서울예대 연극과 졸업
▶ 경력 _ 김종학프로덕션 대표이사, 사단법인 한국드라마제작사협회
　　　 회장, 국회 평창동계올림픽 및 국제경제대회지원 특별위원회 위원
▶ e주소 _ pcs963963@naver.com

새누리당 내 대표 미디어 전문가

한류 전파의 선두주자이자 당내에서 손꼽히는 미디어 및 홍보 전문가다. 박 의원이 새누리당에 들어온 이후 당 관련 주요 행사는 모두 그의 손에서 조율된다고 보면 된다. 그는 드라마 제작자 출신이다. '태왕사신기' 와 '풀하우스', '이산', '베토벤 바이러스' 등이 그의 작품이다. 이들 작품을 해외에 수출해 한류 전파에 앞장섰다. 경쟁력 있는 킬러 드라마를 제작하고, 급변하는 미디어 환경에 잘 적응한다는 평가를 받았다. 또 현장 감각이 뛰어난 제작자였다는 게 중론이다.

그는 한국드라마제작사협회장을 맡기도 했다. 협회장을 역임하면서는 드라마 제작 환경을 선진화시키고, 관련 제도를 개선하는 데 집중했다. 또 한류를 단순히 돈벌이로 여기지 말고 한국 문화를 수출한다는 차원에서 민관이 함께 힘을 합쳐 한류의 내실을 다져야 한다는 비전을 적극적으로 전파했다.

19대 총선에서 비례대표로 국회에 입성했다. 당 공식행사를 기획하는 역할을 전담했고, 대선 때는 TV토론을 준비했다. 당내에 방송 메커니즘을 아는 인사가 많지 않기 때문에 미디어와 관련된 업무는 대부분 그의 몫이었다. 유세 현장을 구성하는 역할도 맡았다.

꼼꼼한 일처리와 원만한 대인관계가 장점으로 꼽힌다. 직위 고하를 떠나 격의없는 대화를 나누는 것도 특징이다. 박근혜정부에서 문화 관련 요직을 맡을 가능성이 높다.

백기승

R2B크리에이션 대표

▶ 출생 _ 1957년 서울
▶ 학력 _ 경동고, 연세대 정치외교학과
▶ 경력 _ 대우그룹 기획조정실 홍보담당 이사, 코콤포터노벨리 부사장, 육영재단 이사, 유진그룹 사외협력팀 홍보담당 전무, 18대 대선 박근혜 캠프 공보위원, R2B크리에이션 대표(현)
▶ e주소 _ baik1206@hotmail.com

'김우중의 입' 에서 친박계 실세 공보위원으로

홍보회사인 R2B크리에이션의 백기승 대표는 18대 대선에서 공보위원단 중 '실세 공보위원' 으로 불렸다. 17대 대선 경선 때도 박근혜 캠프에서 공보기획단장을 맡은 경험이 있어 박 당선인의 의중을 누구보다 잘 알 수 있다는 소리를 들었다. 2012년 초까지 박 당선인의 모친인 육영수 여사가 설립한 육영재단의 이사를 역임했다. 대선 출마를 준비하던 박 당선인에게 부담을 주지 않기 위해 3년만에 이사직에서 물러난 것으로 전해졌다.

연세대 정치외교학과를 졸업하고 1982년 대우그룹에 입사했다. 이후 38세라는 젊은 나이로 국내 대기업 사상 최연소 임원에 올랐다. 사회생활의 대부분을 언론홍보 쪽에서 보냈기 때문에 언론계에 마당발 인맥을 형성하고 있다. 막힘없는 업무 추진력이나 뛰어난 위기관리 능력을 지녔다는 평가를 받는다.

특히 김우중 전 회장에 대한 높은 충성심을 지닌 것으로 유명하다. 백 대표는 김우중 회장의 측근 중 측근으로 '김우중의 입', '김우중주의자'

라는 별명을 갖고 있다. 현재 베트남에 머무르고 있는 김우중 회장 역시 백 대표를 각별히 생각해 지금도 수시로 통화를 하는 사이다.

백 대표는 대우그룹의 몰락이 정부의 기업구조조정 정책의 실패라고 보고 있다. 2004년 한 주간지와의 인터뷰에서 기업구조조정 정책을 진두지휘한 이헌재 금융감독위원장에 대해 "항간에서는 이헌재 씨를 시장주의자로 말하기도 하는데, 명분만을 내세워 기업 구조조정의 칼을 휘두른 사람이 어떻게 친기업적이라고 할 수 있습니까"라며 "투자도 부채라고 몰아붙였던 그가 경제정책 수장(이헌재는 인터뷰 당시 재경부 장관)으로 있는 한 기업들의 투자 의욕은 살아나기 어려울 것"이라고 비판했다. 그는 "대우가 죽는 순간, 한국경제의 성장도 멈췄다"고 덧붙였다.

백 대표는 2000년 《신화는 만들 수 있어도 역사는 바꿀 수 없다》는 책을 냈다. 그는 신문 기고를 통해 "비록 실패로 끝났다 하더라도 반만년 역사 이래 김우중 회장 외에 어느 누가 한국의 브랜드와 저력을 세계에 드넓혀 펼치고자 했으며, 수많은 기업인과 젊은이들에게 세계로 향한 가능성과 희망의 너른 날개를 달아주려 했던 이가 있었느냐"고 썼다. 2004~2005년에는 유진그룹 사외협력팀 홍보담당 전무를 지냈다.

그는 정치 입문에 도전한 경험도 갖고 있다. 2008년 한나라당에서 경기 하남 공천을 신청했으나 탈락했다. 예비후보였던 백 대표는 언론 인터뷰에서 "국가발전과 국민 성공을 위해 이제는 기업정신을 가진 사람이 앞장서야 한다"며 "세계를 누비며 한국경제 세계화에 앞장서고, 온갖 악조건에서도 기업성장을 실현시킨 다양한 현장경영 경험이 필요한 때"라고 말했다. 그는 "대우에서 김우중 회장의 세계경영 전략을 개념화하며 한국경제의 어제와 오늘과 내일에 대해 천착해온 사람"이라고 자신을 소개한 뒤 "'경제는 김우중에게서, 정치는 박근혜에게서' 배웠다"고 했다.

변추석

당선인 비서실 홍보팀장

▸ 출생 _ 1956년 경남 마산
▸ 학력 _ 중앙대 시각디자인학과, 뉴욕 Pratt Institute 대학원 졸업
▸ 경력 _ LG애드 국장, 프랑스 깐느세계광고제 심사위원, 국민대 디자인대학원장 겸 조형대학장
▸ e주소 _ choo@kookmin.ac.kr

'내 꿈이 이루어지는 나라' 슬로건 만든 홍보전문가

박근혜 당선인의 대선 홍보를 총괄적으로 맡은 인물이다. 포스터와 TV 광고, 슬로건 등이 모두 그의 손에서 나왔다. 박 당선인에게 젊고 세련된 이미지를 불어넣은 1등 공신이라는 평가를 받는다.

중앙대 시각디자인학과를 다니면서 이후 LG애드로 탈바꿈한 희성산업 광고본부에 입사했다. 럭키그룹의 원가 절감 홍보포스터 공모전에 참가해 최우수상으로 당선되면서 본격적인 광고업무를 시작했다. LG애드에서 국장까지 지냈다. 그는 자신의 첫 직장에 대해 "LG애드에서 광고를 배웠고, 청춘을 보냈고, 많은 사람과 인연을 맺었던 것은 행운이었다"고 표현했다. 1997년 프랑스 깐느세계광고제 심사위원을 지냈고, 2002년 한일월드컵 공식포스터를 만드는 등 명성을 떨쳤다. 2002년 월드컵 포스터 작가로 선정된 후에는 500장 이상의 선을 그리며 연습했다. 국민대학교 디자인전문대학원 브랜드디자인전공 교수를 맡고 있다.

박 당선인과는 2012년 7월 경선캠프 홍보미디어본부장으로 임명되면서 인연을 맺었다. 그는 박 당선인의 PI(Presidential Identity)를 'ㅂㄱㅎ'로 정했다. '박근혜'라는 이름에서 초성을 딴 것이다. 여기에 젊은층에게 익숙한 말풍선 이모티콘과 웃는 표정 등을 더했다. 또 '내 꿈이 이루어지는 나라'라는 슬로건도 그의 작품이다.

경선 이후에는 선대위 홍보본부장을 맡았다. 선거 포스터에 후보의 경력과 학력을 모두 빼버렸다. 대신 QR코드를 넣어 스마트폰으로 보다 많은 정보를 확인할 수 있도록 만들었다. 후보를 더욱 각인시키겠다는 전략이다. TV 광고는 박 당선인이 2006년 서울 신촌에서 테러를 당한 것을 소재로 만들었다.

박 당선인의 측근들은 그에 대해 "능력 있는 전문가를 활용한다는 박 당선인의 컨셉에 정확하게 들어맞는 인재"라며 "박 당선인이 바라는 것을 정확하게 구현하고, 그보다 한 발 앞서 제안하기 때문에 많은 신임을 받았다"고 평가했다. 박 당선인도 당내 경선과 대선 과정에서 미디어 홍보와 관련해서는 전적으로 그에게 일임한 것으로 알려졌다. 향후 행보에 대해 "학교로 돌아갈 것"이라고만 한다. 박 당선인 주변에서는 "그의 능력은 확실하게 입증됐기 때문에 언제 어떤 방식으로든 쓰일 것"이라는 말이 나온다.

서장은

선대위 종합상황실 부실장

▶ 출생 _ 1965년 포항
▶ 학력 _ 남강고, 고려대 법학과, 중대 법학과 대학원 박사
▶ 경력 _ 클라우드나인엔터프라이즈 대표, 서울시 정무부시장
▶ e주소 _ http://twitter.com/seojangeun

서청원 보좌관 출신 ··· 숨은 전략통으로 뛰어난 기획력 자랑

서청원 전 한나라당 대표의 보좌관 출신이다. 18대 대선에서 오랜 당료 생활과 서울시 정무부시장 활동을 통해 체득한 기획력을 유감없이 발휘 했다. 서 부실장을 비롯해 권영진 선대위 전략조정단장, 신동철 총괄본 부 여론조사단장 등 '전략통 3인방'은 매일 함께 전략기획 회의를 개최 하며 선거전략을 짜는 데 주력했다. 이들의 '머리싸움'은 박근혜 당선인 을 대통령으로 만드는 데 성공했다.

고려대 법대를 나와 한나라당 대표최고위원 공보특보와 서울시당 대 변인, 민선 4기 서울시 정무부시장, 한나라당 수석부대변인 등을 거치며 정치권에서 다양한 실무 경험을 쌓아왔다. 대중적인 인지도는 상대적으 로 낮은 편이지만 여의도 정계에서는 신인 아닌 신인으로 유명하다.

대학생 시절 서청원 친박연대 대표가 친구의 사촌형이었던 인연으로 선거를 도우면서 정계와 인연을 맺었다. 2004년 17대 총선에도 서 대표 의 지역구였던 동작갑에 한나라당 후보로 출마해 서청원의 '후계자'로 불렸다. 특히 벤처기업인 클라우드나인엔터프라이즈 등을 이끈 경험을 바탕으로 '젊은 경제인'으로 주목받았다.

정계 입문 이후에는 우여곡절을 많이 겪었다. 2004년 총선 때 열린우리당 후보로 출마한 전병헌 민주통합당 의원에게 6800여 표차로 패했다. 2008년 18대 총선에서는 권기균 현 당협위원장에게 밀려 공천조차 받지 못했다. 2012년 4.11 총선에서 동작갑에 출마했으나 전병헌 민주통합당 의원에게 또다시 고배를 마셨다.

서 부실장은 그를 눈여겨본 오세훈 서울시장에게 발탁돼 서울시 정무조정실장과 정무부시장까지 역임하며 행정 경험을 쌓았다. 그가 갖고 있는 정치에 대한 철학은 확고하다. 늘 정치구조 개혁의 중요성을 강조해왔다. 저서 〈공존의 정치〉에서도 "우리는 해마다 각종 선거를 치르고 선거에서는 심판밖에 없다. 만날 사람을 바꾸는 것보다 중요한 것이 구조를 바꾸는 것"이라며 "5년 단임제와 지역할거체제에 기반한 정치구조 대신 4년 중임 대통령제 개헌과 선거주기 조정, 대도시 대선거구제 도입 등이 필요하다"고 제안했다.

벤처기업 운영과 서울시 정무부시장이라는 상반된 경력에서 오는 추진력과 꼼꼼함이 공존한다. 상황 판단에 대한 신속함이 뛰어나며 큰 틀을 읽는 영민함도 갖췄다. 박 당선인은 출판기념회 때 축전을 보내 "서 부실장은 다양한 경험을 통해 성실성과 실무역량을 검증받은 우리 정치의 기대주"라고 평가한 뒤 "우리 정치와 나라를 위해 큰 역할을 해주시길 기대한다"고 덕담을 건넸다.

그의 '정치적 스승'인 서청원 대표 역시 18대 대선에서 그와 손발을 맞춰 일했다. 박 당선인과 반대 진영에 있던 한화갑 전 민주당 대표와 김경재 전 의원 등을 새누리당에 영입하는 일을 도왔다.

손수조
새누리당 중앙미래세대위원장

▶ 출생 _ 1985년 부산
▶ 학력 _ 주례여고, 이화여대 국문과
▶ 경력 _ 새누리당 중앙미래세대위원장
▶ e주소 _ http://twitter.com/sonsujo

20대 젊은피, 문재인과 맞서 싸운 다윗

정치 신인 손수조가 주목받기 시작한 것은 2012년 4.11 총선을 앞두고서
다. 그는 부산 사상에 출사표를 던졌고, '여고 학생회장'을 주요 경력으
로 내세우며 혜성처럼 등장한 이 20대 청년에게 새누리당은 매혹됐다.
손 위원장은 결국 쟁쟁한 경쟁을 뚫고 공천을 받는 데 성공했고, 18대 대
선에 출마한 문재인 후보와 싸웠다. '다윗과 골리앗'으로도 비유됐던 총
선에서 물론 손 위원장은 문 후보에게 큰 표차로 졌다. 그러나 박근혜 당
선인은 그런 손 위원장을 눈여겨봤다. 그리고 당 미래세대위원장에 발탁
해 18대 대선에서 뛰게 했다.

　손 위원장은 총선을 치르면서 신고식을 혹독히 치렀다. 후보등록 시
재산신고를 하면서 농지법을 위반했다는 의혹을 받았으며, 예비후보자
시절 박근혜 당 비상대책위원장과 함께 SUV자동차 선루프 밖으로 몸을
내밀어 지지자들에게 손을 흔드는 카퍼레이드를 보여주면서 선거법 위
반이라는 논란도 빚었다. 또 자신이 내세웠던 공약인 '3000만원으로 선
거 뽀개기'를 지키지 못했다.

그럼에도 불구하고 손 위원장이 주목받은 것은 새누리당이 2011년 말 비상대책위원회 체제를 출범시키면서 야심차게 추진했던 쇄신 바람과 잘 맞아떨어졌기 때문이다. 손 위원장은 쇄신과 변화를 상징하며 그동안 정치판에서 볼 수 없었던 신선함을 제공했다. 박 당선인 역시 손 위원장을 높이 평가했으며 총선 기간 동안 손 위원장이 출마했던 지역구를 여러 차례 찾는 성의를 보였다. 두 사람은 서로 얼싸안는 포즈를 연출해 눈길을 끌었다.

손 위원장은 박 당선인에 대해 "말로만 듣던 원칙과 소신을 지키는 지도자"라고 평가한다. 사실 "처음에는 '얼음공주'로 유명해서 차가운 분인 줄 알았는데 의외로 따뜻했다"는 말도 덧붙였다. 자신이 정치에 뛰어든 이유에 대해 "큰 그림으로 봤을 때 우리 사회가 더 나아졌으면 좋겠다고 생각했기 때문"이라고 입버릇처럼 말한다.

18대 대선 때 박 당선인의 마지막 TV 찬조연설자로 등장해 지원사격을 했다. 그는 이 자리에서 총선 때 경쟁자였던 문 후보를 공개적으로 비난했다. 손 위원장은 "문재인 후보는 2012년 4.11 총선 시에 정치 초년생이며 30살 어린 저에게 흑색선전을 했다. 지금 민주통합당에서 벌이고 있는 흑색선전은 당선을 위해 물불 안 가리는 그분의 실체를 드러낸 것"이라고 꼬집어 화제가 되었다.

손 위원장은 특유의 싹싹함과 성실함이 특징이다. 화물차 운전기사인 아버지, 보험영업을 하는 어머니 등 전형적인 서민가정 출신이라는 것을 자랑스럽게 내세운다. 여의도 정계가 그를 여전히 주목하는 것은 그가 불러온 참신함과 패기 때문이다. 새누리당의 한 현역의원은 "잠재력이 뛰어난 정치 신인으로 계속 지켜볼 만하다"라고 평가했다.

신동철

새누리당 여의도연구소 부소장

▶ 출생 _ 1961년 경북 성주
▶ 학력 _ 대구 청구고, 경북대 사회학과 3년 수료, 미국 유타 주립대 사회학과, 미국 아이다호 주립대 대학원 사회학과 졸업
▶ 경력 _ 통일민주당 기획조정실 전문위원, 민자당 조직국 부장, 한나라당 정책위원회 전문위원, 국회 부의장 비서관, 한나라당 총재 전략기획보좌역
▶ e주소 _ namgusarang@hanmail.net

새누리당 최고 전략통

당내 최고 전략가 중 한 명이다. 박근혜 당선인의 드러나지 않은 핵심 참모로 꼽힌다. 여론조사와 판세 분석에도 능하다는 평가를 받는다. 그에 대해 외부에 알려진 내용은 거의 없다. 본인 스스로 "정치를 할 생각은 없고, 실무적으로 일만 할 뿐"이라고 말할 정도다.

그는 김영삼 대통령이 창당한 통일민주당 전문위원으로 정치권에 입문했다. 당 조직국 부국장과 국회 부의장 비서관, 한나라당 부대변인 등을 지냈다. 이회창 한나라당 총재 전략기획보좌역도 그의 대표적 경력 중하나다. 새누리당 내 굵직한 정치인인 김영삼 대통령과 이회창 총재, 박당선인을 모두 지근거리에서 모신 셈이다.

친박 그룹에서 전략가로 명성을 떨친 것은 2007년 대선 경선 때부터다. 캠프 공보특보로 활약하면서 고비 때마다 한발 앞서가는 전략을 내놓아 박 당선인의 신임을 얻었다. 박 당선인의 의중을 잘 읽는다는 평가도받고 있다. 그는 박 당선인과의 인연에 대해 "2006년 경선을 준비하면서본격적으로 돕기 시작했다"며 "당시 김무성 전 의원, 유승민 의원 등과

친하게 지냈는데, 이분들이 함께 박근혜 대통령을 만들어보자 해서 돕게
됐다"고 설명했다.

경선 패배 후 민간경제연구소 연구위원 등으로 활동하다 2012년 초
당 싱크탱크인 여의도연구소 부소장으로 복귀했다. 2012년 4.11 총선 때
는 당 상황실 부실장으로 일하면서 선거전략을 총지휘했다. 18대 대선
기간 내내 "조용히 신문만 읽고 지낸다"고 말했지만, 박 당선인의 전략을
조율한 실세 중 한 명이라는 게 중론이다. 친박 관계자는 "박 당선인을
지근거리에서 모신 측근 중에서도 특히 신뢰받는 몇 안 되는 인물"이라
고 평가했다.

그는 당내 손꼽히는 여론조사 전문가이기도 하다. 한국 정치권에 여론
조사가 보편화되기 전인 1990년대 후반부터 전화 여론조사 기법을 도입
했다. 새누리당 내에서 가장 객관적으로 여론조사 결과를 해석하는 인물
이라는 평이 나올 정도다. 선거 전부터 투표율이 높아져도 박 당선인이
불리하지 않을 것임을 전망한 몇 안 되는 인사 중 한 명이다. 50대 투표
열기도 이미 예상했다. 2012년 10월 언론 인터뷰를 통해 "이제 투표율이
올라가면 젊은 분들의 투표율만 올라간다고 생각하지 않는다"며 "50대
이상 그룹에서도 '우리도 투표하러 가자'는 흐름이 있다"고 내다봤다.

대인관계도 원만하다. 대선 과정에서 친박계 보좌진을 이끄는 역할을
맡기도 했다. 신 부소장은 향후 행보에 대해서는 말을 아끼고 있다. 그는
"박근혜정부에서 내가 맡을 일이 특별히 없다고 본다. 그릇이 작기 때문
에 조용히 지낼 것"이라고 말하지만, 여권에서는 그가 청와대에서 중추
적인 역할을 맡을 수 있다는 전망도 나온다.

안형환
전 새누리당 의원

▶ 출생 _ 1963년 전남 목포
▶ 학력 _ 목포고, 서울대 서양사학과, 하버드대 케네디대학원 행정학
  석사
▶ 경력 _ KBS 기자, 한나라당 대변인, 18대 국회의원
▶ e주소 _ www.ahh4u.com

네거티브에 정면으로 맞선 캠프의 '입'

언뜻 보면 박근혜 대통령 당선인과 공통분모가 적어 보인다. 호남 출신에 '친이명박계' 인사이기 때문이다. 하지만 선거 과정에서 캠프의 입을 맡아 박 당선인의 승리에 기여했다. 그는 친이계 온건파로 분류된다. 서울대 서양사학과를 졸업한 뒤 KBS에 입사해 20년 가까이 사회·정치부 기자로 활동했다. 2008년 18대 총선에서 서울 금천구로 출마해 정계에 입문했다.

18대 총선 공천 때 정치 신인이었지만 친이계의 지원을 받아 경쟁후보를 물리치고 공천 티켓을 거머쥐었다. 총선 과정에서는 선거법 위반혐의로 마음고생을 했다. 국회 입성 후에는 친이계 모임 '함께 내일로'에서 활동했다. 논리적 언변과 차분한 말솜씨를 갖춰 당 대표 특보, 원내부대표 등을 역임한 뒤 호남 출신 첫 한나라당 대변인으로 활동했다. 2010년 치러진 6.2 지방선거에서는 한나라당 중앙선대위 대변인을 맡아 야당의 공세를 효과적으로 막아냈다는 평가를 받았다.

2011년 10월에는 나경원 서울시장 후보 선거대책위원회 대변인을 맡아 박원순 무소속 후보를 공격하는 데 앞장섰다. 그는 "지난 6년간 한국 하버드 총동창회 총무를 맡고 있는 강용석 의원이 하버드 법대에 조회한 결과 로스쿨 학위과정은 물론 객원연구원에 '원순 박'이란 이름이 없다는 회신을 받았다"며 "박원순 당선인이 고문변호사로 있는 법무법인의 인터넷 홈페이지에는 '런던정경대학(LSE) 디플로마 취득'이라 돼 있는데 박원순 당선인의 홈페이지에는 '英 LSE 디플로마 과정 수학'이라고 돼 있어 디플로마(학위)를 취득한 것인지 수학한 것인지도 불분명하다"고 주장했다.

19대 총선에서는 불출마를 선언했다. 그는 "현역의원의 결단을 요구하는 당의 바람과 정치현실 때문에 고민했다"며 '그대는 매일 5분씩이라도 나라를 생각해본 일이 있는가?'라는 도산 안창호 선생의 말을 남겼다. 하지만 2012년 10월 다시 정치권 태풍의 한가운데로 복귀했다. 김무성 전 선대위 총괄선대본부장이 그를 박 당선인의 중앙선거대책위원회 신임 대변인으로 영입한 것이다. 언론을 통해 후보의 정책과 강점을 알리고 상대의 네거티브 공세에 적절히 대응하는 '고공전'에 대비하기 위한 김 전 본부장의 승부수였다.

그는 대변인으로서 세련되지는 않지만 공격적인 화법으로 야권의 공세를 막아냈다는 평가를 받았다. 새누리당과 종교단체 신천지 간의 관계 의혹, 박 당선인의 TV토론회장 가방 유입 논란 등 야권이 제기한 네거티브 공세에 적극적으로 대처해 박 당선인을 보호했다. 그의 활동에 대해 당 안팎에서는 높이 평가하는 분위기다. 박 당선인이 당선 일성으로 대탕평·대통합 인사를 천명한 만큼 그 역시 차기 정부에서 중요한 역할을 맡을 것이라는 전망이 나온다.

유영하

변호사

▶ 출생 _ 1962년 대구
▶ 학력 _ 수원 수성고, 연세대 행정학
▶ 경력 _ 사법시험(34회), 창원 · 광주 · 청주 · 인천 · 서울북지청 검사, 법무법인 우진 대표 변호사, 박근혜 최고위원 법률특보
▶ e주소 _ bo5025@yahoo.co.kr

검사 출신의 네거티브 대응팀

대구에서 태어나 수원에서 자랐다. 연세대를 졸업하고 8년 뒤인 1992년 사법시험에 합격해 2002년까지 10년간 검사로만 지냈다. 창원 · 광주 · 청주 · 인천 · 서울 등을 돌았다. 정계에 입문한 것은 2004년 17대 총선에서다. 김부겸 민주당 의원과 맞서 경기 군포에 출마했고, 4년 뒤인 18대 총선에도 다시 출마했으나 낙선했다.

그 사이 법무법인을 열고 대표변호사를 맡고 있으며 2010년에는 박근혜 당선인이 당 최고위원이었을 때 법률특보를 맡으면서 친박계 중심으로 들어왔다. 19대 총선에서 김부겸 전 민주당 의원이 대구 수성구로 자리를 옮기면서 시민단체 출신인 이학영 민주당 의원과 맞섰다. 박 당선인이 친박 인사 중 제일 먼저 지역구를 찾아 지원유세를 할 정도로 친분이 깊었지만 수도권에 불어닥친 MB정부 심판론을 비켜가지 못해 낙선했다.

대선 때 검사 출신의 경력을 활용해 네거티브전 대응 논리를 만들고 조력한 것으로 알려졌다. 대선 기간이던 10월 공직선거법 위반과 횡령죄로 수감 중인 BBK 투자자문 전 대표 김경준 씨가 출간한 자서전에서 그의 이름이 거론되었다. "2007년 대선을 앞두고 자신의 입국을 막기 위해 이명박 대통령의 측근이 자신의 가족을 찾아와 거래를 시도했다"고 주장하면서 "한나라당 대통령 후보 경선에서 맞붙은 박근혜 후보 측에서는 자신의 입국을 추진했다"고 썼는데, 이때 찾아온 인물이 유 변호사라고 한 것이다.

이에 대해 유 변호사는 "미국에서 수감 중이던 김씨를 만나긴 했다. 김씨 측이 먼저 '이명박 후보가 BBK와 관련이 있다는 증거가 있다'며 한 번 만나자고 요청해서 이뤄졌으며, 김씨를 변호한 심인섭 미국 변호사도 동석한 자리로 신빙성이 없다고 결론냈다"고 해명했다. 존경하는 인물은 케네디이며, 육군 병장으로 병역을 마쳤다. 종교는 기독교다.

유일호

대통령 당선인 비서실장

▶ 출생 _ 1955년 서울
▶ 학력 _ 경기고, 서울대 경제학과, 미국 펜실베이니아대 경제학 박사
▶ 경력 _ KDI 연구위원, 한국조세연구원장, 대통령자문 정부혁신지방
분권위원, KDI 국제정책대학원 교수, 18·19대 국회의원, 새누리
당 서울시당 위원장
▶ e주소 _ ilhoyoo@yahoo.co.kr

깜짝 비서실장 발탁 주인공, 정책 조율 막중한 책임

경제학 박사 출신으로 '경제통' 재선 의원이다. 고(故) 유치송 민한당 총
재의 외아들로 18대 총선 때 서울 송파을에 전략공천을 받아 당선됐다.
2012년 4.11 총선 때도 노무현정부 시절 법무부 장관을 지낸 천정배 민
주통합당 후보를 누르고 재선에 성공했다. 새누리당 소속 강남 3구(강
남·서초·송파) 지역구에서 현역의원 가운데 유일하게 재공천 받았다. 경
제 분야 중에서도 조세와 재정, 복지 전문가이며, 부드러운 성격과 원만
한 대인관계를 가진 것으로 알려졌다.

경제학자였던 그는 정치권 입문 시에 그 이유에 대해 "시대정신이 '경
제 살리기'라고 생각한다. 이런 시대정신, 국가적 과제에 내가 가진 지식
과 경험을 십분 활용해 기여하고 싶다는 바람이다. 경제를 살리는 데 제
가 공헌할 부분이 있을 것"이라고 포부를 밝혔다. 이명박계로 분류되었
으나 2008년 4월 총선 때 강재섭 대표와 가까워 강재섭계로 불리기도 했
다. 2012년 5월 원내대표 선거 시에 이주영 의원과 러닝메이트로 정책위
의장 선거에 도전했지만 3위에 그쳤다.

경기고, 서울대를 나와 미국 펜실베이니아대에서 경제학 박사학위를 받았으며 한국조세연구원장과 한국개발연구원(KDI) 연구위원을 지내는 등 엘리트 코스를 밟아왔다. 18대 대선 때는 박 당선인의 열세지역으로 분류됐던 서울시당위원장을 맡아 수도권에서 선방하는 데 공을 세웠다.

특히 박 당선인이 12월 24일 당선인 비서실장으로 깜짝 발탁하면서 유명세를 탔다. 탈(脫) 논공행상, 탈 계파에 대한 박 당선인의 생각이 담겨 있다고 새누리당 관계자는 해석했다. 또한 인수위 하마평에 전혀 오르지 않았던 그가 발탁된 것은 민생 대통령을 표방한 박 당선인의 의중이 실려 있다는 분석이다. 인수위 활동 무게를 경제와 민생에 두겠다는 뜻을 그의 임명을 통해 드러냈다는 것이다.

정치권 입문 이전 박 당선인과 특별한 인연은 없었던 것으로 알려졌다. 18대 국회 기획재정위에서 박 당선인 바로 옆 자리를 배정받아 경제와 관련한 여러 이야기를 나누면서 가까워진 것으로 알려졌다. 그는 "박 당선인이 18대 국회 말에 복지와 재정에 관한 법안을 많이 냈다. 그러면서 주로 '이걸 어떻게 생각하느냐'는 질문을 많이 하는 편이었다. 그래서 내가 아는 한도 내에서 답하면서 대화를 많이 나누었다"고 말했다.

박근혜정부 출범 이후 대통령 비서실장으로까지 가지는 않을 것이라는 게 일반적 관측이다. 비서실장을 맡으면 의원직을 내놔야 하는 것이 관례여서 박 당선인이 유 실장에게 부담을 주지 않을 것이라는 게 대체적인 분석이다. 유 실장은 "박근혜정부가 5년을 준비하기 위한 첫 단추를 끼우는 것으로 열심히 잘해야겠다는 책임감이 막중하다"고 말했다. 또 "나는 친박계 핵심이 아니다. 다만 당선인이 '정책 마인드가 있지 않느냐'고 했다. 인수위에서 공약이 구체화하는 데 비서실장으로 제대로 이해하고 조율하겠다"고 말해 그의 역할이 정책 조율에 있음을 강조했다. 가족관계는 부인 함경호 씨와 1남이 있다.

이병기

여의도연구소 상임고문

▶ **출생** _ 1947년 서울
▶ **학력** _ 경복고, 서울대 외교학과
▶ **경력** _ 1974년 외무고시 합격, 제네바 대표부 · 케냐 대사관, 외교
안보연구원 연구위원, 국가안전기획부장 제2특보, 국가안전기획부
제2차장, 이회창 한나라당 대선 후보 정치특보, 여의도연구소 상
임고문

박 당선인에 조언하는 원로멤버 ⋯ 외교안보 전문가

박근혜 당선인이 조언을 듣는 원로그룹 멤버 가운데 한 명이다. 노태우정
부에서 청와대 의전수석, 국가정보원 차장 등을 지낸 이 고문은 박 당선
인에게 중요한 외교 · 안보 참모이기도 하다. 김장수 전 국방장관, 권영
세 전 의원 등과 함께 차기 국정원장 후보로 거론된다. 서울 출생이며
1965년 경복고를 졸업하고 1971년 서울대 외교학과를 졸업했다. 이후
1974년 외무고시에 합격해 제네바, 케냐 대사관 등에서 근무했다.

　1985년 노태우 민정당 총재보좌역을 맡으며 정계에 입문했다. 1988년
노태우 대통령이 당선되자 의전비서관 · 의전수석비서관을 지냈다. 1995
년에는 국가안전기획부장 제2특보를 맡았고 1999년에는 일본으로 건너
가 게이오대학에서 객원교수로 일했다. 그 무렵인 2001년 지인에게서 당
시 이회창 신한국당 총재를 소개받았다. 이 고문은 1년 가까이 숙고한 끝
에 이 총재를 따르기로 결심했다. "이 총재가 당선되더라도 나는 공직을
맡지 않고 밖의 여론을 가감없이 전달하는 역할을 하겠다"고 말했다. 이
때부터 이회창 총재와 함께 일했다.

이 고문은 이 총재의 정치특보로 활동했다. 이 총재 주변의 수많은 특보 가운데 유일하게 '정치특보' 타이틀을 받았다. 이 총재가 직접 줬다고 한다. 그는 조용하지만 프로페셔널하게 일을 처리한다는 평가를 받았다. 그러나 2002년 대선 시에 이회창 후보가 '차떼기 불법 대선자금' 논란에 휩싸이자 이 고문에게도 불똥이 튀었다. 대선자금 수사로 힘들어 한 이 총재를 곁에서 끝까지 챙긴 이도 이 고문이었다.

2004년에는 당시 박근혜 한나라당 대표가 4월 총선에 대비하기 위해 이 고문을 찾았다. 이 고문은 총선 선대위에서 전략기획단장을 맡았다. 18대 대선에서는 원로그룹의 멤버로 박 당선인에게 조언을 아끼지 않았다. 원로그룹에는 '7인회' 멤버로 알려진 김용환 전 장관, 안병훈 전 조선일보 부사장 등이 있다. 이밖에 서청원 전 친박연대 대표, 현경대 전 의원과 함께 이 고문도 박 당선인을 지원하며 막후 실세 역할을 했다. 18대 대선 승리를 이끈 주역의 한 사람으로 향후 활동 공간이 넓어질 것으로 예상된다.

이상일

새누리당 의원

- ▶ **출생** _ 1961년 전남 함평
- ▶ **학력** _ 서울고, 서울대 무역학과
- ▶ **경력** _ 중앙일보 기자, 워싱턴 특파원, 정치부장, 논설위원, 19대 국회의원, 새누리당 공동 대변인
- ▶ **e주소** _ speechlee@gmail.com

기자 시절부터 박 당선인과 인연 … 깊은 신뢰

19대 국회에 입성하자마자 박근혜 당선인의 '입' 역할을 맡아왔다. 중앙일보 정치부 기자 시절부터 박 당선인과 인연을 맺어 신임이 두터운 것으로 알려졌다. 호남 출신으로 서울고, 서울대 무역학과를 졸업했다. 그는 정치인 2세다. 부친인 이진연 전 신민당 의원은 전남 함평에서 9 · 10 · 12대 국회의원을 지냈다.

이 의원은 20여년 동안 중앙일보에 몸담았다. 워싱턴 특파원, 정치부장, 논설위원, 정치에디터 등을 거쳐 정치권에 눈이 밝다는 평가다. 박 당선인과는 기자 시절, 기자와 취재원 사이로 처음 만났다. 정치권 관계자는 "기자였던 이 의원은 박 당선인에게 가벼운 농담도 던지는 등 어렵지 않게 대했는데, 박 당선인이 이것을 매우 좋아했다"고 말했다.

2012년 4.11 총선에서 새누리당 중앙선대위 대변인으로 영입됐다. 비례대표 8번을 받아 국회 입성이 거의 확실시됐다. 총선이 끝난 뒤 배지를 달자 바로 당 대변인에 임명됐다. 의원 배지를 달기 전부터 대변인을 맡은 것은 이례적이다. 이어 박 당선인의 경선 캠프 대변인, 중앙선거대책위원회 대변인을 잇달아 맡아 신뢰받는 인사임을 입증했다.

이 의원은 본인의 경험을 바탕으로 언론 홍보에 능숙하다는 이야기를 들었다. 대선 기간에는 시시각각으로 변하는 현안에 촌철살인 같은 논평을 내 적절히 대응했다는 평가가 많다. 특히 대선 마지막을 앞두고 터진 국정원 직원 댓글 의혹 사건에 강하게 대응해 국면을 전환하는 데 일조했다. 박 당선인에게 대형 악재로 작용할 수 있는 사안이었다. 이 의원은 "민주당 주장은 전혀 사실이 아니다"라며 이를 흑색선전으로 몰아붙였다. 또 "법적 대응도 검토하고 있다"고 강하게 맞서 여론을 바꾸는 데 결정적 역할을 했다.

입이 무겁고 좀처럼 말실수를 하지 않는다는 점도 박 당선인이 그를 믿는 이유다. 대선 기간 동안 김병호 전 공보단장, 김재원 전 대변인, 정준길 공보위원, 홍일표 당 대변인 등 공보라인은 잦은 말실수와 전달 혼선으로 인해 직책을 내려놔야 했다. 이에 비해 이 의원은 항상 언론을 가까이 하면서도 구설수에 휘말린 적은 없다. 이로 인해 '신박(新朴)' 의원이자 박 당선인의 의중을 가장 잘 헤아리는 핵심 인사로 꼽힌다.

호남 출신이라는 점도 박 당선인이 대통합을 모토로 내세우고 있는 상황에서 강점으로 작용하고 있다. 박 당선인이 선거 기간 내내 '국민대통합'과 '대탕평'을 강조했기 때문에 차기 정부 구성에서 호남 인사를 배려할 것으로 전망되고 있다. 2012년을 박 당선인의 '입'으로 보낸 이 의원은 요직을 맡을 것이란 관측도 대두된다.

이 정 현

당선인 비서실 정무팀장

▶ 출생 _ 1958년 전남 곡성
▶ 학력 _ 살레시오고, 동국대 정치외교학과
▶ 경력 _ 국회정책연구위원, 18대 국회의원, 박근혜 경선후보 공동대
변인, 박근혜 대선후보 대변인 역할, 박근혜 선대위 공보단장, 새
누리당 최고위원
▶ e주소 _ jhlee@assembly.go.kr

박 당선인의 입 … 공보단장으로 고공전 주도

'박근혜의 입' 하면 떠오르는 인물이 바로 이정현 새누리당 최고위원이
다. 2007년 대선 경선에서 박근혜 경선 후보의 공동대변인을 맡았으며
18대 대선에서는 공보단장에 임명돼 박 당선인의 신임을 받았다.

박 당선인의 '복심'으로 꼽힌다. 18대 대선 내내 여론전을 주도한 1등
공신이다. 박 당선인에게 쏟아지는 각종 의혹에 이 최고위원은 강경하게
맞섰다. 그의 열성과 충정은 당 안팎에서 유명하다. 2007년 대선 후보 경
선에서 박 당선인이 이명박 대통령에게 아깝게 패하자 어린아이처럼 울
었다. 18대 국회에 들어왔을 땐 박근혜 의원실(545호) 맞은편에 있는 사무
실을 원했지만 배정받지 못하자 바로 아래층(445호)을 택했다는 것 역시
유명한 일화다. 이 최고위원은 "주군을 받들어 모시겠다는 충정의 발로"
라고 말했다.

박 당선인을 위해서라면 물불을 가리지 않는다. 박 당선인의 희비에
누구보다 크게 기뻐하고 누구보다 깊이 슬퍼한다. 박 당선인의 억울함은
곧 그의 억울함이다. 그 억울함을 토로할 땐 어김없이 목소리가 떨리고

감정적이다. 이야기의 시작은 차분해도 끝으로 가면 목소리 톤이 높아지기 일쑤다.

전남 곡성에서 태어나 어린 시절부터 정치인을 꿈꿨다. 정치인은 목소리가 커야 한다는 생각에 웅변학원도 다녔다. 구용상 전 민정당 의원이 그를 정계에 입문시켰다. 구 전 의원은 자신에게 "정치 좀 똑바로 하시라"는 편지를 보낸 동국대 정치학과 4학년 이정현을 비서로 채용했다.

영남에 기반을 두고 있는 새누리당 내에서 호남 출신인 그는 비주류다. 그렇기에 그의 정치소신은 '지역주의 타파' 다. 1995년에 민정당 후보로 광주 시의원에 출마해 1.2%의 득표를 기록했다. 2012년 4.11 총선 때도 광주 서을에 출마했다. 40%의 득표율을 거두고 낙선했다. 당내에서도 "놀라운 성과"라는 탄성이 나왔다. 18대 국회에 비례대표로 입성해 '호남예산 지킴이' 란 별명까지 얻으며 지역 현안을 적극 챙긴 결과였다.

그는 언론을 통해 '고공전' 을 수행하는 박근혜 캠프의 첨병이었다. 매일 당사 기자실에 나와 현안 브리핑을 하고 각종 인터뷰에서 박 당선인의 의중을 전했다. 이 과정에서 언행 때문에 설화를 겪기도 했다. 문재인 후보 쪽에 투표시간 연장과 '먹튀방지법(후보를 도중에 사퇴할 시 선거보조금을 환수하는 법안)' 을 연계해서 처리할 수 있다고 말했다가 문 후보 측이 이를 수용하자 "그런 의미가 아니었다"며 말을 바꿔 논란의 중심에 서기도 했다. 그가 박 당선인의 대선 승리의 일등공신이라는 데 이의를 달 사람은 없다. 청와대나 행정부에서 중요한 역할을 할 가능성이 높다.

이준석
전 새누리당 비상대책위원

▶ 출생 _ 1985년 서울
▶ 학력 _ 서울과학고, 하버드대 경제학 · 컴퓨터과학
▶ 경력 _ 클라세스튜디오 대표, 배움을 나누는 사람들 교사, 새누리당
　　　비상대책위원회 위원, 국민행복추진위원회 창의사업추진단
▶ e주소 _ www.classestudio.com

합리적 젊은 보수, 새누리당의 '젊은 피'

민주통합당 관계자는 2012년 내내 이준석 전 새누리당 비상대책위원을 보며 아쉬워했다. "민주당이 청년의 마음을 얻지 못한 여러 이유 중에는, 이준석 같은 인물을 놓쳤기 때문이다"고 자조할 정도였다. 그는 당 역사상 가장 파격적이고 성공적인 영입인사로 손꼽힌다.

서울에서 태어나 서울과학고를 졸업하고 미국 하버드대로 가 경제학과 컴퓨터과학을 전공했다. 2004년에는 유승민 한나라당 의원실에서 인턴으로 근무했다. 2007년부터 저소득층 학생을 대상으로 하는 무료 과외 봉사단체인 '배움을 나누는 사람들'을 만들었다. 박근혜 당선인을 만난 것도 이곳 '배나사'에서였다.

그는 "배나사를 찾은 정치인들은 많았지만 박 당선인은 여타 정치인들과 달랐다"며 "언론을 대동하지도 않고 혼자 조용히 와서 수업시간 내내 꼿꼿한 자세로 수첩에 끊임없이 무언가를 적으며 경청했다"고 회상했다. 그는 이때 박 당선인의 진정성을 봤다고 한다.

새누리당 비상대책위원으로 활동하며 당에 쓴소리를 아끼지 않았다.

그의 튀는 언행은 연일 눈길을 끌었다. 정치권 안팎에서는 그를 두고 "합리적인 젊은 보수층"이라는 평가가 나왔다. 당 관계자는 "원체 배우는 속도가 빠르기도 하지만 타고난 정치적 감각이 뛰어나다"고 했다. 문재인 후보를 비하하는 만화를 인터넷에 올렸다가 물의를 빚자 곧바로 문 후보를 찾아가 사과를 한 것이나, '형수 사건'으로 논란을 빚었던 김형태 의원(포항 남을)의 사퇴를 촉구했던 일들이 그렇다.

4.11 총선이 끝난 뒤에도 새누리당에 젊은 기운을 불어넣었다. 김상민 의원, 손수조 중앙미래세대위원장과 함께 '빨간 파티'를 기획하며 젊은 층을 공략했다. 18대 대선 기간에는 선대위 국민행복추진위의 창의사업 추진단에 들어가 공약 개발에 일조했다. 그가 빛난 곳은 유세 현장에서였다. 전국을 돌며 박 당선인의 유세를 도왔으며 2030세대의 호응이 높았다. 당 관계자는 "박 당선인이 2030세대에서 이만큼의 득표를 할 수 있었던 이유는 이준석 때문"이라고도 말했다. 트위터·페이스북 등 온라인 공간에서 박 당선인을 활발히 도왔기 때문이다.

대선이 끝난 뒤 자신의 벤처기업인 '클라세스튜디오' 대표와 배나사 대표로 돌아갔다. 그러나 정치권에서는 그가 앞으로도 박 당선인을 도와 주요한 일을 맡을 것이란 이야기가 나온다.

조윤선

인수위 대변인

▶ 출생 _ 1966년 서울
▶ 학력 _ 세화여고, 서울대 외교학과, 컬럼비아대 로스쿨 석사
▶ 경력 _ 사시 33회, 김앤장 변호사, 한국시티은행 부행장 겸 법무본
　　부장, 18대 국회의원, 새누리당 대변인, 대통령직 인수위 대변인
▶ e주소 _ yscho@assembly.go.kr

선거기간 모든 유세를 함께 뛴 현장 파트너

대선 과정에서 박근혜 당선인을 밀착 수행하며 보좌한 공신 중 한 명이
다. 코디도, 수행원도 없는 박 당선인 곁을 선거기간 내내 묵묵히 지켰다.
박 당선인이 새누리당 대선 후보 경선에 출마하면서부터 모든 현장 방문
을 함께 했고, 공식 선거운동 기간 동안에도 전국을 누비며 박 당선인과
손발을 맞췄다. '박 당선인과 화장실까지 함께 가는 사이' 라는 우스갯소
리까지 있을 정도로 조 대변인은 박 당선인과의 친밀도가 높다.

　조 대변인은 정치에 입문하면서부터 줄곧 대변인이었다. 한나라당(새
누리당 전신)의 최장수 대변인이라는 기록도 남겼다. 그는 대변인 업무에
대해 "매일매일 접하는 기자들과 언론은 국민의 반응을 한 발짝 앞서 반
영하는 '리트머스 시험지' 라 생각한다"고 정의했다. 최장수 대변인을 하
게 된 비결에 대해서는 "기자들을 파트너로 생각하고 기자들의 말을 경
청하는 것이 장수 대변인 역할의 비결이자 노하우"라고 말했다. 서글서
글한 성격 덕분에 언론 관계가 좋은 편이며 기자들 사이에서도 평판이 나
쁘지 않다.

정치 입문은 2002년 대선 시기에 한나라당 중앙선대위 대변인으로 시작했다. 서울대 외교학과를 졸업한 뒤 김앤장에서 근무하다 2001년 미국 콜럼비아 법과대학에서 석사과정을 마치고 뉴욕 로펌과 워싱턴DC 연방 항소법원에서 일했다. 2002년에는 16대 대선에서 한나라당 선거대책위원회 대변인을 맡았으며, 2007년 한국씨티은행 법무본부장 겸 부행장으로 부임해 일했다. 18대 국회에서 비례대표 국회의원을 지낸 뒤 2012년 4.11 총선에서는 공천을 받지 못했다.

그럼에도 불구하고 박 당선인의 신임 덕분에 여전히 당 대변인을 맡았다. 새누리당 대선 후보 경선 과정에서 박근혜 캠프 공동대변인으로 역할을 한 데 이어 박 당선인이 대선 후보로 확정되자 당 대변인으로 다시 임명된 것이다. 대통령직 인수위 대변인으로 발탁된 것도 박 당선인의 신임이 그만큼 두텁기 때문이란 분석이다.

조 대변인은 박 당선인에 대해 "국가 지도자로서의 책임감이나 일거수일투족이 맞춤형으로 된 사람"이라고 평가한다. 특히 박 당선인이 2004년 한나라당이 차떼기당으로 무너질 때 혼신의 힘을 다해 당을 부활시키는 모습을 보고 감동한 것으로 전해진다.

조 대변인은 문화·예술 분야에 관심이 많다. 2007년에는 〈미술관에서 오페라를 만나다〉라는 책을 냈다. 명화에 담긴 오페라 이야기를 들려주는 예술에세이라는 특이한 형식을 빌려 발간된 이 책은 많은 인기를 얻었다. 어릴 때부터 그림과 음악을 좋아했던 오페라 사랑은 대단하다. 오페라에 대한 남다른 열정과 전문가 못지않은 해박한 지식이 알려지면서 '오페라 칼럼니스트'로서 2년 동안 월간지에 칼럼을 기고했다. 이 때문에 문화 관련 정부부처의 입각 가능성이 높다. 남편 역시 변호사로 일하고 있다.

조인근

전 박근혜 후보 정책메시지팀장

▶ **출생 _** 1963년 전남 영암
▶ **학력 _** 광주일고, 서강대 국문학과
▶ **경력 _** 청와대 정무수석실 비서관, 여의도연구소 기획조정실장, 새누리당 비상대책위 부실장, 박근혜 후보 정책메시지팀장
▶ **e주소 _**

보수진영의 최고 글쟁이 … 박근혜 연설문 작성한 숨은 실세

보수 진영의 최고 글쟁이로 통한다. 2012년 대선에서 박근혜 당선인이 제시한 정책 방향과 이에 따른 연설문 작성을 총괄했다. 박 당선인이 중요한 자리에서 한 연설은 대부분 그의 손에서 나왔다. 그의 존재를 아는 이도 많지 않아 이른바 '숨은 실세'로 통한다.

어떤 이슈든 핵심을 꿰뚫고 메시지가 명쾌하며, 표현이 간명한 게 그의 연설문 스타일이다. 박 당선인이 당 대표를 하던 2004년부터 연설문 작성을 도맡아 해오면서 당선인과 교감도 깊은 것으로 알려졌다. 오랜 기간 호흡을 맞춰온 까닭에 개별 사안에 대해 당선인이 무슨 생각을 하고 있는지도 누구보다 잘 알고 있다. 때문에 박 당선인도 그에 대해 상당한 신뢰를 갖고 있다.

박 당선인의 최고 정치 자산으로 회자되는 2007년 대선 경선 패배 승복 연설도 그의 손에서 나왔다. 박 후보는 경선에서 이명박 후보에게 1.5%포인트 차로 석패한 후 "경선 결과에 깨끗이 승복합니다. 경선 과정에서 있었던 모든 일을 잊읍시다. 하루아침에 잊을 수 없다면 며칠이 걸려서라도 잊읍시다. 그리고 다시 열정으로 채워진 마음으로 돌아와 나를 도와줬던 그 순수한 마음으로 정권 창출을 위해 함께 힘을 모읍시다"고 지지자들을 설득했다. 그의 담담한 연설은 당시 많은 이들의 뇌리에 새겨졌고, 한국 정치사에서 보기 드물었던 '아름다운 승복'은 내내 소중한 정치적 자산이 됐다. 이 연설문은 조 전 팀장이 초안을 만들어 전달한 것인데, 당초 경선 승리와 패배, 두 가지 경우를 가정해 미리 연설문을 작성했다.

하지만 그도 박 당선인에게 호되게 당한 적이 있다. 2007년 경선 과정에서 후보 합동연설 시에 이명박 후보를 신랄하게 비판하는 원고 초안을 전달했다. 박 당선인이 이를 보더니 화를 내며 "그렇게 해서 저랑 같이 가시겠어요?"라고 한마디했다. 그는 사석에서 기자에게 "아무리 정적이라도 상대방을 모독하거나 지나치게 비판하는 것을 당선인은 체질적으로 싫어하는 것을 그때 알았다"고 당시를 돌이켰다. 18대 대선에서는 연설문 외에도 토론회 예상 질문을 뽑고 답변을 만드는 역할도 맡았다.

그는 지금은 보수 진영에 몸담고 있지만 실은 골수 운동권 출신이다. 1980년대 대학시절에 전학련에서 활동하면서 반정부 유인물을 만드는 등 운동권 내 핵심 역할을 했다. 1985년 미 문화원 사건(전학련 산하 삼민투 소속 대학생들이 미 문화원을 점거하며 농성을 벌인 사건)에 연루돼 수배를 받아 구속되었다. 정태근 전 의원이 당시 같이 활동하던 동료였다.

그가 정치와 연을 맺은 것은 김영삼 대통령 시절로 거슬로 올라간다. 청와대에서 정무수석실 비서관으로 일했으며 2002년에는 이회창 한나라당 대선 후보 캠프에 참여해 당의 메시지와 후보 연설문을 전담했다. 2007년에는 박근혜 캠프의 정책메시지총괄부단장을 지냈고, 이후 당 싱크탱크인 여의도연구소에서 기획조정실장을 맡았다. 당 안팎의 현안에도 꽤 정통하다.

최외출
영남대 교수

▶ 출생 _ 1956년 경북 김천
▶ 학력 _ 김천 중앙고, 영남대 지역사회개발학과, 대구대 행정학 박사
▶ 경력 _ 영남대 행정대학원장, 영남학원 기획조정실장, 영남대 대외
협력부총장, 국가미래연구원 행정분야 발기인, 영남대 박정희정책
새마을대학원장, 새누리당 박근혜 대통령 후보 기획조정특보
▶ e주소 _ occhoi@yu.ac.kr

박 당선인의 기획조정특보 ··· '그림자 실세'로 통해

박근혜 당선인의 '그림자 실세'로 불린다. 두드러지는 대외 활동을 하지는 않아 대중적으로 널리 알려지지는 않았다. 하지만 박 당선인과 관련된 현안이 있는 곳에는 항상 그가 있었다. 박 당선인의 측근 중 측근, 숨은 실세로 통한다.

그의 휴대폰 컬러링은 1970년대 나왔던 새마을운동가다. 친박 인사들 중에는 애국가 등을 컬러링으로 쓰는 사람은 꽤 있으나 새마을운동가를 쓰는 인사는 드물다. 박 당선인뿐 아니라 박정희 대통령에 대한 최 교수의 생각을 엿볼 수 있는 대목이다.

그도 그럴 것이 1956년 경북 김천에서 태어난 최 교수는 김천의 중앙고를 졸업하고 1977년 경북 '새마을 장학생 1기'로 영남대에 입학했다. 학비가 없어 새마을 장학금을 받기 위해 당시 퍼스트레이디 역할을 끝내고 야인(野人) 신분이던 박 당선인을 찾아가 도움을 요청했고, 박 당선인의 후원을 얻어 대학교와 대학원 과정을 마칠 수 있었다.

1989년 영남대에 조교수로 임용된 후 '박정희정책새마을대학원' 원

장, 한국새마을학회 초대 회장 등을 지내며 새마을운동의 전도사로 활동
해왔다. 박 당선인이 은둔생활을 하던 1980~90년대에도 꾸준히 접촉을
해왔고, 박 당선인이 1998년 대구 달성 보선에 출마했을 때 요청을 받고
선거를 도왔다. 박 당선인의 의원회관 비서진이 구성된 것이 1998년부터
이고, 캠프의 주요 인사들도 2004년 이후에야 박 당선인과 관계를 쌓아
온 점을 감안하면 박 당선인과 개인적 관계라는 측면에서 최 특보의 위상
은 독보적인 셈이다.

안종범 의원, 김광두 서강대 명예교수, 김영세 연세대 교수, 신세돈 숙
명여대 교수와 함께 박 당선인의 가정교사 5인방으로 꼽히는 그는 박 당
선인의 싱크탱크 역할을 한 국가미래연구원 발기인으로 참여해 정책 수
립을 도왔다.

최 교수는 18대 대선 과정의 중요한 고비마다 막후에서 조용히 매듭을
푸는 역할을 했던 것으로 전해졌다. 대선 출마 전 박 당선인이 32년째 이
사장으로 있던 한국문화재단을 청산하는 작업이나 정수장학회 문제 등
도 최 교수가 주도했다는 전언이다. 정치쇄신이 화두였을 당시 노무현정
부에서 대검 중수부장을 지낸 안대희 전 대법관의 영입과 국민대통합 차
원에서 이뤄진 한광옥 전 민주당 상임고문의 영입작업도 그와 무관치 않
은 것으로 알려졌다.

박 당선인이 대선 기간 소설가 이외수 씨를 만나러 갔을 때 이를 사전
에 조율한 사람이 바로 최 교수라는 사실이 이외수 씨의 전언으로 전해지
기도 했다. 이외수는 언론 인터뷰에서 "최외출 특보는 나와 코드가 통했
다. '외딴집에서 태어나' 이름이 외출이라고 말했다. 가난이 바탕이 된
삶의 치열성이 나와 닮았다. 달변은 아니었지만 합리적인 사람이라는 생
각이 들었다. 특별한 정치적 성향은 없어 보였고 정치에 뜻이 있는 것 같
지도 않아 보였다"고 그를 평했다.

이재만

▶ 출생 _ 1964년 서울
▶ 학력 _ 한양대 경영학과
▶ 경력 _ 신도리코 근무, 민주평통 자문위원, 박근혜 의원실 보좌관
▶ e주소 _ mejucong83@yahoo.co.kr

정호성

▶ 출생 _ 1967년
▶ 학력 _ 고려대 노어노문학과
▶ 경력 _ 박근혜 의원실 비서관

안봉근

▶ 출생 _ 1964년 경북 경산
▶ 학력 _ 진량고, 대구대
▶ 경력 _ 김성곤 전 의원 비서관, 박근혜 의원실 비서관

박근혜의 최측근 '숨은 실세 3인방'

박근혜 당선인의 최측근은 그의 보좌진이라는 데 이견이 없다. 여권 내에서는 "의원보다 힘이 센 보좌진"이라는 말이 나올 정도다. 박 당선인이 실제로 믿는 사람은 그의 보좌진밖에 없다는 이야기도 있다.

이재만 전 보좌관과 정호성·안봉근 전 비서관은 박 당선인이 1998년 처음으로 국회에 입성한 이후 계속 한 팀을 이루고 있다. 대선 선거운동 과정에서 교통사고로 세상을 떠난 이춘상 전 보좌관을 포함해 '보좌진 4인방'으로 불렸다.

이재만 전 보좌관은 박 당선인의 정책 구상을 뒷받침했다. 2007년 대선 경선 패배 이후 각 분야 전문가들과 박 당선인을 연결하는 고리 역할을 했고, 박 당선인의 싱크탱크인 국가미래연구원을 설립하는 데도 깊이 관여한 것으로 알려졌다. 정 전 비서관은 연설문 작성과 정무기획을 담당했다. 안 전 비서관은 14년 동안 박 당선인의 수행을 전담하다 최근 후임에게 업무를 넘기고 인수위원회 행정실에 배속됐다. 이춘상 전 보좌관은 박 당선인의 SNS 및 팬클럽 관리를 담당했다.

이들이 수면 위로 떠오른 것은 2012년 박 당선인의 불통 논란이 불거지면서다. 당내에서는 박 당선인의 보좌진이 언로를 차단하고 있고, 권력을 휘두른다는 지적이 나왔다. 전직 비상대책위원들이 모여 "박 호부를 둘러싼 비서진들이 이 사태(불통 사태)에 상당한 책임이 있다고 생각한다. 그런 보좌진을 안고 가면 대선이 굉장히 어렵다"고 공개적으로 비판한 것이다. 문고리 권력이라는 말까지 나왔다. 박 당선인이 의원직을 사퇴한 뒤에는 선거대책위원회에 공식적인 직함을 가지지 않았음에도 '실세 중 실세'로 불렸다.

대선 이후에도 이들에 대한 문제 제기가 이어졌다. 대통령직 인수위원회 구성과 관련해 '깜깜이 인선'이 이어지자 보좌진들이 밀실 인선에 관여한 게 아니냐는 비판이 나온 것이다. 일부 친박계 인사는 "박 당선인이 극소수의 측근과 상의해 인사를 진행하는 것 같다"며 "최측근인 보좌진의 의중이 많이 반영됐을 것"이라고 말했다.

각종 구설이 이어지지만 보좌진에 대한 박 당선인의 신뢰는 변하지 않을 것이라는 게 중론이다. 오랜 시간을 함께 보낸 사이인데다, 보좌진들이 하나같이 자기 목소리를 내지 않고 묵묵히 주어진 일을 수행했기 때문에 무한 신뢰를 보낼 수밖에 없다는 것이다. 또 보안을 중시하는 박 당선인의 의중을 잘 반영해 보좌진들의 입은 '철통 자물쇠'로 유명하다. 언론과의 접촉도 최대한 자제하는 편이다. 보좌진들이 불통을 초래했다는 비판이 거셌을 때도 "우리는 입이 없다"며 해명을 자제하는 모습을 보였다.

이들 보좌진은 향후 청와대에 들어갈 가능성이 높다. 다만 이들의 청와대행이 불필요한 논란을 불러일으킬 수 있다는 지적이 계속되면 스스로 물러날 수 있다는 전망도 나온다.

박근혜 사람들

지은이 | 한국경제신문 정치부
펴낸이 | 김경태
펴낸곳 | 한국경제신문 한경BP

제1판 1쇄 발행 | 2013년 1월 7일
제1판 3쇄 발행 | 2013년 2월 15일

주소 | 서울특별시 중구 중림동 441
기획출판팀 | 3604-553~6
영업마케팅팀 | 3604-595, 555 FAX | 3604-599
홈페이지 | http://www.hankyungbp.com
전자우편 | bp@hankyungbp.com
등록 | 제 2-315(1967. 5. 15)

ISBN 978-89-475-2897-9   03340
값 15,000원

파본이나 잘못된 책은 구입처에서 바꿔 드립니다.